本书出版获得中国社会科学院大学中央高校基本科研业务费资助支持

中国社会科学院大学文库

莫迪与印度对外政策的“再造”

[澳] 伊恩·霍尔 著
孙西辉 译

38

当代中国出版社
Contemporary China Publishing House

Modi and the Reinvention of Indian Foreign Policy

First published in Great Britain in 2019 by Bristol University Press

The simplified Chinese translation rights arranged through Rightol Media（本书中文简体版权经由锐拓传媒取得 Email:copyright@rightol.com）

版权合同登记号　图字：01-2024-2582

图书在版编目(CIP)数据

莫迪与印度对外政策的“再造”/(澳)伊恩·霍尔著;孙西辉译. -- 北京:当代中国出版社,2024. 6.

(中国社会科学院大学文库). -- ISBN 978-7-5154-1399-0

Ⅰ. D835.10

中国国家版本馆 CIP 数据核字第 2024KA2481 号

出 版 人　王　茵
责任编辑　周显亮
责任校对　贾云华　康　莹
印刷监制　刘艳平
封面设计　鲁　娟
出版发行　当代中国出版社
地　　址　北京市地安门西大街旌勇里 8 号
网　　址　http://www.ddzg.net
邮政编码　100009
编 辑 部　(010)66572180
市 场 部　(010)66572281　66572157
印　　刷　中国电影出版社印刷厂
开　　本　710 毫米×1000 毫米　1/16
印　　张　13.5 印张　1 插页　224 千字
版　　次　2024 年 6 月第 1 版
印　　次　2024 年 6 月第 1 次印刷
定　　价　68.00 元

“中国社会科学院大学文库”
总 序

恩格斯说：“一个民族要想站在科学的最高峰，就一刻也不能没有理论思维。”人类社会每一次重大跃进，人类文明每一次重大发展，都离不开哲学社会科学的知识变革和思想先导。中国特色社会主义进入新时代，党中央提出“加快构建中国特色哲学社会科学学科体系、学术体系、话语体系”的重大论断与战略任务。可以说，新时代对哲学社会科学知识和优秀人才的需要比以往任何时候都更为迫切，建设中国特色社会主义一流文科大学的愿望也比以往任何时候都更为强烈。身处这样一个伟大时代，因应这样一种战略机遇，2017 年 5 月，中国社会科学院大学以中国社会科学院研究生院为基础正式创建。学校依托中国社会科学院建设发展，基础雄厚、实力斐然。中国社会科学院是党中央直接领导、国务院直属的中国哲学社会科学研究的最高学术机构和综合研究中心，新时期党中央对其定位是马克思主义的坚强阵地、党中央国务院重要的思想库和智囊团、中国哲学社会科学研究的最高殿堂。使命召唤担当，方向引领未来。建校以来，中国社会科学院大学聚焦“为党育人、为国育才”这一党之大计、国之大计，坚持党对高校的全面领导，坚持社会主义办学方向，坚持扎根中国大地办大学，依托社科院强大的学科优势和学术队伍优势，以大院制改革为抓手，实施研究所全面支持大学建设发展的融合战略，优进优出、一池活水，优势互补、使命共担，形成中国社会科学院办学优势与特色。学校始终把立德树人作为立身之本，把思想政治工作摆在突出位置，坚持科教融合、强化内涵发展，在人才培养、科学研究、社会服务、文化传承创新、国际交流合作等方面不断开拓创新，为争创“双一流”大学打下坚实基础，积淀了先进的发展经验，呈现出蓬勃的发展态势，成就了今天享誉国内的“社科大”品牌。“中国社会科学院大学文库”就是学校倾力打造的学术品牌，如果将学校之前的学术研究、学术出版比作一道道清澈的溪流，“中国社会科学院大学文库”的推出可谓厚积薄发、百川归海，恰逢其时、意义深远。为其作序，我深感荣幸和骄傲。

高校处于科技第一生产力、人才第一资源、创新第一动力的结合点，是新时代繁荣发展哲学社会科学，建设中国特色哲学社会科学创新体系的重要组成部分。我校建校基础中国社会科学院研究生院是我国第一所人文社会科学研究生院，是我国最高层次的哲学社会科学人才培养基地。周扬、温济泽、胡绳、江流、浦山、方克立、李铁映等一大批曾经在研究生院任职任教的名家大师，坚持运用马克思主义开展哲学社会科学的教学与研究，产出了一大批对文化积累和学科建设具有重大意义、在国内外产生重大影响、能够代表国家水准的重大研究成果，培养了一大批政治可靠、作风过硬、理论深厚、学术精湛的哲学社会科学高端人才，为我国哲学社会科学发展进行了开拓性努力。秉承这一传统，依托中国社会科学院哲学社会科学人才资源丰富、学科门类齐全、基础研究优势明显、国际学术交流活跃的优势，我校把积极推进哲学社会科学基础理论研究和创新，努力建设既体现时代精神又具有鲜明中国特色的哲学社会科学学科体系、学术体系、话语体系作为矢志不渝的追求和义不容辞的责任。以“双一流”和“新文科”建设为抓手，启动实施重大学术创新平台支持计划、创新研究项目支持计划、教育管理科学研究支持计划、科研奖励支持计划等一系列教学科研战略支持计划，全力抓好“大平台、大团队、大项目、大成果”等“四大”建设，坚持正确的政治方向、学术导向和价值取向，把政治要求、意识形态纪律作为首要标准，贯穿选题设计、科研立项、项目研究、成果运用全过程，以高度的文化自觉和坚定的文化自信，围绕重大理论和实践问题展开深入研究，不断推进知识创新、理论创新、方法创新，不断推出有思想含量、理论分量和话语质量的学术、教材和思政研究成果。“中国社会科学院大学文库”正是对这种历史底蕴和学术精神的传承与发展，更是新时代我校“双一流”建设、科学研究、教育教学改革和思政工作创新发展的集中展示与推介，是学校打造学术精品，彰显中国气派的生动实践。

“中国社会科学院大学文库”按照成果性质分为“学术研究系列”“教材系列”“思政研究系列”三大系列，并在此分类下根据学科建设和人才培养的需求建立相应的引导主题。“学术研究系列”旨在以理论研究创新为基础，在学术命题、学术思想、学术观点、学术话语上聚焦聚力，推出集大成的引领性、时代性和原创性的高层次成果。“教材系列”旨在服务国家教材建设重大战略，推出适应中国特色社会主义发展要求，立足学术和教学前沿，体现社科院和社科大优势与特色，辐射本硕博各个层次，涵盖纸质和数字化等多种载体的系列课程教材。“思政研究系列”旨在聚焦重大理论问题、工作探索、实践经验等领域，推出一批思想政治教育领域具有影响力的理论和实践研究成果。文库将借助与当代中国出版社的战略合作，加大高层次成果的产出与传播。既突出学术研究的理论性、学术性和创新性，推出新时代哲学社会科学研究、教材编写和思政研究的最新理论成果；又注重引导围绕国家重大战略需求开展前瞻性、针对性、储备性政策研究，推出既通“天线”又接“地气”，能有效发挥思想库、智囊团作用的智库研究成果。文库坚持“方向性、开放式、高水平”的建设理念，以马克思主义为领航，严把学术出版的政治方向关、价值取向关、学术安全关和学术质量关。入选文库的作者，既有德高望重的学部委员、著名学者，又有成果丰硕、担当中坚的学术带头人，更有崭露头角的“青椒”新秀；既以我校专职教师为主体，也包括受聘学校特聘教授、岗位教师的社科院研究人员。我们力争通过文库的分批、分类持续推出，打通全方位、全领域、全要素的高水平哲学社会科学创新成果的转化与输出渠道，集中展示、持续推广、广泛传播学校科学研究、教材建设和思政工作创新发展的最新成果与精品力作，力争高原之上起高峰，以高水平的科研成果支撑高质量人才培养，服务新时代中国特色哲学社会科学“三大体系”建设。

历史表明，社会大变革的时代，一定是哲学社会科学大发展的时代。当代中国正经历着我国历史上最为广泛而深刻的社会变革，也正在进行着人类历史上最为宏大而独特的实践创新。这种前无古人的伟大实践，必将给理论创造、学术繁荣提供强大动力和广阔空间。我们深知，科学研究是永无止境的事业，学科建设与发展、理论探索和创新、人才培养及教育绝非朝夕之事，需要在接续奋斗中担当新作为、创造新辉煌。未来已来，将至已至。我校将以“中国社会科学院大学文库”建设为契机，充分发挥中国特色社会主义教育的育人优势，实施以育人育才为中心的哲学社会科学教学与研究整体发展战略，传承中国社会科学院深厚的哲学社会科学研究底蕴和 40 多年的研究生高端人才培养经验，秉承“笃学慎思明辨尚行”的校训精神，积极推动社科大教育与社科院科研深度融合，坚持以马克思主义为指导，坚持把论文写在大地上，坚持不忘本来、吸收外来、面向未来，深入研究和回答新时代面临的重大理论问题、重大现实问题和重大实践问题，立志做大学问、做真学问，以清醒的理论自觉、坚定的学术自信、科学的思维方法，积极为党和人民述学立论、育人育才，致力于产出高显示度、集大成的引领性和标志性原创成果，倾心于培养又红又专、德才兼备、全面发展的哲学社会科学高精尖人才，自觉担负起历史赋予的光荣使命，为推进新时代哲学社会科学教学与研究，创新中国特色、中国风骨、中国气派的哲学社会科学学科体系、学术体系、话语体系贡献社科大的一份力量。

（张政文　中国社会科学院大学党委常务副书记、校长、中国社会科学院研究生院副院长、教授、博士生导师）

前　言

从一开始，独立的印度就是“一种专门且刻意的创造行为的结果”（Corbridge and Harriss，2000，第 xvii 页）。它的政治体制、宪法、经济体制和社会都是由后殖民主义政治精英自觉塑造的。印度国民大会党（the Indian National Congress，INC）的领导者是现代印度的缔造者，这是一个主要由高种姓人构成的群体，他们受过良好的教育，会说英语。他们为印度独立奋斗了不止一代人，在英国放弃对印度的控制之后于 1947 年 8 月 15 日接管了政府。尽管权力转交十分匆忙，“印巴分治”伴随着大量暴力事件，以及统治这样一个庞大、复杂、极度贫困的国家带来深远影响，但是这个群体欣然抓住在印度构建全新国家和社会的难得机会。当然，他们并非完全局限于“对印度的设想”，而是充满干劲且怀揣目标地着手创建一个新国家，建立管理分歧的机构与程序，并改造社会。[①] 他们决定在 5 年内使印度拥有一套民主的政治体制，认为联邦制是管理这个多元国家的最佳方式，国家不应该将一种宗教置于另一种宗教之上，政府应该在经济和社会现代化方面发挥重要作用。他们制定了一部雄心勃勃的宪法，举行大选，出台一个发展经济的“五年计划”，并通过一系列非凡的外交活动支持去殖民化、裁军及和平解决争端。

当然，国大党和第一任总理贾瓦哈拉尔·尼赫鲁（Jawaharlal Nehru）领导的在观念上“创造的印度”（Tharoor，2003）未能让所有人满意。印度教民族主义者本已对“印巴分治”感到沮丧，他们严厉批评尼赫鲁政府对世俗主义和社会主义的承诺及效仿西方模式实现现代化的愿望。他们想要一个推进印度教教徒利益和价值观的印度，治理方式应当与他们认为的真正的印度思想和实践相一致。

---

① “印度理念”概念当然来自苏尼尔·基尔纳尼（Sunil Khilnani）的扛鼎之作《印度理念》（2012），该书首次出版于印度独立 50 周年的 1997 年。

这些观点直至 20 世纪 80 年代中后期和 90 年代初期才得到广泛支持。那时候，“尼赫鲁模式”显然没有实现所承诺的一切。贪污腐败、政治暴力、经济低迷、社会动荡、分离主义和族群紧张都困扰着印度。印度与包括东亚和西方大部分地区在内的世界多数国家的关系削弱且极不稳定。对此，尼赫鲁的外孙拉吉夫·甘地（Rajiv Gandhi。原书中写的是 Rahul Gandhi——译者）领导的印度国大党政府特别是拉奥（P. V. Narasimha Rao）政府开始实施经济改革，试图消除或至少限制国家对经济的干预和管治。

科布里奇与哈瑞斯有一个著名的论断：这些改革是试图“再造”（reinvent）印度，目的是改变尼赫鲁和国大党在 1947 年之后实行的国家主导的现代化模式（Corbridge and Harriss，2000，第 xix 页）。尽管改革并非没有问题，或者说确实有许多批判声音，但是改革成功地使印度经济在 20 世纪 90 年代至 21 世纪实现更高增长率。正如我们看到的那样，这改变了印度的经济状况和社会状况，为更加自信的印度对外政策奠定了基础。然而，它们并非 20 世纪 80—90 年代出现的“再造”印度的唯一尝试。这些经济改革与当时另一种产生于印度教民族主义势力并不断积聚力量的努力同时进行，有时相互交叉并产生冲突。这项运动旨在消除后殖民主义政治安排的主要特征，尤其是国家不得干预宗教事务原则，包括关于离婚和国家不应偏袒某个宗教社区等问题的法律。尽管印度教民族主义运动内部在如何取代上述原则的问题上存在分歧，但它希望废除由尼赫鲁制度化、由其继任者扩展并由国家领导的准社会主义经济管理体制。

这些问题在 1998—2004 年印度教民族主义政党印度人民党（Bharatiya Janata Party，BJP）政客阿塔尔·比哈里·瓦杰帕伊（Atal Bihari Vajpayee）领导的联合政府时期凸显出来。印度人民党内外的强硬派主张制定一个适用于所有宗教群体的“统一民法典”，要求修建印度教寺庙，包括在北方邦阿约迪亚（Ayodhya）这一争议地区，那里的一座清真寺在 1992 年被印度教民族主义者拆毁，并要求全面改革学校课程。他们还呼吁废除给予查谟和克什米尔（Jammu and Kashmir）特殊地位的宪法第 370 条。然而，印度人民党领导的政府在国内实行经济自由化，对外则实行实用主义接触政策，尤其是对美国，因为它无法说服执政联盟对内政外交及印度本身进行彻底的“再造”。[①]

然而，印度教民族主义者关于消除国大党在 1947 年之后创建的印度并用别的东西取代它的愿望并未消散或消失。尽管印度人民党在 2004 年的选举中失利并当了 10 年的反对党，但它仍然是重要的政治力量，倡导的“再造”印度这一愿景继续吸引着许多选民。2014 年 5 月，当莫迪以再次崛起的印度人民党领袖的身份上台执政时，这一愿景再次引人注目。莫迪在出任总理前后，毫不掩饰地对尼赫鲁关于印度和后殖民主义国大党政治遗产之想法的蔑视（Mantri and Gupta，2013）。他提出“新印度”概念，以不同于尼赫鲁及其政治盟友的原则为基础，而尼赫鲁及其政治盟友对内追求世俗主义和社会主义，对外采取“不结盟”和激进主义。莫迪要求“变革授权”，以促成内政外交中的“思维”转变（MEA，2017a）。与瓦杰帕伊政府不同的是，莫迪在议会下院人民院（Lok Sabha）中获得绝对多数席位，这至少在理论上给予他实现“再造”印度的更大机会。

本书探讨莫迪在 2014—2019 年的第一个任期，凭借其拥有的前所未有的权力在对外政策领域所做的事情。它列出莫迪及政治盟友“再造”印度对外政策的议程，并基于印度教民族主义者对国际关系的思考追溯其起源。本书反对将莫迪描绘成对外政策中的实用主义者或现实主义者的说法，认为他在这一领域——就像在其他领域一样——是一个自觉的变革型领导人，有明确的意识形态议程，该议程具有清晰的优先次序和解决关键问题的方法。[②] 最后，本书评估莫迪的改革尝试是成功还是失败，表明谁在制定和实施印度的对外政策，以及他们为什么以这样的方式做。

伊恩·霍尔
澳大利亚格里菲斯大学政府与国际关系学院
2019 年 5 月

---

① 关于瓦杰帕伊政府的政绩，参见 Blom Hansen and Jaffrelot，2001；Adeney and Sáez，2005。关于更广泛的意识形态争议，参见 Chhibber and Verma，2018。关于其务实的外交和安全政策，参见 Ogden，2014。

② “转型”确实是莫迪最重要的对外政策演讲之一的关键主题，即 2017 年 1 月在新德里举行的“瑞辛纳对话会”（MEA，2017a）。

中文版序言

《莫迪与印度对外政策的“再造”》旨在解释，为什么纳伦德拉·莫迪（Narendra Modi）治下的印度对外政策换了新说法，但在许多重要方面与前几届政府相差无几。本书写于2018年下半年，即莫迪第一任期即将结束之际，2019年5月印度大选前完成书稿。本书引用我在印度人民党（BJP）2014年5月执政后发表的一些文章，探讨了“莫迪主义”理念，解释了我认为印度自21世纪第一个10年中期以来实施的“多向联盟”战略，阐述了对莫迪政府推动印度成为国际行为体的新认识。

本书认为，首届莫迪政府及其支持者，借鉴印度民族主义传统中关于印度及其世界地位的思想，致力于重构印度的对外政策。拉姆·马达夫（Ram Madhav）等在印度教民族主义运动中具有影响力的人物为相关政策提供了新说法，认为莫迪政府正以新方式管理印度的对外事务。莫迪本人也认为，在他的领导下，印度对外政策的风格和实质都有变化，备受瞩目的是他在2018年新加坡香格里拉对话会上的致辞。

然而，本书发现印度的对外政策在2014年之后并没有像莫迪政府及其拥护者宣传的那样发生翻天覆地的变化，在对外经济政策与安全政策领域更是如此。尽管在公共外交等其他领域有所创新，但总体而言，莫迪政府与曼莫汉·辛格（Manmohan Singh）领导的国大党前政府在对外关系方面的延续性远大于差异性。

在我看来，这种说法与事实之间的差距令人困惑。我想知道，为何莫迪政府大谈特谈对外政策，宣扬如何对它进行变革，而这种变化的迹象并不明显。我在书中提到，莫迪政府提出这些主张的原因在于，印度人民党认为选民更有可能支持一个外交强势有力的政府，而不是外交软弱无能的政府。这点同样令人费解，因为学术界一致认为，印度选民对对外政策不感兴趣，或者至少他们的投票行为不受此类问题的影响。相反，人们普遍认为印度选民关注国内的政治考量，如就业机会或通货膨胀。我在本书的结论中提到，印度人民党正在利用对外政策，准确说是将莫迪政府的对外政策塑造为强劲、有效、符合印度教民族主义原则的工具，以吸引选民；这些选民也希望印度在国际舞台上以这种方式行事，并希望印度被视为正以这种方式行事。

这一论点很快在 2019 年 5 月的选举中得到印证，印度人民党赢得比 2014 年更多的选票。值得注意的是，在 2014 年选举中，该党将莫迪打造成一个“发展人”（vikas purush）的形象，发展议程的核心是使印度取得更快的经济增速和让民众“日子过得更好”（acche din）。2019 年的叙事方式有所不同。这次的竞选活动笼罩在恐怖袭击和印军越境对巴基斯坦进行空中打击的氛围中，莫迪被塑造成一个致力于维护印度人安全的“守望者”（chowkidar）形象。在整个竞选过程中，印度人民党极力强调莫迪政府在外交方面取得的成就，即印度实力增强并受到世界的尊重。这些方面似乎证明了本书关于这次竞选的结论：印度人民党旨在“再造”印度对外政策，原因在于，印度选民相信其选出的政府促进了国家安全和地位提升就可能再次投票支持该政府。

如今，我认为这个观点依然成立。本书展现了莫迪政府在首个任期管理对外关系和提出对外政策的实质与风格的要点。从 2024 年回溯过去，印度今年又经历一次大选，印度人民党及其选举联盟的盟友以小于 2019 年的选票优势再获执政权，但我发现本书存在一些错漏，2018 年撰写本书以来一些重要事情也发生了变化。

首先，本书应多写一些印度与美国及其盟友澳大利亚和日本在“四方安全对话机制”（QUAD）内外不断深化的战略伙伴关系，这一“小多边”机制于 2017 年重启。虽然印度并不希望与美国正式结盟，但印美战略伙伴关系在广度和深度上不断发展，两国不仅密切合作而且与其他伙伴加强合作，以维护在印太地区的共同利益。印度仍是一个自主的行为体，但它从美国的外交支持、情报共享、民用和军用技术、投资和贸易中获益匪浅，因为美国寻求帮助印度跻身大国行列。这种伙伴关系主要是莫迪和莫迪政府努力的产物，旨在加强与美国和其他理念相近国家的关系。

其次，本书应更详尽地介绍印度资深官员和杰出外交家苏杰生（S. Jaishankar）博士在重塑和“再造”印度对外政策方面的作用。苏杰生的重要性和影响力在第一届莫迪政府已经显现，他曾担任驻美大使，2015 年 1 月至 2018 年 1 月兼任外交秘书和外交部部长。他的重要性与影响力在 2019 年 5 月大选后被任命为外交部部长时愈发显现出来。从那时起，苏杰生为第一届莫迪政府的施政提供了许多新的叙事话语，并确定了新的政策方向，这一直延续到第二届莫迪政府。苏杰生和国家安全顾问阿吉特·多瓦尔（Ajit Doval），在“再造”印度对外政策的实践中发挥了远胜于书中所提及的重要作用。

最后，本书应该认识到莫迪政府特别是莫迪本人在制定对外政策和推动印度官僚机构改革方面的长期影响。在古吉拉特邦和新德里，莫迪通过他的官员掌控地方治理权，为此花费时间和精力挑选、评估、提拔和任命他满意的官员，从而加强治理能力并确保政策的连贯性。如今这种做法在外交机构特别是外交部单位内部非常明显，高级别职位由那些在提出和执行对外政策方面有更明确的共同议程和推进方法的官员担任。

我很高兴人们对这本书及其观点仍有兴趣。非常感谢孙西辉博士推动本书的中文翻译和出版工作。希望这本书有助于读者更好地理解纳伦德拉·莫迪，理解他所领导的印度人民党政府在过去十年对印度对外政策产生的持续影响。

伊恩·霍尔

2024 年 6 月 17 日

译者前言

印度是新兴大国之一，是南亚地区最大的国家。冷战结束以来，印度保持经济快速发展势头，在国际事务中的话语权和影响力逐步上升。印度独立建国以来，政坛格局不断演变，主要体现为执政党及其组建的政府的变动。印度独立后，各党派和社会组织协商产生了中央政府。1949 年 11 月 26 日，印度完成制宪工作，次年 1 月 26 日宪法生效，确立了联邦制和议会民主制等政治制度。

1951—1989 年，印度举行了 8 次人民院选举（不含 1989 年大选），国大党胜选 7 次，人民党胜选 1 次（1977 年）。这一阶段是国大党长期单独执政，但面临多个政党的竞争和挑战。1989—2004 年，印度举行了 5 次人民院选举（不含 2004 年大选），没有任何一个政党获得半数以上席位，国大党的得票率持续下滑，且在 1996 年、1998 年和 1999 年三次大选中的席位数量不及印度人民党。这一阶段出现了国大党和印度人民党主导建立的联合政府轮流执政的局面。2004—2014 年，国大党连续两次赢得大选（不含 2014 年大选），领导的团结进步联盟长期执政。2014—2024 年，印度人民党连续三次赢得大选（含 2024 年大选），领导的全国民主联盟长期执政。

2024 年 4 月 19 日至 6 月 1 日，印度举行第十八届人民院选举，登记选民 9.69 亿人，投票率 66.33%。印度人民党获得人民院由选举产生的 543 个议席中的 240 席，选举联盟（全国民主联盟）获得 353 席。这表明，印度人民党及其选举联盟未实现莫迪在大选前的两个预期目标，即印度人民党获得 370 个议席和选举联盟获得 400 个以上议席。与 2014 年和 2019 年两次大选相比，印度人民党及其选举联盟在 2024 年选举中的表现均有明显退步。印度人民党在三次大选中赢得的议席数量分别是 282、303 和 240，选举联盟的议席数量分别为 336、335 和 293。国大党获得 99 席，选举联盟（国家发展包容性联盟）获得 234 席。这表明，国大党及其选举联盟的表现远超预期和以往。在 2014 年、2019 年和 2024 年三次大选中，国大党赢得的议席数量分别是 44、52 和 99，选举联盟的议席数量分别为 59、90 和 234。

选举结果对印度人民党执政具有两个直接影响。一方面，印度人民党在人民院选举中获得的席位未过半数（272 席及以上），不满足单独组建内阁的条件，只能与其选举联盟中的政党联合组建内阁。印度人民党找到联合组阁的政党并不困难，但联合内阁在执政时将面临如何处理联盟内部利益分配和意见分歧等问题，这将削弱印度人民党制定和实施政策的效率。另一方面，印度人民党在下议院中的议席明显减少，导致该党的提案在议会中可能受到反对党的激烈阻击。印度人民党及其选举联盟在人民院的议席未超过总数的三分之二，使印度人民党在没有得到反对党支持的情况下无法修改宪法，这将在一定程度上阻碍印度人民党政府施政。尽管印度人民党在这次大选中获得的席位不及预期和前两次大选，但是它保住了议会第一大党和执政党地位，莫迪也已经开启第三任期。

虽然国大党的选举结果好于预期，但这无法逆转其颓势和印度人民党的优势地位。印度人民党有浓厚的印度教色彩，促使印度人民党崛起的一个重要因素是印度教民族主义兴起。印度教民族主义使印度人民党既能发挥印度教教徒众多的优势，又能充分利用印度发展的顺境与逆境带来的日益高涨的印度教民族主义情绪。印度人民党提出迎合印度教教徒利益和心理需求的内外政策，使其在大选中多次取得胜利，但也开始令其遭到反噬。具有浓厚印度教民族主义色彩的政策破坏了国大党执政时极力维持的印度世俗国家形象和宗教平衡，印度教与伊斯兰教、锡克教的矛盾不断激化。此外，达利特人、部落民、落后阶层及其他少数族群处于社会边缘地位的群体担心印度人民党政府取消其拥有的宪法特殊权利、特别待遇和保护性举措。以上因素部分地解释了印度人民党在 2024 年的大选中未取得预期结果的原因。

伊恩·霍尔教授的《莫迪与印度对外政策的“再造”》聚焦莫迪政府对外政策方面日益凸显的印度教色彩叙事风格，分析这一新叙事的特点和实质，认为莫迪政府的对外政策与其前任历届印度政府没有本质区别。伊恩·霍尔在为译著撰写的中文版序言中提到书中存在一些不足，并指出完成该书写作后国际形势发生了很大变化。形势发展变化是无法阻止和准确预知的客观现实，但这不影响该书的论述逻辑和主要观点。印度人民党再次赢得大选和莫迪第三次执政后，莫迪政府的对外政策应在很大程度上具有延续性，这对我们理解当下和未来 5 年印度对外政策仍有重要的现实意义。

本书的翻译出版得到中国社会科学院领导和各部门负责人的关心，在“中国社会科学院大学文库”的资助和当代中国出版社的支持下顺利推进，在中国社会科学院大学科研处和国际政治经济学院的帮助下克服了各种困难。在译著即将付梓之际，我向所有为本书的翻译和出版提供支持和帮助的领导、同事、朋友、家人和学生表示感谢！

感谢科研处的王炜处长、蒋甫玉副处长、李会老师和李思琬老师为推动本书出版做出的努力！感谢国际政治经济学院的张宇燕院长、王华教授、张晓东书记、粟瑞雪教授、权达老师和王涵老师对我的支持和帮助！

尤其要感谢本书的责任编辑周显亮，他在校对、编辑和协调各方工作等方面付出的辛劳，使出版工作更加顺畅！由衷感谢父母、妻子和女儿对我的无条件支持！需要指出的是，中国社会科学院大学的于春泉、唐晴、郑晏、张诗悦、沈梦媛等在校生在本书的翻译和校对过程中提供了实质性帮助，尤其是于春泉同学作出了很大贡献，在此一并表示感谢。

孙西辉

2024 年 6 月 20 日

目 录

第一章 导 论

2019 年 5 月底，纳伦德拉·莫迪（Narendra Modi）顶住政治压力，以比 2014 年更大的优势从激烈的竞选中脱颖而出，这超出了许多分析人士的预期。他的胜利被印度媒体称为“纳莫海啸”（TsuNaMo），这对应的是 2014 年 5 月让他上台的“莫迪浪潮”（Modi wave）和他的一个绰号“纳莫”（NaMo）（Kohli，2019）。选举结果证明，莫迪是当代印度的主导政治力量，这是一个令数百万人称赞又让许多人害怕的数字。他的压倒性胜利不但证明他有精心创建吸引大众叙事的能力，也证明他上台以来重塑形象的努力取得成功，对外政策是实现这一目标的手段之一。

将莫迪及信奉印度教民族主义的印度人民党推上执政地位的 2014 年 5 月大选，是印度政治史上最不寻常的事件之一。超过 8.14 亿人投了票，投票率略高于 66%，此前从未有如此多的印度人有资格投票。据可靠估算，这次选举支出超过 50 亿美元，此前的竞选活动从未花费如此多的资金（Kapur and Vaishnav，2018，第 4 页）。① 印度人民党从未在议会下院人民院赢得过绝对多数席位，更不用说和政治联盟一起获得 543 个席位中的 336 个了。② 曾在后殖民时代主导印度政治的国大党，它的地位和选举开支都被印度人民党超过，前者在这次选举后仅剩 44 名议会成员。③

此次选举的核心人物是印度人民党指定的总理候选人莫迪，他是当代印度最成功和最具争议的人物之一。莫迪 1950 年出生于一个相对贫穷的家庭，通过在同样有争议的印度教民族主义运动组织——“国民志愿服务团”（Rashtriya

① 所有货币换算均以美元为单位。

② 人民院有 543 个民选议员席位，另有两个席位留给英裔印度人社区，由印度总统提名。

③ 关于竞选活动和选举结果的分析，参见 Chacko and Mayer，2014；Sridharan，2014；Heath，2015；Jaffrelot，2015a；Sardesai，2015；Torri，2015；Chhibber and Verma，2018。

Swayamsevak Sangh，RSS）中担任职务而声名鹊起。20世纪80年代和90年代，莫迪通过印度人民党中“国民志愿服务团”成员的引荐，担任该党的策划者、战略师和发言人。2001年10月，他首次担任政府职务，成为他家乡古吉拉特邦的首席部长。5个月后，他面临一场具有决定性意义的危机，这令其备受国内外关注。2002年2月27日，一列满载印度教民族主义积极分子的火车停在戈德拉镇（Godhra）。随后，这列火车在乘客与当地穆斯林发生冲突时被有意或无意地点燃了。事件造成59人死亡，由此导致的社区暴乱在这个有悠久暴乱历史的邦蔓延开来（Shani，2007）。又有一两千人被杀，更多的人受伤、被抢和流离失所。[①]

莫迪的领导力在这些事件中受到包括印度人民党在内的各界广泛批评，这损害了他随后多年的声誉。他被指在制止骚乱，特别是在保护穆斯林社区方面做得不够。一些人甚至认为他领导的邦政府命令警察在发生暴力时不要介入，在暴力发生后也不得调查犯罪行为。有人批评莫迪在暴力事件前后，特别是在2002年底的竞选活动中，煽动和利用社区关系紧张谋取政治利益（Nussbaum，2007）。有人甚至给他贴上“法西斯主义者”的标签（Nandy，2002）。用国大党领袖索尼娅·甘地（Sonia Gandhi）在2007年古吉拉特邦竞选期间演讲时的话说，他是一个“带来死亡的商人”（maut ka saudagar）（*Times of India*，2007）。西方政府将他作为“限制入境的外交官”（off-limits for diplomats）对待，美国议员向国务院施压后，他被拒发赴美签证（Verma，2014，第357—362页）。

当然，莫迪的支持者对他的评价截然不同。他们否认莫迪在2002年的社区暴力事件中存在过失或串通一气的说法。同时，他们为他公开承诺捍卫印度教教徒社区和印度教教徒的利益以及古吉拉特邦的声誉而欢欣鼓舞。强硬的印度教民族主义者称赞他为“印度教的守护神”（Hindu Hriday Samrat）或“印度教民心之王”（King of Hindu Hearts）（Jaffrelot，2016）。自豪的古吉拉特邦人赞赏他为驳斥来自印度内外声称该邦是社区暴力温床的指责而做出的努力。他们喜欢莫迪为促进和保护他们独特的“自我”（asmita）所做的努力，赞赏他借鉴古吉拉特邦伟人智慧的行为，包括莫罕达斯·甘地（Mohandas K. Gandhi）和萨达尔·瓦拉巴海·帕特尔（Sardar Vallabhbhai Patel）。随着时间的推移，莫迪在古吉拉特邦连续赢得选举，其他人尤其是不断壮大的中产阶级、商界和散居海外的古吉拉特邦人开始强

① 有关这些事件的详细说明，参见Mitta，2014。

调他们所看到的莫迪关于善治和经济发展的承诺，以及他在这些方面取得的明显成就。他们开始将莫迪视为一个与普通政客截然不同的印度政治家，一个充满活力、能干、技术娴熟、亲商、廉洁、勇于变革的领导人。①

莫迪吸引文化民族主义者、商人以及真正有抱负的中产阶级等各类选民的能力，以及他作为战略家和演说家的非凡才能，帮助他在 2014 年大选前获得印度人民党的总理候选人提名（Nag，2014，第 219—225 页）。对他能将印度从经济停滞和普遍腐败中拯救出来的信念，以及对他的竞选口号“好日子来了”（acche din aane wale hain）的希望，促成他和印度人民党上台执政。莫迪把自己塑造成一个没有丑闻和骗局的“发展者”（vikas purush）形象，帮助印度人民党突破印度北部和西部的传统核心地区，向印度东北部、南部和东部的新地区挺进。通过精心设计的信息吸引印度多样化社会的不同选民，是印度人民党在古吉拉特邦琢磨出来的策略，他们吸引了大量的新选民（Jha，2017）。尽管莫迪比他的主要对手、时年 44 岁的拉胡尔·甘地（Rahul Gandhi）大 20 岁，但是他获得了大量年轻选民的支持，部分原因在于这是一场广泛应用新技术的竞选，从有针对性的信息传递到手机和社交媒体，再到莫迪竞选演讲中提到的全息投影的应用（Basu and Misra，2015；Price，2015）。

正在实施的对外政策

然而，为印度人民党 2014 年胜选铺平道路的那次非凡的竞选，留下一些没有得到解答的重要问题。一是新政府将如何处理印度与世界其他国家的关系。在这一点上，莫迪和印度人民党其他主要领导人在选举前几个月里都没有透露太多信息。这是可以理解的，他们和主要对手拉胡尔·甘地一样，把注意力集中在对选民最重要的问题上：经济发展和反腐败（Singh，T.，2013）。对外政策与印度政治话语中无处不在的“平民”（aam aadmi）的日常经历和愿望相去甚远，莫迪及其对手在发表的数百次竞选演说中很少谈及它。莫迪在其中一两场演说中暗示了可能采取的立场，特别是 2013 年 10 月在金奈发表的一次讲话（Panda，2013），

① 关于印度的腐败和政治，以及政治家与有组织犯罪之间的联系，参见 Joseph，2016；Vaishnav，2017。

但除此之外几乎没再提及。在印度人民党 52 页的竞选宣言中，有关对外政策的内容仅占 3 页，且措辞高度概括（BJP，2014a，第 39—41 页）。[①]

缺乏细节的政策不可避免地导致许多猜测，有些有充分的依据，有些则没有，这在印度国内外引发相当大的焦虑（Pal，2014）。一些人担心，莫迪从前作为民族主义煽动者的名声可能导致他与巴基斯坦，甚至与中国发生激烈对抗。例如，著名作家威廉·达尔林普（William Dalrymple）回忆了莫迪在 1999 年卡吉尔危机（Kargil Crisis）期间臭名昭著的言论。当时印巴均在数月前进行了核试验，两国军队为争夺有争议的克什米尔地区锡亚琴冰川（Siachen Glacier）的控制权而开战。达尔林普注意到，当在电视上被问及他认为印度应该如何应对巴基斯坦军队渗透到该地区时，时任印度人民党全国发言人莫迪回应道：“我们不会给他们印度鸡肉饭，我们将以核弹回应子弹（Chicken biryani nahi，bullet ka jawab bomb se diya jayega）。”（Dalrymple，2014）其他人注意到，莫迪在竞选期间同样对（中华）人民共和国（People's Republic）发表了强硬言论。

另一些分析人士更为乐观。少数人认为，莫迪在对外政策和外交方面相对缺乏经验，这可能意味着他需要一段时间才能在该领域做出一些引人注目或具有重大意义的事情（Lucas，2014）。许多人认为，莫迪作为强硬派的名声可能会使他获得近年来国大党领导人所没有的回旋余地，以便改善与巴基斯坦的关系，因为他可以在巴基斯坦问题上发挥印度版尼克松的作用（Mohan，2015a，第 68—70 页）。一些人担心，印度与美国的关系可能降温，两国关系的进展速度可能放缓。他们指出，华盛顿先前因莫迪对古吉拉特邦社区暴力事件的处理方式而禁止他入境，美国和欧洲驻印度外交官一度避免与这位首席部长接触。[②] 他们也指出，莫迪最可能把重点放在经济外交上，并努力使对外政策服务于国内发展，认为长期来看这将改善美印伙伴关系（Ganguly，2014）。他们希望，莫迪政府能够进一步开放印度经济，开放贸易和投资，并在南亚这个世界上一体化程度最低的地区的互联互通方面取得实质性进展。最后，一些人注意到莫迪明显有意打造所谓的印度“软实力”，利用印度的文化传统和遗产影响地区和世界（Schaffer and Schaffer，2013）。考虑到莫迪和印度人民党在制定明确纲领时表现出的沉默，以及他们将

① 关于《宣言》的简短但有见地的当代评估，参见 Mohan，2015a，第 37—79 页。

② 有用的相关讨论，参见 Panda，2013；Madan，2014。

面临的巨大国内挑战，很少有人认为对外政策将是其政府的首要任务。

然而，莫迪一上台就使外部观察人士和印度外交部感到惊讶。一个前所未有的举动是，他让官员向所有的南亚领导人和总部位于新德里的外交团体发出邀请，参加在总统府（Rashtrapati Bhavan）前举行的仪式，见证他作为总理宣誓就职。这在一定程度上是典型的作秀，但也是印度重启与包括巴基斯坦在内的周边国家关系的尝试。时任巴基斯坦总理纳瓦兹·谢里夫（Nawaz Sharif）被拍到与莫迪亲切握手并微笑着表示祝贺。[①] 这传达出一个明确的信息：在新政府的领导下，新德里将坚持“邻里优先”，投入更多精力与南亚较小国家建立和保持牢固的关系，这很快成为一个人所共知的政策。[②] 同时，另一封不那么具有和解性的信函则是针对中国的。莫迪“就职典礼”的嘉宾名单上，有“西藏流亡政府”首脑洛桑·桑杰（Lobsang Sangay）和中国台湾地区驻新德里代表田中光（Chung Kwang Tien）。潜台词很清楚：本届政府不打算与本地区任何受中国限制的国家发展关系（Gokhale，2017a，第 5 页）。

与一些分析人士的预期一致但比预期更快的是，莫迪还采取行动使经济外交成为印度外交部和海外使团的工作重点。2014 年 6 月，大选几周后，他对印度外事服务局（Indian Foreign Service，IFS）的新职员发表演讲，告诉他们要集中精力促进投资和贸易并以此推动国内经济发展（Roy，2014a）。2014 年 9 月下旬，莫迪上台四个多月后，在孟买的一场盛大集会上提出“印度制造”倡议（Make in India initiative）。为了吸引海外资本进入印度，促进 25 个领域的制造业发展，该政策允诺外资在这些领域中的大多数领域拥有 100% 的所有权，这与以往的做法不同。此后，他的出访行程纳入了与投资者和制造企业领导人会面的内容，以推销该倡议（Chaulia，2016，第 90—93 页）。同时，莫迪致力于通过各种协议确保更可靠的能源资源获取途径，其中包括时任澳大利亚总理托尼·阿博特（Tony Abbott）2014 年 9 月访问印度期间达成的一个从澳大利亚进口铀的协议（Palit，2015，第 19 页）。最后，莫迪政府努力软化印度在长期多边贸易谈判中的不妥协立场（Narlikar，2017，第 106 页）。

宣誓就职后不久，莫迪开始了一系列高调的出访，每一次都是象征性且精心

① Grare（2014）对莫迪对印巴关系的最初影响进行了敏锐的当代评估。

② 关于探讨“邻里优先”的一组有用的论文，参见 Bhatnagar and Passi，2016。

安排的。本着“邻里优先”和重启与南亚各国关系的理念，他在2014年6月中旬首先访问不丹，并派外交部部长访问孟加拉国（Mohan，2015a，第46页）。2014年下半年，他出访的范围更广，包括巴西、日本、美国、澳大利亚和斐济，还对周边国家进行了一系列访问，去了尼泊尔（两次）和缅甸。他出席了四个主要的多边会议：金砖国家峰会、东亚峰会、G20峰会和南亚区域合作联盟（SAARC）峰会。自始至终，莫迪准备了一场精心表演。在澳大利亚和美国，除正式的外交活动之外，还有一些配有音乐和舞蹈的大型公共活动，这让莫迪能够与当地的印度侨民交往，感谢他们在竞选期间的支持并享受他们欣然给予的赞誉。在墨尔本板球场和麦迪逊广场花园，与会者高呼莫迪的名字。11月中旬，在堪培拉的澳大利亚议会，议员和公众像欢迎“摇滚明星”一样欢迎他（Ireland，2014）。

执政后的最初几个月，莫迪还致力于重塑对外政策的品牌并调整优先事项，至少在理论上如此。在2014年8月15日莫迪的第一次独立日演讲以及随后在联合国的演讲中，他反复表示其政府希望改善与邻国的关系，并与他们一同致力于消除贫困，坚持“邻里优先”（Modi，2014a，2014b；Muni，2017）。印度在中东有大量工人，对该地区石油的需求也在增加，但新德里担心与它所认为的西亚国家的接触太少，这使莫迪宣布其政府将实施一项新的“西连”（Link West）政策，与之并行的政策是可以追溯到20世纪90年代中期的“东望”（Look East）政策（Mohan，2014a）。莫迪对澳大利亚和斐济进行国事访问后，在内比都“东盟－印度”峰会以及在布里斯班G20峰会上宣布“东望”政策将获得新生，并更名为“东向行动”政策（Act East）（Rajendram，2014）。

莫迪执政的最初几个月里，他参加的高级别峰会外交，尤其是他与其他国家领导人的双边会谈中，发生了一些戏剧性事情。2014年8月底和9月初，莫迪在对日本进行为期5天的国事访问期间，与日本首相安倍晋三将双边关系提升到特殊的战略和全球伙伴关系（Special Strategic and Global Partnership），并就指导未来发展的“2025愿景”达成一致。9月中旬，莫迪欢迎习近平主席访问印度。两国领导人在古吉拉特邦进行会谈和拍照，在照相机的咔嚓声中，两位领导人坐在一个著名剧院中精致的镀金秋千上交谈。在签订的协议和承诺的投资协议中，也出现了背离中印会谈常规剧本的情况，因为莫迪在联合记者会上直言不讳地表示，新德里“严重关切”中国人民解放军越过两国争议边界的“入侵”，其中一次发生在习近平主席到访印度之前（Bajpai，2017，第81页）。几天后，莫迪抵达美国，在联合国大会上发表讲话，并会见美国总统奥巴马。

在纽约，莫迪用印地语演讲，就像印度人民党前任总理阿塔尔·比哈里·瓦杰帕伊那样。他充满激情地回忆了印度的“古老智慧”，并表达了在“真正的国际伙伴关系”（genuine international partnership）中解决气候变化、恐怖主义和贫困问题的愿望。他呼吁设立“国际瑜伽日”（International Yoga Day），以彰显“我们古老传统的无价之宝”（Modi，2014b）。几周后，联合国大会满足了后一个愿望。此外，莫迪在麦迪逊广场花园受到称赞，甚至在中央公园举行的“全球公民节”上与演员休·杰克曼（Hugh Jackman）一起出场。在纽约广为宣传的活动中，莫迪会见了银行家和商界领袖，向他们保证其政府对他们在国内外的利益持友好态度，并鼓励他们到印度投资。

比起规划前景，接下来的国事访问更侧重巩固关系。尽管美国过去对这位印度新总理心存疑虑并在 2002 年古吉拉特邦暴乱后限制其赴美签证，但是奥巴马和莫迪都愿意继续合作，并保持他们的前任乔治·布什（George W. Bush）和曼莫汉·辛格（Manmohan Singh）在 2000 年中期建立的战略伙伴关系。这次会晤取得好于预期的效果，两位领导人建立了融洽的私人关系，并展示出他们的友好。奥巴马用总统专车带莫迪参观了马丁·路德·金纪念馆（Martin Luther King memorial），这显然是计划外的访问。两人在《华盛顿邮报》发表社论，称赞双方的“伙伴关系”是“强劲、可靠、持久”和“不断扩大的”。文章的结尾是“我们一起前进”（chalein saath saath），表明保持美印关系平稳并朝正确方向前进的共同愿望（Modi and Obama，2014）。

加强两国关系很快取得实质性进展。2014 年 11 月，莫迪在推特上邀请奥巴马作为主宾出席 2015 年 1 月 26 日的印度共和国日（India’s Republic Day）阅兵式，成为首位受邀出席的美国总统[①]。奥巴马接受了邀请。在访问期间，新德里同意延长由布什和辛格达成的具有里程碑意义的十年防务框架协议（Defence Framework Agreement），该协议原本将在 2015 年到期。美国和印度还共同发布了一份所谓的联合战略愿景声明，概述他们偏好的地区秩序（MEA，2015a）。莫迪在奥巴马抵达新德里时给了他一个“熊抱”，进一步表明这位印度总理满足于让过去的事

① 奥巴马不是第一位收到这种邀请的美国总统。1994 年，时任印度总理拉奥邀请比尔·克林顿担任主宾。

都过去，莫迪政府致力于加强印美战略伙伴关系，这不同于上一届政府的摇摆政策，尤其是辛格在任期即将结束时的做法。莫迪也调整了他的外交团队，任命时任驻美大使、前驻华大使苏杰生（Subrahmanyam Jaishankar）为新的外交秘书，领导印度外交部（Haidar，2015）。

苏杰生上任后迅速构建对印度在世界上角色的新叙事，描述了莫迪最初几个月充满活力的个人外交的意义和未来的行动方向。据报道，他在 2015 年 3 月的一次智库对话会上表示，印度面临的主要挑战是中国日益增长的经济和军事实力，并对近期加强与美国的战略伙伴关系的举措表示欢迎（Roggenveen，2015）。然而，苏杰生关于莫迪政府如何构想印度对外政策目标的最明确的声明，是 7 月在新德里的一个新书发布会（MEA，2015b）和随后由国际战略研究所（the International Institute for Strategic Studies，IISS）在新加坡举办的富勒顿讲座（Fullerton Lecture）上发表的（MEA，2015c）。他在这两个场合表示，印度现在渴望成为“多极世界”中的“领导力量”，采取有原则的立场并担负责任。他声称，印度外交正在改革，以便“在发展我们的国家中发挥关键作用”，“充分利用私人关系、叙事方式、文化和我们的侨民”（MEA，2015b）。①

此外，印度人民党及其支持者也开始对莫迪政府的对外政策构建新的叙事。2015 年 4 月初，该党的全国执行官（the Party’s National Executive）在班加罗尔（Bengaluru）举行会议，讨论国际关系以及印度在世界上的角色等各种问题。会议结束时，拉姆·马达夫（Ram Madhav）起草了一份近 4000 字的决议。他与莫迪一样，从“国民志愿服务团”领导人成为官员和政治家，2014 年被任命为印度人民党总书记。决议指出，莫迪在对外政策上“充满活力与远见的领导”，政府近乎前所未有的“效率和决心”，印度提升“全球利益和信心”的方式，以及对前景的“乐观”，让该党感到“非常自豪”。决议写道，在 10 个月的时间，印度外交部部长苏诗玛·斯瓦拉吉（Sushma Swaraj）以某种方式“接触”了 94 个国家。该决议还提出一套被称为“潘查姆利特”（Panchamrit）的指导原则。这是借用印度

① 关于印度作为“领导力量”的观点，另见 Mohan，2015a，第 201—214 页。

教祈祷仪式的一个术语，指混合了五种食物的供品。[①]根据决议，对外政策中“潘查姆利特”原则的五个“支柱”是:“尊严与荣誉”（Samman）、更多“接触与对话”（Samvad）、“共同繁荣”（Samriddhi）、地区与全球“安全”（Suraksha）以及“文化与文明的联系”（Sanskriti evam Sabhyata）（BJP，2015）。

该决议明确了印度人民党对政府对外政策优先事项的理解。最重要的是经济发展，这需要“获得资本、技术、资源、能源和技能”，并维持全球对这个国家的信心。此外，它还需要“一个安全的环境、一个和平的周边以及一个开放和稳定的全球贸易体系”。第二个目标是确保印度/巴拉特（Bharat）在世界上得到承认和尊重，一些印度教民族主义者更喜欢用“巴拉特”指称印度。“根植于我们通过和平共处进行知识和经济接触的永恒传统的”的对外政策不仅符合正确的价值观，也最适合确保“巴拉特……享有更高的国际地位”。决议总结道，一年之内，莫迪政府已成功确立这两个重要的优先事项，然后是探讨“潘查姆利特”，从而将“对外政策转变为实现巴拉特崛起为一个强大而受人尊敬的世界强国之国家抱负的主要工具”（BJP，2015）。

尽管表达方式和重点截然不同，但是苏杰生和马达夫对莫迪执政第一年的外交方式的理解在很多地方是一致的。他们认为，在莫迪的领导下，对外政策首先服务于发展；重启南亚国际关系是一个优先事项；“软实力”被视为一种必不可少的工具，印度凭借其文化和文明遗产以及与印太地区各国长期交流的历史拥有“软实力”；新德里渴望作为一个主要行为体发挥作用。同样重要的是，苏杰生和马达夫在概述莫迪的既定方针时都避免使用一些措辞和概念。“不结盟”（nonalignment）和“战略自主”（strategic autonomy）这两个长期以来等同于印度对外政策的词语，在他们的言论中没有出现，在2014年之后莫迪的所有演讲中也没有出现（Ganguly，2017，第132页）。

一些人将未提及这些词解读为，这预示着从如何以最好方式处理国际关系的

---

① 这不是印度人民党第一次使用该术语。莫迪在古吉拉特邦担任首席部长期间使用了这一术语，但没有提及对外政策原则。他用“潘查姆利特”指代国家“发展愿景”的五个部分，包括水利（Jal Shakti）、电力（Urya Shakti）、教育的力量（Gyan Shakti）、国防（Raksha Shakti）和人民的力量（Jan Shakti），参见Verma，2014，第189页。

旧思想认识转向一种更务实甚至是“现实主义”的理解方式。[①]在本书中，我对这种观点提出质疑。我认为，莫迪2014—2019年对外政策方面的成就不像许多人所说的那样，仅仅是为印度外交注入活力，从继承的意识形态包袱中摆脱出来并转而奉行实用主义。莫迪和他的盟友试图走得更远。我认为，在对外政策和国内政策上，莫迪试图成为一个“变革型领导人”（a “transformational” leader），而不仅仅是一个“交易型领导人”（a “transactional” Leader）。[②]他的目标不仅仅是通过政府给他的支持者带来好处，而是以一种受意识形态启发的“愿景”为基础，寻求一种更广泛的印度社会转型，这是印度的国际关系转型（Chhibber and Verma，2018，第135页）。莫迪试图通过以一种新方法取代旧观点，“再造”印度的对外政策，这种新方法不是基于实用主义或现实主义，而是基于印度教民族主义意识形态。用他的话说，他瞄准的是“由［印度的］精神文明塑造的”对外政策（MEA，2017a）。本书认为，这一愿景确定了莫迪政府对外政策的优先事项。此外，理解这一点有助于解释莫迪政府建设和利用印度“软实力”的努力，为何未能以许多外人想象的方式开放这个国家的经济，以及增强印度“硬实力”的坎坷道路，尽管它在2017年中期的洞朗（Doklam）和2019年初的克什米尔等地发生的重大危机中做出强硬应对的姿态。[③]

制定印度的对外政策

当然，要了解莫迪试图“再造”印度对外政策的性质和程度，需要先了解这些政策如何制定，由谁制定，以及印度的对外政策如何随着时间的推移而演变。

---

① 例如：Abhyankar，2018；Bajpaee，2016；Basrur，2018；Chatterjee Miller and Sullivan，2017；Chandra，2014；Mohan，2015a；Ogden，2018；Panda，2016；Pant and Joshi，2017。在这种背景下，现实主义指的是现实主义国际关系哲学，认为国家间关系本质上是冲突的，要求各国通过建立和使用军事及其他形式的权力确保自己的利益。

② 关于莫迪和印度国内政治中的变革型领导，参见Chhibber and Verma，2018，第139—140页。关于这两种领导风格之间的区别，参见Burns，1978。关于莫迪作为变革型领导人的自我描述，参见MEA，2017a。

③ 关于2014—2019年莫迪在政府中的行程记录的关键处理，参见Mehra，2019；Soz，2019；Tharoor，2018。

至少对学者来说，这些问题的答案曾经是相对确定的。[①] 他们指的是1947年后的制度安排。独立后的印度领导人选择了议会制度，总统拥有类似于立宪君主的权力，使对外政策的制定和实施等核心行政权力受到人民院（下议院）和联邦院（上议院）的监督（Bandyopadhyaya，1991，第159—191页）。在形式上，所有这些都受到宪法的限制。除了相关文件中规定的正常限制外，宪法还规定了一套处理对外事务和一些其他领域的"国家政策指导原则"。宪法第51条用故意让人想起《联合国宪章》的语言，指示政府"努力"去"促进国际和平与安全"，"维持公正和体面的国家间关系"，"促进对国际法和条约规定的义务的尊重"，并鼓励"通过仲裁"解决争端（Constitution of India，1950）。[②]

在这种制度下，总理和外交部部长以及财政部、国防部和内政部等其他有相关部门的领导人被认为负责制定对外政策，由内阁批准并接受议会监督。外交秘书领导的外交部负责向总理和相关内阁部长提供建议，并在实施过程中担任牵头机构。

然而在现实中，1947年后不久，对外政策的制定权高度集中在总理和总理办公室（PMO）的手中，很少受到议会的持续审查，对外政策的制定不同程度地吸纳了外交部的意见（Andersen，1983）。决策结果与指导原则是否一致成为一个争论不休的问题。

不论好坏，印度首任总理尼赫鲁在1947年上台到1964年去世的任职期间，主导了对外政策的制定过程。他之所以这样做，部分原因是他在国际关系方面的兴趣和专业知识强于其同僚（Power，1964；Ganguly，1994），也因为他通过制度确立了自己在该领域的地位。尼赫鲁在担任总理期间，一直兼任外交部部长职务。尽管采用了正式的内阁形式，他在任期内也采取了将集体决策制度化的举措，如1957年创建内阁外交事务常务委员会，但是尼赫鲁在任职期间既是最重要的政策设计师，又是印度的首席外交官（Appadorai，1969，第205—207页）。在任职初期，他对印度外事服务局官员和关键的驻外大使的遴选具有重大影响（Mehta，2010，第32—33页）。自始至终，尼赫鲁提供了形成政策的大部

---

① 经典且非常有用的研究见 Bandyopadhyaya，1991（第一次出版于1970年）；Malone et al.，2015。

② 关于一位前外交官对这些指令的看法以及它们如何构成"印度全球使命的关键"，参见 Abhyankar，2018，第19页。

分思想和策略。至少在1962年10月灾难性的中印边境战争（指中国对印自卫反击战——译者）爆发之前，他的意见在对外政策方面的议会辩论中最具影响力，尽管也有少数对该话题感兴趣的议员激烈反对，如当时年轻的瓦杰帕伊，他后来成为印度外交部部长和首位印度人民党总理（Nag，2017，第38—39页）。[①] 在这种背景下，议会中的对外事务协商委员会（the Consultative Committee on External Affairs）实际上成为一种将行政部门的决定传达给议员的机制，而非一个审议机构（Bandyopadhyaya，1991，第163页）。[②]

尼赫鲁之后，印度对外政策的制定仍然高度集中，总理办公室和外交部之外的人员和部门基本上无法插手。尽管有所不同，但是尼赫鲁的八位继任者在担任总理时也兼任外交部部长，只是他们兼任外交部部长的时间通常相对较短。[③] 他们中的大部分（如果不是全部的话）都尽可能地在总理办公室顾问的指导下设定对外政策的方向，而不是让外交部部长和外交部牵头。例如，1966—1977年和1980—1984年执政的尼赫鲁的女儿英迪拉·甘地（Indira Gandhi），在20世纪60年代末70年代初，制定对外政策时非常倚重总理办公室的首席秘书，即印度对外服务部前官员帕梅斯瓦尔·纳拉扬·哈克萨（Parmeshwar Narayan Haksar）的建议（Dixit,2004，第166—168页）。[④] 此外，尼赫鲁之后的印度总理在决策时很少受到议会的监督。尼赫鲁1964年去世后，一些至关重要和影响重大的外交与安全政策的决策，如1971年与苏联缔结《和平友好合作条约》和同年干涉东巴基斯坦的决定，都是在未与议员正式磋商的情况下作出的（Bandyopadhyaya，1991，第166页）。印度在1974年和1998年进行核试验时，议员事先没有得到通知，在1998年的事件中也并非所有内阁成员都被信任而在作出决定前与之进行讨论。

我们须注意到，尽管选民对这个问题的兴趣相对较低，但对外政策长期以来

---

① 这并不是说尼赫鲁没有遭到反对，即使在最初几年也是如此。关于早期外交政策辩论的精辟论述，参见Sagar and Panda，2015。

② 对于具有丰富外交政策经验的议员提供的关于这一机制如何发挥作用（或不发挥作用）的有用观点，参见Tharoor，2012，第354—363页。

③ 总理拉尔·巴哈杜尔·夏斯特里、英迪拉·甘地、拉吉夫·甘地、V.P.辛格、P.V.纳拉辛哈·拉奥、I.K.古吉拉尔、阿塔尔·比哈里·瓦杰帕伊和曼莫汉·辛格都曾在政府中担任过这些角色，但均未超过18个月。

④ 关于英迪拉·甘地和帕梅斯瓦尔·纳拉扬·哈克萨之间的关系，另见Ramesh，2018。

一直是印度各政党争论的一个问题。[①] 甚至在1962年战争之前，尼赫鲁对待中国的方式就受到议会内外反对者的强烈批评。从那以后，他处理中印关系的方式被当成一种攻击国大党的手段，从更广泛意义上说，国大党被认为在过去20年难以胜任制定恰当的对外政策的工作。[②]1971年英迪拉·甘地处理东巴基斯坦危机的方式引发一场党派政治争端，为其批评者在她决定进行干涉之前提供了一个攻击她的政府的机会，也为她在事后巩固权力提供了机遇（Raghavan，2013）。近年来，一系列印度对外政策问题也引起主要政党之间的争论，或被用作削弱政府的工具。最明显的是美印核协议，它导致有社会主义倾向的“左翼阵线”（Left Front）退出曼莫汉·辛格的执政联盟，并招致印度人民党的持续批评，后者看到了一个可以利用的机会，并且几乎击垮国大党政府（Mistry，2014）。这一问题突出了联盟政治在对外政策某些领域的重要性，尤其是那些意识形态驱动的政党（如“左翼阵线”）或区域性合作伙伴（如与斯里兰卡有关的泰米尔政党）有特殊利益的领域。[③]

随着时间的推移，更多的行为体开始竞争政策话语权，制定对外政策的制度背景变得越来越复杂，这更需要总理、总理办公室和外交部予以考虑。首先，官僚机构的规模和结构发生了变化。[④] 印度外事服务局的人员已增至约1000人，其中包括“A”级和“B”级的官员，但以全球标准衡量该机构的人数依然非常少，其员工人数大致与新西兰外交与贸易部的员工人数相当，后者为只有480万人口的国家提供服务。因此，印度外事服务局仍被广泛认为在包括战略规划在内的许多领域能力不足。[⑤]

印度经济的部分开放和贸易协议的缔结或谈判，以及对经济外交更大的关注，提升了财政部、商务部和工业部的重要性，石油和天然气部也与外交部、国

---

① 公众舆论是否正在成为制定对外政策中一个更重要的因素是一个有争议的话题。特别见Kapur，2009；Kapur，2015。

② 例如，参见前印度人民党领导的政府国防部部长贾斯万特·辛格（Jaswant Singh）的著作，包括《印度处于危险之中：安全政策的错误、误解和不幸》，2013年。

③ 关于联盟伙伴何时、为何以及在多大程度上能够影响制定对外政策的辩论正在演变。有关印度与全球南方其他国家的经验比较，参见Blarel and van Willigen，2017；Mattoo and Jacob，2010。

④ 相关基本知识，参见Madan，2015。

⑤ 关于这一主题的文献越来越多，参见Markey，2009；Chatterjee Miller，2013a；Datta Ray，2015。

防部（MoD）一起成为对外政策中的行为体。其次，其他重要的机构也出现了，尤其是印度的对外情报机构。印度调查分析部门（RAW）成立于1968年，以补充聚焦国内的情报局（IB）。据说它也涉及外交关系，特别是在印度周边地区。国家安全顾问的职位设立于1998年，随后有了相应的官僚机构和广泛的职权，直接对总理负责。[①]2004—2016年，负责与大量印度侨民打交道的海外印度人事务部（MOIA）并入印度外交部，在外交事务中也发挥了重要作用。

这些中央政府部门还必须与新德里内外的一系列其他行为体竞争，有些是新面孔，有些则不然。这包括29个邦和7个联邦属地的政府，特别是那些与邻国接壤或与其他国家有广泛经济、种族或侨民联系的邦。这些因素能够并且已经影响了印度的对外政策，最明显的是与孟加拉国、斯里兰卡的关系，以及与有大量印度移民工人居住的中东国家的关系。[②]此外，其中的一些邦现在经常实行所谓的“准外交”（paradiplomacy），首席部长和其他代表出国与外国合作伙伴谈判投资和其他协议。[③]莫迪在古吉拉特邦执政时参与了此类活动，他在任职总理之前早已成为一名著名的“准外交官”（paradiplomat），开始各种对外正式访问，包括数次访问北京。

除国家行为体外，还有一系列参与者可以对制定和执行对外政策产生影响。公众舆论、媒体、高校专家与评论员、智库和政府的科研机构在印度都很重要，它们的影响差异取决于问题的突出性和重要性以及它们对该问题的了解程度，因此必须以某种方式对它们加以管理。[④]当然，总理也可以利用从媒体或研究中心获得政府部门之外的人的技能和能力，他们也可以成为重要的参与者。例如，在曼莫汉·辛格的第一个任期，记者桑贾亚·巴鲁（Sanjaya Baru）成为一位重要的顾问和发言人（Baru，2015）。

除了这些领域，农业生产者、工会和商界也很重要，如果细分，不同的选民

---

① 关于这一职位和更广泛的国家安全管理机构，参见Ganguly et al.，2018；Gupta，2018；Hall，2018。

② 关于这一主题的文献正在增加，特别见Sridharan，2003；Staniland，2010；Plagemann and Destradi，2015；Staniland and Narang，2015；Varadarajan，2015。

③ 关于国家参与制定对外政策的问题，参见Hazarika，2014。关于首席部长的“准外交”，参见Wyatt，2017。关于低于主权国家级别的政治实体的“准外交”，参见Cornago，2010；Tavares，2016。

④ 关于公众舆论和其他选区影响的经典研究，参见Bandyopadhyaya，1991；Ghosh，1994。

在同邻国的关系以及贸易和投资协定方面具有重要影响。由于大约一半的印度劳动力从事农业，对外经济政策对他们生计的影响长期以来一直是一个主要关切，这也是印度在世界贸易谈判中拖后腿达20年之久的重要原因（Hopewell，2016，第147—175页）。然而，在其他方面，印度经济的开放由于一些大型工业企业的利益而变得复杂，它们主导着印度经济的关键行业，后者往往受到长期关税和监管制度的保护。[①]总之，人们普遍认为，尽管对外政策的决定权仍然集中在核心领导层手中，但是它已经变得更加复杂和分散，至少在不同机构和利益集团激增的情况下是这样的。

莫迪政府和对外政策的制定

如果说有什么不同的话，2014年之后对外政策的制定变得更加集权，或者至少是更倾向于由总理通过总理办公室推动。这在很大程度上是由于莫迪相对于其他印度人民党领导层的主导地位，而压倒性的选举胜利和他在取得这一胜利中的关键作用大大加强了这一地位。然而，莫迪确实避免了像尼赫鲁和许多其他前任那样兼任外交部部长的诱惑。相反，他把外交部部长的职位交给了他在印度人民党内部的主要竞争对手苏诗玛·斯瓦拉吉，一位来自印度北部哈里亚纳邦的律师，她的父亲曾是“国民志愿服务团”的领袖。斯瓦拉吉曾在瓦杰帕伊政府担任信息部部长和卫生部部长，并在曼莫汉·辛格第二任期担任人民院反对党领袖。随着时间的推移，人们逐渐清楚莫迪和斯瓦拉吉各自的职责大不相同，前者指导高层政策的制定和关键决策，后者则花大量的时间在国外访问和进行领事工作，确保印度侨民特别是在中东的印度劳工的福利（*The Economist*，2015；Varadarajan，2015）。除了斯瓦拉吉，莫迪还任命前将军和陆军参谋长维贾伊·库马尔·辛格（Vijay Kumar Singh）为外交部的国务部长。在2014年11月之前的几个月，辛格还负责印度东北部的事务，这是与孟加拉国、不丹、中国和缅甸接壤的相对贫穷和有争议的地区。

莫迪发现，任命国防部部长更加困难。最初，财政部部长阿伦·贾特利（Arun Jaitley）担任这一职务6个月，但很明显这只是一个临时安排，因为总理要

① 关于这一主题，参见Kochanek，1996；Kumar，2015，2016；Rothacher，2016。

从议会外寻找合适的人选。2014 年 11 月至 2017 年 3 月，印度人民党籍果阿邦首席部长马诺哈尔·帕里卡尔（Manohar Parrikar）担任这一职务，他还是联邦院议员。帕里卡尔离职后返回果阿邦，再次领导邦政府。在贾特利再次短暂担任国防部部长后，莫迪于 2017 年 9 月任命前商业和工业部部长、来自泰米尔纳德邦的经济学家尼尔马拉·西塔拉曼（Nirmala Sitaraman）担任这一职务，2019 年大选前她一直在任。

除了外交部和国防部，影响对外政策的其他部长还有财政部部长贾特利和内政部部长拉杰纳特·辛格（Rajnath Singh）。贾特利是一位经验丰富的政治家和颇有成就的律师，1998—2004 年曾在瓦杰帕伊政府担任过各种高级别职务。辛格是另一种类型的政治家，他更像是印度人民党内部的一位党建者，拥有丰富的政治经验，2000—2002 年担任北方邦首席部长，并在瓦杰帕伊任期的最后一年担任农业部部长。2005—2009 年以及 2013—2014 年，辛格担任印度人民党的全国主席，对莫迪当选该党总理候选人至关重要。除了组建内阁，莫迪还任命“维韦卡南达国际基金会”（Vivekananda International Foundation，VIF。又译为“辩喜基金会”——译者）智库的创始董事、印度警察局（Indian Police Service，IPS）前官员和对内情报部门前负责人阿吉特·多瓦尔（Ajit Doval）为他的国家安全顾问。[①] 多瓦尔并不是印度警察局中第一个成为国家安全顾问的人，自 1998 年设立该职位以来，最近的四位国家安全顾问中有三人来自其竞争对手警察局（原书中写的是表示外事服务局的 IFS——译者），所以他的任命被许多人认为是确保莫迪能听到外交部之外声音的刻意做法。这也是一个信号，表明莫迪政府认为内部安全是一个紧迫问题，外部安全也是（Pant，2014）。

莫迪在他上任的头几个月巩固了对外交的控制。他任命苏杰生为外交秘书，这是外交部最重要的官员。然而，这一做法引发争议。莫迪上台时，经验丰富的外交官苏贾塔·辛格（Sujatha Singh）还有大约 15 个月的任职时间，被苏杰生取代使其任期缩短了将近 8 个月。苏杰生曾任印度驻美国大使，此前任驻中国大使和驻新加坡大使（实为驻新加坡高级专员——译者）。他曾以外交部负责美洲事务的联合秘书身份参与了美印核协议以及与美国达成防务框架协议的谈判。苏杰生当了 3 年外交秘书，使这一通常为 2 年任期的职务一直延续到他离职。2018 年 1

---

① 有关 Doval 的有用详细资料，参见 Donthi，2017。

月，顾凯杰（Vijay Keshav Gokhale）接替苏杰生，前者曾任印度驻中国、德国和印度尼西亚大使，他无疑是一位比其前任更传统的外交官。

莫迪的地位通过另外三种方式得到加强。首先，他的政府得益于强大的内阁秘书（Cabinet Secretaries），即印度行政局（Indian Administrative Service，IAS）的负责人。2015 年 6 月，曼莫汉·辛格时期的内阁秘书阿吉特·赛斯（Ajit Seth）下台，由普拉迪普·库马尔·辛哈（Pradeep Kumar Sinha）接任，后者一直在任并两次延长任期，直到 2019 年大选。其次，莫迪将古吉拉特邦的官员调入总理办公室，这些人在他担任邦首席部长时曾与他共事。他信任和依赖他们，他们能理解他的意图。这些人包括莫迪的辅助首席秘书（Additional Principal Secretary）普拉莫德·库马尔·米斯拉（Pramod Kumar Misra）等官员，他曾是古吉拉特邦政府的首席秘书（Principal Secretary），掌管着权力很大的公务员任命委员会，推动莫迪的一些关键政策，包括引入商品与服务税（GST）。最后，莫迪在对外政策上的主导地位通过印度人民党的附属机构和附属智库得以巩固，利用这些智库和附属机构与包括中国在内的其他国家的同行进行接触，并在美国等重要国家的印度侨民中施加影响。正如我们看到的，马达夫等印度人民党官员对政策的制定和实施的帮助与官僚机构类似，马达夫是一位思想家、组织者和非正式的特使。

“再造”印度的对外政策

本书认为，作为莫迪建设“新印度”这一更宏大项目的一部分，他的政府试图在印度教民族主义意识形态中重新审视印度对外政策的关键要素，以其独特的习惯用语改写国际关系的语言，并以更符合其政治议程的方式调整印度外交方向。[①] 我认为，从 2014 年 5 月开始，实际上从他执政的最初几小时开始，莫迪和他的政治盟友经过深思熟虑和协调努力，旨在更替人们对印度在世界上的地位及其运作方式的固有认识。相应地，他们试图采用在很大程度上源自印度教民族主义传统的另一种思维方式作为政策制定的新基础。我认为，他们这样做的部分原因是认为这些方案会产生更优的政策并能更好地服务于印度的国家利益，同时也

① 关于意识形态对印度对外政策的影响，参见 Bandyopadhyaya，1991，第 69—80 页；Chatterjee Miller，2013。

因为他们相信公众关于对外政策成功的认知将提升和巩固莫迪的领导地位，维持他在政府中的主导地位，并在选票上得到回报。鉴于印度选民对国际关系的了解和兴趣普遍较低，莫迪“再造”对外政策在一定程度上是为了提高他在国内政治和印度人民党中的地位，这是一个有趣的举动。[①]

无论是取代固有的思维和实施对外政策的方式，还是推进印度的国家利益，甚至是拉选票，我认为在这些方面的“再造”并未取得成功，尽管2019年选举的结果表明它可能会取得成功。我和其他一些学者认为，莫迪政府在改变印度对外政策的方向、基本假设和关键做法方面所做的工作，不及它产生的戏剧性事件和噪声所暗示的那么多。[②] 和其他分析人士一样，我认为，正如拉杰什·巴斯鲁尔（Rajesh Basrur）（2017）所说，政策的“轨迹”基本上保持“不变”，莫迪政府与先前的瓦杰帕伊政府和辛格政府所采取的立场和方法有明显的连续性。莫迪政府坚持21世纪初确立的印度战略的核心要素，这基本上与他的前任们一样：继续优先考虑国内经济和社会发展，努力在保护主义和自由化之间取得艰难的平衡，在不公开结盟的情况下与其他大国建立伙伴关系；保持在南亚的主导地位，追求国际地位以及经济和军事实力，寻求并使用“软实力”。

然而，承认这些连续性不应该导致我们忽视莫迪政府试图“再造”印度对外政策意识形态基础的意图和实质及其所涉及的投入，这一举动具有重要的影响。正如我们会看到的那样，莫迪及其盟友竭尽全力试图提供一种印度教民族主义的对外政策愿景，并取代人们对印度在世界上的地位及其应该扮演的角色的固有认识。他们把这种做法视为实现“新印度”的关键因素，认为“印度在国内的选择和国际上的优先事项构成了一个无缝连续体的一部分”（MEA，2017a）。我认为，探索这一愿景，可以让我们了解印度民族主义者对世界的理解和印度在世界上的地位和角色，了解莫迪和类似的文化民族主义的民粹主义者的变革式领导风格，理解其政府的政策制定和实施。我认为，要解释他的政府在对外政策上做了什么，需要审视莫迪及其盟友声称相信什么。尽管总理称对“全球化”很有热情，

① 关于这一主题，参见 Ghosh，1994；Kapur，2009，2015。学者们对外交政策是否影响民主国家选民的选择存在分歧。有关辩论参见 Aldrich et al.，2006。

② 该文献对莫迪的对外政策成就持怀疑态度，参见 Hall，2015a，2016a；Chatterjee Miller and Sullivan de Estrada，2017；Ganguly，2017；Mishra，2017；Pardesi，2017；Singh，S.，2017；Karnad，2018；Ogden，2018。

但是印度强调“软实力”和文化影响力，对开放经济保持缄默，在建设符合印度右翼长期期待的愿景的“硬实力”方面存在矛盾心态。

为了证明这一点，本书与印度对外政策的常规研究略有不同。它没有依次阐述印度与重要国家或地理区域的关系，也不关注特定的危机或危机管理，尽管我不否认它们对理解莫迪政府的做法很重要。相反，本书聚焦国际关系的思想体系。我认为这些思想能告诉政策制定者，随着印度教民族主义的崛起，尼赫鲁式的认知将被取代，印度应该如何理解世界，印度应该是怎样的，以及印度应该如何表现等问题。本书借用经典文本和当代表述，包括莫迪本人在内的关键人物的演讲，“国民志愿服务团”领导人莫汉·巴格瓦特（Mohan Bhagwat）等莫迪强大盟友的演讲、政策文件和媒体报道，以及记者、智囊团、学者的当代分析。本书对上述信息的解读因与政府官员或其学者的对话而增强了趣味性，但是我不直接引用这些讨论。

本书的前半部分探讨了莫迪政府试图“再造”印度对外政策的背景。第二章追溯后冷战时期印度对外政策的演变，特别是历届国大党政府和印度人民党政府的做法，尤其是那些对它们产生重大影响的理念。第三章考察印度教民族主义者对国际关系的认知，以及这类思想家提出的对外政策的替代选项，这深刻影响了莫迪政府。第四章介绍莫迪的个人背景以及我们所了解的他所谓的政治思想。该章还探讨了他的统治风格，一些人称之为“莫迪特性”（Moditva），这与印度教民族主义传统的核心概念“印度教特性”（Hindutva）相对应。

本书的后半部分利用马达夫的“潘查姆利特”思想和从印度教民族主义思想中提取的其他概念，考察“再造”对外政策的本质和影响。第五章着眼于莫迪政府试图利用印度的文化和宗教遗产“软实力”实现其对外政策目标，将印度变成一个“世界导师”（vishwa guru）。该章认为，印度关于“世界导师”的想法根植于印度教民族主义意识形态，莫迪政府追求的目标与这些信念一致，也与印度需要恢复其民族自豪感或“尊严与荣誉”并确保其他国家承认和尊重其文明遗产和历史影响（马达夫称之为 sanskriti evam sabhyata）的信念有关。该章还探讨莫迪政府在“接触与对话方面”的投入，以及对各种官方和非官方场合的宗教与文化外交的投入。第六章聚焦莫迪政府承诺为印度和整个南亚带来的“共同繁荣”。该章认为，对自由化的敌意和对互联互通的矛盾心理，以及中国“一带一路”倡议的压力，阻碍了实现“共同繁荣”和“再造”对外政策的努力。第七章转向“安全”领域和印度在地区和国际安全中的角色再定位。该章认为，在这一领域，随着莫迪政府寻求与美国和日本建立更强有力的战略伙伴关系，试图牵制中国并回应巴基斯坦的挑衅，它既难以阐明一贯的印度教民族主义议程，也难以提升印度的地位。

在结语中，我讨论了莫迪和他的盟友试图“再造”印度对外政策的原因，他们认为这样做能够取得什么成就，他们取得了什么成就，印度教民族主义思想在这一领域的优势（或不足），以及印度对外政策是如何制定和实施的。我认为，莫迪政府未能对印度的核心战略进行大规模变革，不应分散人们对他在其第一个任期内试图按照意识形态路线对印度对外政策进行“再造”所做努力的注意力。它也不应该分散我们对这一尝试性变革的一个关键目标的注意力，该目标在2019年大选期间已经明确，即巩固莫迪在当代印度政治生活中的主导地位。

第二章　从“不结盟”到“多向联盟”

莫迪及其政治盟友认为，2014 年之后的印度需要重新制定对外政策，这不仅仅是因为他们认为以前的历届政府对印度的国际关系管理不善。他们还相信，印度在独立后的大部分时间，对外政策执行得很糟糕，且遵循了错误的原则。对他们而言，正如资深政客穆里·马诺哈尔·乔希（Murli Manohar Joshi）在印度人民党 2014 年选举宣言的序言中所说，印度领导人在国外失败了，这和在国内一样，因为他们遵循了“西方模式”。与之相反，他们本该给自己安排“创建一种源自印度文明意识的社会经济和政治治理范式”的任务（BJP，2014a，第 2 页）。用拉姆·马达夫的话说，印度需要的是一种植根于印度“古老而珍贵的文化和文明价值”的新对外政策（BJP，2015）。

因此，要理解莫迪政府为何追求“再造”对外政策，需要探讨之前历届政府处理国际关系的方式以及推动其对外政策的信念和逻辑。为此，本章概述了自印度独立以来处理国际关系的方式，当然这得从尼赫鲁和“不结盟”运动开始。第一部分概述尼赫鲁的方式和对外政策方向，以及 20 世纪 60 年代早期尼赫鲁的对外政策在中国、巴基斯坦和冷战环境的压力之下失败。第二部分关注冷战后半期至 20 世纪 90 年代，印度政府在经济举步维艰及其主要支持者苏联解体并消失的情况下如何处理国际关系。第三部分转向当代，印度开始采取一种更务实的做法，或者说至少摆脱了一些继承下来的意识形态包袱，国际地位开始提高，这在很大程度上是因为其经济增长的恢复和地缘政治环境的变化。[①] 结论部分列出莫迪

① 由于某些原因，本章稍微偏离了印度对外政策的传统周期。印度对外政策通常分为三个阶段：第一阶段从 1947 年到 1962 年中印边境战争（中国对印自卫反击战），第二阶段涵盖冷战的其余时期，第三阶段指苏联解体以来的近 30 年（Ganguly and Pardesi，2013）。我在接下来的内容中指出，最后一个阶段开始得略晚一些，即 20 世纪 90 年代后半期。当时由于早期的经济改革开始见效，新德里决定跨过核门槛，成为一个事实上的核武器国家。

对外政策的连续性和变化点，这意味着本书其他章节将深入讨论莫迪政府对外政策的关键要素。

尼赫鲁与“不结盟”运动

尼赫鲁是印度独立后对外政策的主要设计师，他对国家利益和价值观的理解，以及印度追求它们的方式和与世界接触的方式，都继续发挥着重要影响。[①]他能够占据这个指挥职位的原因包括：他是新德里为数不多的对国际关系有见解的政客之一，他的智慧、个人魅力和精力所具有的巨大力量，以及他在 1947 年所处的不同寻常的环境。在执政的 17 年中，特别是在古吉拉特邦律师出身的副总理萨达尔·瓦拉巴海·帕特尔于 1950 年去世后，尼赫鲁确定了优先事项，用演讲阐明自己的愿景，对大使们进行微观管理，并与其他领导人共同开展外交。他的做法并非无人反对，在印度独立前后都有人提出替代方案（Sagar and Panda，2015），但他的方式因多种原因在竞争中占了上风。

一位西方分析人士观察到，到 1955 年，尼赫鲁可能已经成为世界上“唯一一位几乎无人反对其政策的外交部部长”（Zinkin，1955，第 180 页）。[②]这有助于他在新成立的印度外事服务局的招聘工作中担任领导角色，他掌权早期有时还会亲自面试候选人（Mehta，2010，第 32 页）。[③]为了缓解缺乏有经验的外交官问题，尼赫鲁招募了两名亲戚〔例如他的妹妹维佳雅·拉克斯米·潘迪特（Vijaya Lakshmi Pandit，原书中写的是 Vijaya Laksmi Pandit——译者），她曾任印度驻伦敦、莫斯科、华盛顿和联合国大使〕和一些朋友〔例如历史学家卡瓦兰·马达瓦·帕尼卡（K. M. Panikkar）和著名的反殖民主义活动家克里什纳·梅农（V. K. Krishna Menon）〕。[④]所有这些都确保了这些驻外代表不仅忠于国家，而且忠于尼赫

① 衡量尼赫鲁持续影响力的一个指标是当代分析人士和政策制定者希望将其观点适用于当前情况，包括“不结盟”运动，参见 Khilnani et al.，2013。关于更广义的“尼赫鲁主义的持续性”，参见 Mehta，2009；Hall，2016b。

② 关于这一主题，另见 Edwardes，1965，第 50 页；Singh，1965，第 127 页；Brecher，2011，第 564 页。

③ 关于印度外交部和印度外事服务局的建立，参见 Raghavan，2015。

④ 参见 Brown，2003，第 247—248 页。

鲁的对外政策愿景。[①]

尼赫鲁也从中受益，因为他上台后在对外政策方面面对的近乎是一张白纸。尽管要应对一系列令人生畏的国内和国际挑战，尼赫鲁无须被先例或惯例束缚。考虑到后殖民时代印度资源大大减少及“印巴分治”已经划定新边界，印度无法采用英国的方式处理印度与世界其他地方的关系。鉴于冷战的爆发以及美苏之间的竞争加剧，存在出现另一场毁灭性冲突的风险，不论印度是否直接卷入其中，它都受到了影响（Brecher，2011，第 558 页）。同时，尼赫鲁深信，新独立的印度既不应该被动卷入，也不应该像他所认为的西方大国那样行事（具体原因将在下一章讨论）。相反，他认为印度应该树立一个能让其他国家特别是即将或刚刚去殖民化的亚洲和非洲国家效仿的榜样。他还相信，这些国家能够并且将会感受到强大的团结纽带，并需要以不同于西方国家对待其同类国家和非西方国家的方式处理彼此间的关系（Das，1961）。[②]

尼赫鲁制定的“不结盟”战略[③]，旨在防止印度卷入冷战对抗；让印度尽可能自由地与超级大国以及其他可能的合作伙伴谈判它所需要的东西；让它能专注于应对国内挑战，特别是经济发展；允许它阐明一种处理国际关系的新方式。该战略助力于尼赫鲁政府通过中央规划、知识和技术的转让以及雄心勃勃的基础设施项目实现现代化的努力，这些项目旨在使印度尽可能实现经济独立（Brecher，2011，第 559 页）。对尼赫鲁和许多国大党人来说，“抵制英（外）货”运动（swadeshi）是前进的最佳方式，它让印度以一种因依赖外国资本和技术所致的内在脆弱性最小化的方式发展。

“不结盟”运动也为尼赫鲁及其驻外代表们提供了一个参与外交活动的平台。他们声援去殖民化、反种族主义和裁军等他们信奉的事业，这常惹恼西方列强（Bhagavan，2013）。他们支持联合国，将其视为印度等弱国的安全保卫者，公共外交的有用平台，以及构建某种世界政府的平台（Kennedy，2015，第 93—96

① 一些观察人士认为，这些安排以及权力高度集中在尼赫鲁手中是有害的。正如一位澳大利亚高级专员所说，他们“太渴望讨好老板”，大使馆“太频繁地向德里发回他们认为符合其老板偏好的报告”（Crocker，2008，第 57 页）。

② 关于印度的“后帝国主义意识形态”和对外政策，另见 Chatterjee Miller，2013b。

③ 关于这个词的起源，参见迈克尔·布雷彻与尼赫鲁的前大使兼国防部部长克里希纳·梅农的对话（Brecher，1968，第 3—15 页）。关于尼赫鲁和“不结盟”运动的文献很多，除 Brecher，1968 外，另见 Rana，1976；Raghavan，2010；Bhagavan，2013；Kennedy，2015。

页）。20 世纪 50 年代和 60 年代初，他们在从朝鲜战争到刚果的各种危机和冲突中，作为调解人、中间人或是有追求的和平缔造者发挥了积极作用（Schaffer And Schaffer，2016，第 15 页）。

尼赫鲁的对外政策使其政府在关键问题和对印度很重要的双边关系上采取了一系列独特的立场。它与美国保持一定距离，欢迎美国的经济援助和技术支持，但拒绝与华盛顿一道抵制苏联和中国共产主义发展的提议（Chaudhuri，R.，2014，第 13—77 页）。尽管克里希纳·梅农等尼赫鲁的一些重要大使有亲苏倾向，苏联对印度也提供了大量的援助和外交支持，特别是印度 1961 年 12 月将葡属殖民地果阿强行并入期间，但是印度对苏联的做法与对美国无异（McGarr，2013，第 132—137 页）。印度与英国保持友好关系，承认其对印度经济的重要性及其作为军事设备供应商的价值，但不吝惜批评英国的帝国主义残余行为和 1956 年苏伊士运河危机期间的欺诈行为。随着时间的推移，印度在殖民主义和种族隔离问题上的表态激怒了伦敦，两国关系逐渐破裂（McGarr，2013，第 98—103 页）。印度试图利用联合国作为解决克什米尔争端的手段，当这种方式失败时，印度选择依靠双边外交而不是威胁来解决问题（Brown，2003，第 266—267 页）。然而，事实证明，（争端）难以解决，（印巴）关系仍然令人忧虑且充满竞争（Ganguly，2002）。

尼赫鲁政府与中国的斗争也许最具决定意义。[①] 中国共产党 1949 年最终建立全国政权时，尼赫鲁认为接触政策比敌对政策更可取。1950 年 1 月 1 日，印度成为第一个承认新中国政权的非共产主义国家。它还主张中华人民共和国应拥有中国在联合国安理会的席位。尼赫鲁的批评者一直认为，这些姿态对印度没有什么好处。1950 年 10 月，中国人民解放军和平解放西藏。这一举动使尼赫鲁政府及其驻华大使帕尼卡大吃一惊。尽管为中国的行动所震撼，尼赫鲁仍然坚持其“睦邻”政策（Nehru，1961，第 303 页）和对“印中兄弟”（Hindi-Chini-bhai-bhai）的宣传，包括推动对中华人民共和国更广泛的外交承认。他仍相信中国对西藏拥有合法的“宗主权”（Nehru，1961，第 303 页）。1954 年 5 月，尼赫鲁的态度进一步发展，在后来被称为“和平共处五项原则”（Panchsheel）共识中事实上承认了中国对西藏的主权。

① 关于中印关系史，特别参见 Garver，2001。

这一共识蕴含的思想将在下一章进一步探讨，但是有必要在这里重新阐述它对尼赫鲁处理中印关系方式的影响。和平共处五项原则涉及双方承诺在互相尊重主权和领土完整、互不侵犯、互不干涉内政、平等互利、和平共处的前提下进行合作。然而，这未能帮助解决两国间另一个悬而未决的问题：尼泊尔以西的边界划分和不丹以东的边界划分，后者是中国固有领土藏南地区。印度有意挑起的争端是 1957 年因中国在自己境内建设一条连接西藏和新疆的公路而爆发，该公路途经具有战略意义的中国领土（Garver，2001，第 90 页）。1958 年底，新德里正式提出抗议，尼赫鲁和中国总理周恩来交换信函。印度还开始在东部向所谓的“麦克马洪线”推进，导致与中国人民解放军发生冲突。此外，当 1959 年西藏的分裂分子搞武装叛乱时，印度几乎没有采取任何措施限制武装人员和武器流入西藏（Maxwell，2015）。

当这一切发生时，北京的回应是毁灭性的。1962 年 10 月，在世界其他地方的注意力被古巴导弹危机吸引时，中国军队对印度军队的入侵进行自卫反击，印度军队被击溃，尼赫鲁本人也感到羞辱。令印度总理沮丧的是，联合国安理会没有谴责中国，也没有主要大国向印度提供武器和弹药以外的军事支持（Schaffer and Schaffer，2016，第 26—27 页）。① 在他的批评者看来，边境战争暴露了尼赫鲁对华政策的根本弱点及“不结盟”政策带来的战略风险。

尼赫鲁之后的“不结盟”

尽管尼赫鲁实施对外政策在其任职的大部分时间很少受到任何持续或重大挑战，而且“不结盟”政策当时总体上得到大多数印度政治精英的支持（Singh，1965，第 131—133 页），他对待中国的方式是其受到批评的问题之一，在国大党内部和政治对手方面都是如此。1950 年，中国军队和平解放西藏，这在印度引发了一场对尼赫鲁旷日持久的批评，下一章将讨论他曾经的副手萨达尔·帕特尔（Sardar Patel）的批评。② 整个 20 世纪 50 年代，尼赫鲁在议会内外都受到质疑，涉及与中国关系的处理方式、和平共处五项原则、承认中国对西藏的“宗主权”，

① 关于中印冲突期间美印关系的更详尽研究，参见 Chaudhuri，R.，2014；Riedel，2015。

② 关于尼赫鲁与帕特尔在中国问题上的分歧，参见 Dasgupta，2014。

以及印度对达赖喇嘛及其“政府”的支持。[①] 对尼赫鲁批判的声音来自右翼、议会及甘地式社会主义者（Gandhi socialists），如吉瓦特拉姆·巴格旺达·克里帕拉尼（Jivatram Bhagwandas Kripalani）。克里帕拉尼哀叹印度“在没有任何抗议的情况下失去西藏这个缓冲地带”，反对印度将中国（对西藏的）控制合法化，他将其称为“默许不公”（acquiescence in injustice）（Kripalani，1959，第 49—50 页）。他担心尼赫鲁无意识地回应了萨达尔·帕特尔先前的指责，没能理解“新共产主义帝国统治”（the new Communist imperialism）的本质（Kripalani，1959，第 59 页）。

最重要的是，尼赫鲁的对华政策使印度教右翼势力（Hindu Right）对除克什米尔问题之外的印度国家安全和国际关系问题得以确立明确的立场（Ogden，2014，第 59 页）。20 世纪 50 年代，印度人民党前身印度人民同盟（Bharatiya Jana Sangh，BJS）的领导人迪恩德亚尔·乌帕德亚亚（Deendayal Upadhyaya）严厉批评了尼赫鲁的天真，表示他们早就警告过政府关于“龙的图谋”（dragon’s design）和中国构成的“迫在眉睫的危险”（Upadhyaya，1968，第 49 页）。他认为，尼赫鲁政府在加强印度的防御方面做得太少，没有意识到一个国家不能“仅仅通过巧妙地操纵对外政策”确保安全（Upadhyaya，1968，第 51 页）。印度需要改变策略，停止放任中国推进其国家利益，切断与中国的外交关系，撤销承认中国对西藏的“宗主权”，将达赖喇嘛集团视为“流亡政府”（émigré government），并在物质上援助其“解放”西藏（Upadhyaya，1968，第 52—53 页）。此外，乌帕德亚亚警告，“不结盟”具有盲目崇拜的风险，自尼赫鲁提出这一构想以来，“新的联盟已经形成”，印度需要可以依赖的朋友（Upadhyaya，1968，第 52 页）。

新德里没有完全听从这些话，但尼赫鲁政府确实开始调整自己的战略。印度领导人意识到，在紧急情况下，联合国体系不太可能按其设计的方式发挥作用，在没有正式结盟或缺乏其他某种安全保障的情况下，某一超级大国不太可能援助印度。人们普遍认识到，印度需要投资建设军事力量。印度继续追求经济自力更生，并倡导国际体系改革，但它在国家安全方面采取了更强有力的举措，包括对“不结盟”政策做出妥协，特别是在 1965 年印巴战争之后（Mitra，2009，第 25—28 页）。印度在巴基斯坦发起的这场冲突中获胜，恢复了军队的信誉和自豪感。然而，印度与美国的关系因美国决定停止向印巴提供武器而削弱，这暗示着印巴

① 关于各种立场的当代调查，参见 S. C. S.，1959。

对这场战争负有同样的责任。相比之下，莫斯科发挥了更积极的作用，在塔什干斡旋达成了印巴结束敌对状态的和平协议（Schaffer and Schaffer，2016，第 32 页）。此后，印度政府对美国的政策——包括其在越南的行为——提出越来越多的批评，并开始更明显地向苏联倾斜，这令白宫大为恼火。

20 世纪 60 年代后半期和整个 70 年代，印度投资其武装力量建设，推行核武器计划，于 1974 年进行了一次核爆试验，但没有发展出核威慑力量；印度与苏联建立了紧密的经济和安全伙伴关系，于 1971 年签署《和平友好合作条约》（Mansingh，2015）。印度在南亚地区变得更具干涉主义色彩，1971 年以武力将巴基斯坦一分为二，随后调解马尔代夫的政治危机和介入斯里兰卡的国内冲突。通过这样做，特别是通过投资海军，印度寻求在南亚和印度洋地区建立某种“门罗主义”（Monroe Doctrine）（Hagerty，1991）。印度政府更加直言不讳地批评美国的政策，为在后殖民世界获得领导地位而强烈支持 1961 年正式形成的“不结盟”运动。它成为所谓国际经济新秩序的主要倡导者，呼吁财富和市场力量在全球范围内进行从北方到南方的再分配（Schaffer and Schaffer，2016，第 36—37 页）。[①]

在冷战时期的后半段，印度保持了形式上的“不结盟”，尤其是没有条约盟友。但它在贸易和武器方面对苏联的半依赖，以及它对“第三世界主义”（“Third World-ism”）的积极推动，意味着印度与西方世界的联系减弱了。尽管 20 世纪 80 年代在英迪拉·甘地和拉吉夫·甘地的领导下，印美试图重启双边关系，但两国最终还是“疏远”了（Kux，1992）。

拉奥与改革

1991 年初和年底发生了两件事，即 1—2 月的第一次海湾战争（The First Gulf War）和 12 月的苏联解体，这使印度的战略陷入混乱。前者导致石油价格急剧上涨并造成国际收支危机，在伊拉克和科威特的印度工人面临可怕的人道主义困境，他们需要以巨大的成本被迅速送回国远离危险（Malik，1991）。后者使印度失去一个外交盟友、经济伙伴和军事物资供应商。在这一时期，印度国内政

---

① 关于“第三世界”国家在 20 世纪 70 年代和 80 年代初试图改革国际经济秩序的描述，参见 Krasner，1985。

治也处于动荡之中，一些人认为国家面临迫在眉睫的“治理能力危机”（Kohli，1990）；印度的经济步履蹒跚，被所谓“特许统治”（License Raj）的官僚主义和猖獗的官员腐败所拖累。1991 年 5 月，印度的国际收支状况极其严峻，被迫贬值货币，并以屈辱的条件向国际货币基金组织贷款，包括将其部分黄金储备作为抵押品存放在欧洲。[①]

1991 年 5 月下旬和 6 月举行大选，产生了一个比之前两届短命政府更加稳定的国大党领导的联合政府，由纳拉辛哈·拉奥领导。[②]虽然拉奥是尼赫鲁派和社会主义者，但是他明白印度要度过危机必须迅速采取行动。他的财政部部长曼莫汉·辛格实施了一系列放松管制和刺激经济的重要措施：减少官僚主义，放宽对关键部门的管制，开始国有企业私有化的进程，并试图遏制腐败。结果是成功的。印度的国内生产总值 1981—1990 年年增长约 5.5%，1992—1999 年年增长近 6.5%，2001—2005 年年增长约 6.7%（World Bank，2018）。[③]随着时间的推移，经济上的成功提高了印度的信心和安全感，也改变了外国对印度的看法。[④]

同时，印度开始了新的外交拓展进程。1991 年底苏联解体使印度在国际关系中尤其是在包括联合国安理会在内的关键机构中失去一个朋友，一个愿意以优惠条件进行贸易的经济伙伴，一个可靠的军事装备供应商。20 世纪 90 年代，俄罗斯继续为印度提供武器，但随着时间的推移，俄罗斯自身的困境使其对印度的影响力逐渐降低。在一定程度上是为了补偿（失去苏联这一伙伴带来的损失），尤其是经济方面，拉奥政府寻求重振与一系列东亚国家的关系。由于东南亚、韩国和中国效仿日本的战后经济奇迹，东亚地区正在经历快速转型。1993 年 9 月，拉奥访问中国，两国签署了管控边界争端的里程碑式协议；他随后访问首尔，试图说服韩国企业投资印度市场（Sitapati，2016，第 266—267 页）。拉奥于 1993 年访问泰国，1994 年访问新加坡，再次聚焦于经济外交，为后来的“东望”政策（Gordon and Henningham，1995）奠定了基础。[⑤]

---

① 关于金融危机和这一事件的当代描述，参见 Jain 1992 年的论文。

② 拉奥的个人和政治生活，参见 Sitapati，2016。关于拉奥的政治和 1991 年改革，另见 Baru，2016。

③ 根据世界银行 2018 年的数据，2000 年印度国内生产总值增长率降至 3.8%。

④ 相关概述，参见 Chiriyankandath，2004。

⑤ 关于“东望”政策的起源和演变，另见 Gordon and Henningham，1995；Grare，2016。

“东望”政策旨在促进外国直接投资和贸易从东亚流入印度，以及与当地印度侨民重新建立联系，并利用他们的经济发展经验。然而，“东望”政策还有一个重要的战略组成部分：印度寻求其外交和安全关系的多样化，以应对快速崛起的中国带来的一些挑战（Singh，1995）。在这两个领域，尽管印度与一些东亚国家在冷战时期存在分歧，但印度受到热烈欢迎。外国直接投资开始流入，其他形式的援助也接踵而至。值得注意的是，日本开始向印度提供大量的海外发展援助。1995—1996 财年，日本海外发展援助预算的 40% 被用于印度（Envall，2014，第 43 页）。同时，东南亚国家将印度纳入区域体系安排，1996 年使其成为以安全为核心的东南亚国家联盟（ASEAN）地区论坛的成员（Acharya，2015，第 461—463 页）。

除了国内改革和“东望”政策，拉奥政府还采取行动，对印度处理外交关系和安全挑战的方式进行了一次极具争议性的改变。面对来自包括美国在内的强大国际行为体越来越大的压力，渴望在核裁军、军备控制以及不扩散核武器条约方面取得进展的印度发现自己面临着一个艰难的抉择：是应该放弃 20 世纪 60 年代以来的核武计划，相信其他手段能维护其国家安全，还是应该无视这些强大的行为体，冒着引发制裁的风险，用核威慑力量武装自己？对此，拉奥和他的主要顾问认为，印度的情况还不够好，不能放弃核威慑的前景。1995 年 12 月，他下令进行核武器试验，这表明印度有意成为一个事实上的拥核国家。然而，一颗美国卫星观察到印度的核试验准备，华盛顿表达了反对意见。拉奥决定放弃，他再也没有机会领导印度进行核试验了，因为他在 1996 年 5 月的选举中下台了（Sitapati，2016，第 279—295 页）。1998 年 5 月，上台不久的印度教民族主义者阿塔尔·比哈里·瓦杰帕伊使印度跨过了核门槛。

拉奥的国内改革取消了许多国家控制政策，部分开放了贸易和投资市场，其“东望”政策及被取消了的核武器试验决定，都与印度早期处理国际关系的方式大不相同。正如尼赫鲁所说，它们挑战了自力更生或半自给自足是经济和社会发展的最佳途径的观念。它们修复了与东亚主要国家，尤其是日本和新加坡的关系，这些关系此前因印度对美国在亚洲扮演角色的敌意以及对越南共产主义政权的支持而疏远。它们也标志着印度对区域制度的态度发生转变，印度在历史上怀疑这些区域机制是假定的盟友或联合国多边主义的不必要替代品（Mohan，2013，第 31—35 页）。与拉贾·莫汉（C. Raja Mohan）2003 年的标志性著作中的一个比喻一致的是，拉奥修建了一座桥，让瓦杰帕伊领导的印度人民党政府能够在 1998

年“跨过卢比孔河”，采取更务实、不那么明显的意识形态方式。

但是，拉奥在1996年5月的大选中失利，失去了在国会中的领导地位。随后，三任总理相继上任：瓦杰帕伊的任期仅13天，德韦·高达（H. D. Devve Gowda）的任期近11个月，因德尔·库马尔·古杰拉尔（Inder Kumar Gujral）的任期近一年。其中，只有最后一位在对外政策上留下了持久的印记。古杰拉尔曾担任高达政府的外交部部长，1997年4月至1998年5月任总理兼外交部部长。他阐述了独特的“古杰拉尔主义”，这让人回想起尼赫鲁思想的某些方面，但也预示了包括莫迪政府在内的后续政府的战略。

“古杰拉尔主义”包含五个部分的内容。第一，印度应该认识到，鉴于其与邻国在规模和实力上的差距，印度不应该渴望对等关系，而是应该宽宏大量。第二，印度与邻国达成的协议应该建立在平等的基础上，适当承认小国的利益，并在可能的情况下予以照顾。第三，印度应该注意不要过度夸大邻国的威胁，包括它们与中国等第三方的关系所产生的威胁。第四，正如一位著名评论员所言，“印度应该摆脱对巴基斯坦的先天性精神病困扰”，这会分散印度在更大问题上的注意力。第五，引用同一位评论员的话，“印度应该摆脱南亚幽闭恐惧症，该地区没有战略资源，贫困，人口负担沉重，仍然是英帝国统治断层线的受害者”（Gupta，1997，第309页）。[①]

“古杰拉尔主义”既体现了印度面临的重大战略挑战，也表明印度作为全球大国发挥更大作用的愿望。它认识到，印度与其邻国的关系因30年左右的高压行为而恶化。它否认了英迪拉·甘地最明确的断言，即南亚是印度的势力范围，干涉邻国事务是不言而喻的权利。最后，它承认印度要捍卫和扩大其利益或实现更大的抱负，需要将其稀缺的外交资源中很大的一部分用于改善与大国的关系（Mohan，2003，第237—247页）。“古杰拉尔主义”通过这些方式，为瓦杰帕伊政府、辛格政府和莫迪政府采取的方针奠定了基础。

“跨越卢比孔河”的实用主义

1998年5月11日和13日，在拉贾斯坦邦波克兰（Pokhran）的塔尔沙漠

① 关于古杰拉尔自己对其原则及其基础的描述，参见Gujral，2011。

（Thar Desert）地区进行的核武器试验使国际社会的注意力集中到印度身上。印度因此遭到美国、中国、日本和其他重要国家的谴责，但是核试验为印度的外交接触及时地开辟了重要空间（Mohan，2003，第25页）。短期内，印度获得核威慑能力解决了冷战结束以来一直笼罩着新德里的安全担忧。这些担忧聚焦于几个问题：巴基斯坦的核计划、中国快速增长的实力、西方的干涉主义，以及用于威慑或以常规武器防御上述威胁的潜在成本。核试验表明，印度不会接受1970年生效的《不扩散核武器条约》（NPT）签署后形成的核秩序，美国及其欧洲盟友在1991年后试图扩大并深化该条约，主要努力是1995年签订《全面禁止核试验条约》（CTBT）。新德里长期以来一直认为该秩序是不平衡和不公正的（Singh，1998）。印度指出，英国或日本都是美国的条约盟友，而印度没有受到某一大国延伸威慑的“核保护伞”的庇护（Kennedy，2011）。印度拒绝签署《不扩散核武器条约》，从而限制了印度建立民用核工业的能力。印度对此也感到恼火。[①]

印度核试验之后，国际社会对其进行了批评和制裁，外交方面也是如此。之后，华盛顿方面同意瓦杰帕伊政府的外交部部长贾斯万特·辛格（Jaswant Singh）和时任美国副国务卿斯特罗布·塔尔博特（Strobe Talbott）进行秘密对话，主要目的是说服印度签署《全面禁止核试验条约》（Schaffer and Schaffer，2016，第52—53页）。辛格拒绝签署，但会谈继续进行，双方逐渐意识到他们有许多共同利益。[②]除了这次对话，两国也通过一系列其他外交方式建立了信任，帮助双方克服了历史遗留的包袱，包括意识形态方面的包袱。华盛顿明确谴责了巴基斯坦的鲁莽行为，因为后者在卡吉尔地区（Kargil）夺取领土并在1999年年中挑起一场与印度的短暂边境战争，这令印度政府感到高兴。2000年3月，美国总统比尔·克林顿对印度进行国事访问，两国发表了联合“愿景”声明（Talbott，2004，第194页）。9月，瓦杰帕伊在纽约发表演讲，称印美为“天然盟友”，这令观众感到惊讶（Parthasarathy，2000）。“9·11”事件之后，印度就协助美国打击“基地”组织及其支持者，提出了一项范围广泛的提议。（Paliwal，2017，第162页）。

随后，改善印美关系取得实质性进展。小布什政府决定采用“去关联性”方式，将印度和巴基斯坦视为单独的实体，为不再以美国与其中一方的关系塑造与

---

① 关于印度核试验动机的文献很多，特别参见Paul，1998；Ganguly，1999；Ollapally，2001；Kennedy，2011。

② 这一过程已被双方的主要参与者清晰地记录在回忆录中。参见Talbott，2004；Singh，2007。

另一方的关系奠定了基础（Tellis，2008）。小布什对印度抱有善意，视印度为一个志同道合的伙伴，主要理由是印度是民主国家。这两点为里程碑式的印美十年防务合作协议和2005年宣布的“123协议”铺平了道路。防务合作协议使美国成为印度军事现代化的“首选伙伴”，有助于其减少对俄罗斯的依赖（Twining，2014，第24页）。“123协议”为印度提供了一种途径，即印度可以在不签署《不扩散核武器条约》的情况下获得民用核技术，而不必像华盛顿早些时候坚持的那样必须先成为《全面禁止核试验条约》的缔约国。[①] “123协议”为印度被承认为事实上的拥核国家铺平了道路（Sasikumar，2007）。

印度在应对中国这个长期战略挑战以及来自巴基斯坦的安全威胁方面也取得了进展。1962年中印交战时，印度比中国更富裕，在世界上的地位也明显更高，是一个活跃且受尊敬的联合国成员国。1991年，中国的GDP大约是印度的两倍，中印两国分别为9060亿美元和4710亿美元（World Bank，2018）。[②] 到2001年，两国的差距进一步扩大，中国公布的数字是2.4万亿美元，印度只有8410亿美元。这使北京不仅提高了人民的生活水平，还推动其军事现代化，并利用更高的国际地位在海外施加更大的影响力。20世纪70年代，中国恢复了在联合国安理会的席位并获得西方大国的正式承认，在80年代和90年代加入一系列国际机构，并于2001年加入世界贸易组织（Johnston，2008）。中国在全球经济和国际体系中新获得的这种核心地位，使中国政府经受住了外界对其对待公民和邻国方式的批评。

中国日益增长的影响力及其发展模式的相对成功给印度带来并将持续带来一系列复杂且不断演变的挑战。1962年中断的正式外交关系于1979年恢复，两国就边界问题进行了几轮谈判，直到20世纪80年代末，双方在修复战争对双边关系的破坏方面才取得实质性进展。1988年，拉吉夫·甘地前往北京会见邓小平，双方同意共同采取一系列措施，包括允许直航，进行一些双边科学和文化外交活动，以及定期举行部长级会议。拉吉夫承认一些“流亡”在印度的藏人正在破坏中国在西藏的统治，确认印度正式承认中国对西藏的主权。这在一定程度上推动了正在进行的边界谈判，该谈判在20世纪90年代继续进行，为在双方部署于

① 关于美印核协议的文献非常广泛，特别参阅 Paul，2007；Pant，2011；Mistry，2014。

② 所有数字均根据2010年美元价值进行调整。

边境地区的部队之间建立信任措施和对话机制做出努力。但正如萨米特·甘古利（Sumit Ganguly）观察到的那样，即便两国在拉奥 1993 年访华期间签署《关于在中印边境实际控制线地区保持和平与安宁的协定》，呼吁双方尊重“实际控制线”（LAC），避免在其附近进行军事演习，这一进展仍“非常缓慢”（Ganguly，2004，第 123 页）。

此外，印度对与中国有关的其他问题的担忧并没有因为“实际控制线”管理的任何改善而得到缓解。当然，最大的问题是北京与伊斯兰堡及拉瓦尔品第（Rawalpindi）的联系。巴基斯坦 1965 年试图夺取克什米尔失败之后，中国开始向巴军方提供物质支持。到 20 世纪 90 年代，中巴关系已经深化并扩展为一种重要的安全伙伴关系。[①] 出于各种原因，中国日益被印度视为“敌人”。印度国防部部长费尔南德斯（George Fernandes）在核试验前一周说，中国是“头号潜在敌人”（Burns，1998）。

“战略自主”和“多向联盟”

部分经济自由化、对外开放、“东望”政策、“古杰拉尔主义”、获取核武器，以及改善与华盛顿的关系，使印度从鲜明的意识形态和冷战后半期采取的条件反射式反西方路径转向更加务实的方法。然而，这不意味着印度完全抛弃了尼赫鲁的政治遗产或“不结盟”的理想。事实上，如果将“不结盟”理解为一种旨在把印度的经济和社会发展放在首位，采用灵活的对外政策避免该国卷入与其他国家的争端的战略，那么这可以被解读为回归一些人所认为的“不结盟”的本质。特别是在辛格政府（2004—2014）的领导下，印度追求的所谓“战略自主”与对“不结盟”的解释有明显的相似之处，也有一些当代转向。[②]

正如莫汉（Mohan，2005）等人所描述的，“辛格主义”有六个要素。第一，用桑贾亚·巴鲁（Sanjaya Baru）的话来说，它断言“印度与世界的关系……将由其自身的发展优先事项决定”（Baru，2015，第 165 页）。第二，它坚持认为印度的繁荣依赖于进一步融入全球经济，而非回到政府过度控制下的半自给自足的自

---

① 中国与巴基斯坦在 1965 年之前的伙伴关系史，参见 Chaudhuri，2018。

② 关于“不结盟”和“战略自主”之间的相似性，参见 Monsonis，2010。

力更生状态。第三，它认识到印度与大国的关系是“由经济因素决定的”，包括获取能源资源，对外政策需要关注这一现实。第四，它认为南亚需要更深层次的经济一体化，印度应该带头实现这一点。第五，它提出从印度的民主和发展经验中吸取的教训，应该传递给其他国家。第六，它认为印度应该在帮助其他国家向民主政治和开放经济过渡方面发挥更大的作用（Baru，2015，第 165—166 页）。换句话说，“辛格主义”把经济发展放在第一位，并以经济发展状况衡量印度与全球经济、世界大国和东亚地区的接触政策，但仍然认为印度需要扮演“规范性力量”的角色，为其他国家和国际关系带来积极变化（Hall，2015b）。

为了实现这些目标，辛格政府继续贯彻“东望”政策，并保持新德里与华盛顿的接触，包括 2005 年签署印美防务协议及核协议；但也致力于与其他国家建立各种所谓的战略伙伴关系：一些继承自瓦杰帕伊政府，一些则是新的。[①] 至 2014 年辛格政府任期结束时，印度已达成约 30 项伙伴关系安排，其中大部分是在与相关国家举办峰会后通过联合声明正式建立。瓦杰帕伊政府与六国建立了伙伴关系，除了美国，还有法国、德国、伊朗、日本和俄罗斯。辛格政府与一系列印太国家达成建立伙伴关系的协议，包括阿富汗、澳大利亚、中国、印度尼西亚、马来西亚、韩国和越南；将东盟作为一个整体与之签署协议；并与其他一些重要国家或组织签署协议，包括巴西、欧盟、哈萨克斯坦、尼日利亚、沙特阿拉伯、塔吉克斯坦和乌兹别克斯坦（Hall，2016a，第 277—278 页）。这些协议的目的各不相同，一些以安全为主，另一些更关注贸易和投资，尤其是与东亚国家。其中一些伙伴关系协议，尤其是与那些油气生产国签署协议的目的是确保能源供应，满足印度日益增长的需求。

同时，新德里还承诺印度将更多地参与一系列地区和全球机制，让印度在谈判桌上有一席之地，以便至少在原则上捍卫其利益并推行其价值观（Jaffrelot and Singh Sidhu，2013）。2003 年，在瓦杰帕伊政府的主导下，印度与巴西和南非一起发起“印度－巴西－南非”（IBSA）倡议，旨在通过年度政府首脑会议和一系列平行工作组促进三国之间的对话。[②] 在辛格时期，印度于 2005 年成为以东盟为中心的东亚峰会的成员国，并成为上海合作组织的观察员国。一年后，印度与巴

① 关于亚洲地区正式和非正式战略伙伴关系的出现，尤其参见 Envall and Hall，2016。

② 关于这一国家集团的演变，参见 Alden and Vieira，2005；Flemes，2009；Taylor，2009。

西、中国和俄罗斯建立“金砖四国”论坛。2010年，南非加入后，该论坛成为“金砖国家”机制。同时，印度也成为改进后的G20成员国，该集团在应对2008年国际金融危机的行动中发挥了核心作用。上述事态表明，印度已成为一个主要经济体，在政治和军事方面发挥越来越大的作用。但它们也表明，印度对外政策制定者的态度发生了变化，他们历来对联合国以外的多边主义持怀疑态度，曾在联合国投入大量资源。

总的来说，印度越来越多地参与地区机制和所谓的“小多边”集团和论坛，建立旨在带来一系列不同利益的新战略伙伴关系，这标志着辛格政府改变了之前历届政府的态度。对当时的一些人来说，这标志着一种“新寇松主义（neo-Curzonian）对外政策……逻辑上以印度的［地理］中心地位为前提，让其与所有大国进行多方向接触……寻求从东非到亚太地区的通道和影响力”（Khanna and Mohan，2006）。这种“前进性对外政策”（forward foreign policy）涉及“恢复商业合作；绕过缓冲国与邻国建立制度、有形和政治联系，确保能源供应和增加资产；谋求签订多国防务协定”（Khanna and Mohan，2006）。在这些人和其他分析人士看来，印度似乎在追求“多向联盟”而非“不结盟”。[①]

“多向联盟”源自推动“辛格主义”的前四条要点：将对外政策纳入国内发展议程，将印度融入全球经济的必要性，关注与其他大国的经济联系，以及强调南亚地区一体化。在某种程度上，为了兑现承诺，印度需要在一系列争议性问题上“走钢丝”，与其他重要国家保持良好关系。这涉及“规范性对冲”这一实质要素，即承认印度在世界上的影响力在一定程度上取决于人们如何看待它与一系列重要事务的联系，特别是民主及推进民主问题、广义的新自由主义经济学（特别是在贸易领域）、更广泛的人道主义干预和捍卫人权。

在冷战后半期的大部分时间以及整个20世纪90年代，印度坚决反对试图改革西方领导的战后国际秩序关键要素的一系列努力。这包括：从20世纪70年代起实现贸易和投资自由化的举措，从90年代初开始试图放松对国际冲突和人道主义危机进行干预的规则和规范，以及冷战后促进自由民主作为一种政府形式的努力。相反，印度提出了自己的改革建议，尤其是推动始于20世纪70年代中期

① 各种文本中讨论了“多向联盟”的概念，包括Khanna and Mohan，2006；Tharoor，2012；Jaffrelot and Singh Sidhu，2013，第319页；Hall，2016a。

的国际经济新秩序（Murphy，1983），以及联合国改革。在整个过程中，它还宣布强烈青睐多极世界或多中心秩序，其中的核心内容包括对主权、不干预和不干涉的硬核解释（hard interpretations）。它甚至对1991年联合国安理会批准的将伊拉克军队驱逐出科威特的军事行动也持强烈批评态度，坚决反对随后在巴尔干地区进行的一系列所谓的“人道主义干预”（Bommakanti，2017）。此外，印度坚决反对扩大国际刑事司法的管辖范围和影响范围，拒绝签署设立国际刑事法院的1998年《罗马规约》。它对美国和欧洲领导的通过武力或其他手段“促进民主”的怀疑仍然显而易见（Hall，2017a，第83—84、88—89页）。

在瓦杰帕伊和辛格的领导下，印度保持了其中的一些立场，修改了另一些立场。这涉及以多种方式支持脆弱国家进行民主转型和提升民主治理的质量，如印度2000年成为“民主国家共同体”（Community of Democracies group）的成员国；再如，在辛格的领导下，印度2004年之后成为支持一系列市民社会项目的联合国民主基金（UN Democracy Fund）的重要捐助者（Hall，2017a，第85—86页）。[①] 鉴于印度是阻碍所谓多哈回合多边谈判进展的国家之一，西方观察员认为印度仍在继续阻挠贸易和投资监管的实质性改革，但是印度对西方经济议程的批评声音有所减弱（Hopewell，2016，第147—175页）。此外，印度在2009年底的哥本哈根气候峰会上与中国合作，阻挠达成一项由美国主导的协议（Hurrell and Sengupta，2012）。

印度仍然非常不愿意支持在人道主义紧急情况下对于主权原则和不干涉别国内政的基本准则作出任何改变。在2005年的联合国世界首脑会议上，印度外交官试图破坏达成关于“保护的责任”（Responsibility to Protect，R2P）概念的协议，旨在弥合一些西方国家和非洲国家对更明确和宽容的人道主义干预规则的需要与另一些国家对主权原则和不干涉别国内政原则保持严格解释之间的分歧。一些国家决定在没有联合国授权的情况下进行军事干预，最明显的例子是1999年的科索沃危机，此后“保护的责任”旨在使这些做法获得联合国的支持（Hall，2013，

① 关于20世纪第一个十年印度在促进民主和民主援助方面的矛盾观点，尤其参见Mohan，2007；Muni，2009；Mishra，2012；Mazumdar and Statz，2015。

第 93 页)。[①] 然而，在印度看来，“保护的责任”仍然过于宽松，因此它在最后一刻试图破坏已达成的协议，但未能成功。印度也表现出不愿谴责或批评其邻国侵犯人权的行为，如尼泊尔内战期间、2007 年缅甸所谓的“藏红花革命”(Saffron Revolution)之后以及 2008 年马尔代夫的政治危机期间(Piccone，2016，第 76—79 页)。在 2011—2012 年作为联合国安理会非常任理事国期间，印度代表也强烈反对北约对利比亚卡扎菲政府的军事行动，并抵制联合国安理会在叙利亚内战中采取的类似行动(Jaganathan and Kurtz，2014)。

总体而言，“辛格主义”在辛格的第二个任期之前很好地发挥了作用。印度能够将经济发展列为优先事项，并将注意力集中在深化有助于其经济发展的伙伴关系上。在此期间，印度的 GDP 增长强劲。2005—2009 年，除了一年以外，其他年份印度的经济增长率均超过 9%。因此，“辛格主义”似乎奏效了，印度感到很自豪。然而，此后印度的 GDP 增速开始放缓，政府似乎失去了激情，陷入腐败丑闻，国际环境也变得不那么友好了。2008 年，国际金融危机重创了美国和西方经济体；中国在其言论和行为上变得更加坚定自信。新德里与华盛顿以安全为核心的战略伙伴关系迅速发展，但随着双方疑虑的蔓延而开始动摇(Pant and Joshi，2017，第 135—136 页)。[②] 尽管两国在 2005 年签署了两项具有里程碑意义的协议，印度购买了一些美国军事装备，辛格也有幸获得奥巴马任期内首位对美国进行国事访问领导人的荣誉，但是失望和争论仍然开始了。印度通过立法，使美国公司很难在印度建设和运行核电站，双方为印度与伊朗的关系争论不休(Fair，2007)，华盛顿持续支持伊斯兰堡的“反恐战争”令新德里感到不安(Pant，2012)。随着莫斯科与西方的关系恶化以及与北京的伙伴关系加深，印度与俄罗斯的长期关系也面临压力(Mankoff，2015)。在这样的背景下，辛格政府在对外政策上陷入困境，印度失去了重新崛起为一个大国的部分光环(参见 Baru，2015)。

---

① 关于印度在“保护责任”问题上立场的文献现在非常丰富，尤其参见 Virk，2013；Bloomfield，2015，2017；Jaganathan and Kurtz，2014。关于一位杰出的印度外交官转变为政治家的观点，另见 Singh Puri，2016。

② 关于这种伙伴关系的演变，特别参见 Kapur and Ganguly，2007；Schaffer，2009。

结论

我将在本书的其余章节中指出，莫迪政府的对外政策呈现一种悖论。一方面，莫迪在外交上投入了非凡的精力，与其他国家领导人建立了关系，共同发表“愿景”声明，注重参加多边会议，如从2014年11月布里斯班G20峰会到四年后在新加坡举行的东亚峰会。莫迪政府也采取了一系列戏剧性的、出人意料的行动，批准了搁置已久的与美国的防务协议，在基础设施项目方面抗衡中国，并在发生恐怖袭击后下令突袭巴基斯坦和巴控克什米尔地区的武装分子营地。莫迪及其盟友也努力为印度的对外政策打造一种新的叙事，一种反映印度教民族主义对世界理解的叙事，一种试图建设“品牌印度”和利用其“软实力”的叙事。这些做法使人产生一种观点，即莫迪政府正在大规模地“修改”对外政策（Chaulia，2016，第1页）。[①]

另一方面，证据表明莫迪政府并没有偏离前两任印度总理的基本战略，尽管使用了新表述，但目的几乎是相同的。与辛格一样，莫迪承诺将印度的经济发展放在首位，并将其掌握的稀缺外交资源中的很大一部分用于寻找市场、确保能源供应和吸引投资。同辛格一样，莫迪的这种努力源自这样一种认识，即印度需要一个良好的国际环境，需要与关键国家建立更牢固的战略伙伴关系，需要在海外尤其是在投资者中树立更积极的形象，以实现向选民承诺的“好日子”（acche din）。2017年1月，莫迪在新德里举行的“瑞辛纳对话会”（Raisina Dialogue）上表示，印度的“转型”计划与“外部环境”密不可分——其“国内选择和国际优先事项构成无缝连续体的一部分”（MEA，2017a）。

莫迪和辛格一样，实际上也和古杰拉尔及瓦杰帕伊一样，承诺关注印度的近邻，改善与每个南亚国家的双边关系，促进它们之间的互联互通及共同经济利益。莫迪在2017年宣称，“团结使我们前进，团结使我们发展”（Sabka Saath; Sabka Vikas），这是三年前他的一个关键竞选口号。它“不仅是印度的愿景”，也是世界特别是南亚的愿景（MEA，2017a）。莫迪和辛格一样，致力于处理与大国的关系，以避免任何代价高昂的利益冲突，同时促进印度的经济和安全。为此，

---

① 关于更广泛的正面评估，参见Abhyankar，2018；Tremblay and Kapur，2017。以及Harsh V. Pant的媒体评论集，参见Pant，2019。

他采用了前任们的方式：定期与战略伙伴和战略对手举行峰会，定期出席多边论坛，在这些论坛上，印度可以在国内外最重要的舞台上被视为参与者。他在执政早期寻求“多向联盟”，试图从每个大国那里得到好处，比如在寻求中国投资的同时寻求改善与美国的安全关系。

莫迪在对中国和美国的态度、对巴基斯坦危机的处置以及我们可能称之为其规范议程中，有一些做法偏离了瓦杰帕伊尤其是辛格确立的路线。这三位总理都热衷于推动、建设和利用印度的“软实力”。但是正如我们将在第五章看到的，在莫迪的领导下，这一行动变得更为紧迫并更具意识形态色彩，因为印度的印度教民族主义观念及其所谓的“软实力”概念涌现出来，政府也展开一系列跨宗教和跨文化的对话。正如莫迪所说，“传播印度文明遗产的好处”是“造福全球的好事”（MEA，2017a）。在印度教民族主义理论家和活动家的热情支持下，让印度成为“世界导师”，恢复全球对其传统和思想的尊重成为一个重要目标。

莫迪还因一些做法赢得印度教右翼和其他人的喝彩。2017 年 6 月中旬，当中国人民解放军被发现在洞朗地区修建一条公路时，印度军队与他们发生对峙，持续了 74 天。对峙通过外交手段得到解决，双方都撤回了军队（Ganguly and Scobell，2018）。

更引人注目的是莫迪政府在 2016 年和 2019 年对恐怖袭击作出的反应。2016 年 1 月和 9 月，位于克什米尔地区帕坦科特（Pathankot）和乌里（Uri）的两个印度军事基地遭到袭击，袭击者可能是总部位于巴基斯坦的圣战组织“穆罕默德军”（Jaish-e-Mohammed，JeM）。在第二次袭击发生后，2016 年 9 月下旬，莫迪政府派遣特种部队越过“控制线”进入巴控克什米尔。虽然并非史无前例，但这种所谓的外科手术式打击代表了一种明显不那么克制、更加强硬的方式，旨在阻止那些被认为支持恐怖组织的巴基斯坦政府人员以及这些恐怖组织的进一步袭击和冒险行动（特别参见 Gokhale，2017a）。2019 年 2 月中旬又发生一次恐袭，造成了超过 40 名印控克什米尔地区普尔瓦马（Pulwama）的武警人员死亡，印度空军发动空中打击，进而强化了这样一种印象，即莫迪政府已经背离“战略克制”，开始用新的方式处理印度与巴基斯坦及激进分子的关系。

本书没有淡化这些事件或它们的含义，而是试图将它们置于更广泛的背景下。尽管莫迪将对外政策控制权集中在总理办公室，且其政府比之前的政府有“更多的机会”“策划”拉贾·莫汉所说的“印度国际关系的结构性转型”（Mohan，

2015，第 19 页）。我在随后的章节中将指出，这一转变并未发生在他 2014 年当选后的五年任期中。相反，尽管莫迪政府在寻求一套新的原则指导对外政策，并寻求用新的语言描述其对外政策，但是它仍在努力改变国家战略。在某种程度上这是因为负责管理这一领域的机构长期存在众所周知的弱点：外交部、国防部、商业和工业部的人员与资金严重不足。[①] 但我认为，这一失败的部分原因在于莫迪政府偏好的世界观和印度在其中扮演角色的固有弱点，这种世界观深深地根植于印度教民族主义传统以及它寻求利用对外政策获取国内政治优势的方式。

---

① 尤其参见 Chatterjee Miller，2013a；更广泛地说，参见 Ganguly and Thompson，2017。

第三章　印度教民族主义与对外政策

印度教民族主义者在政治与国际关系方面拥有丰富的思想传统，这可以追溯到 19 世纪中期。当然，他们和其他人可以利用无数古代与中世纪时期的印度教文献解决治国之道问题。[①] 但大体来看，印度教民族主义关于对外政策的思想长期以来表现出相当大的不足，它往往不精确，也不符合当代世界国际关系的普遍实践方式，因此很难从其假设和论据中推断出明确的政策路线，特别是在对外事务方面。从最基本的层面来看，印度教民族主义对国际关系的理解与大多数观察者至少是西方观察者所熟悉的内容截然不同。印度教民族主义认为，世界的主角是不同的文明与文化，而非主权国家。它常常从种族和性别的角度理解文化力量和活力的来源。它对我们所面临的安全挑战中那些最为关注的问题提出了完全不同的处理方式，认为宗教道路是带领我们走出当前困境的途径。印度教民族主义还痛斥它所认为的西方化哲学及其实践，特别是尼赫鲁的哲学与实践，因为它没有真正抓住印度方式的要素，也没有能力给印度带来它应有的伟大和认可。

正如我们在下文将看到的那样，莫迪试图借鉴印度教民族主义的思维方式“再造”印度的对外政策。这并不奇怪，我将在下一章进一步讨论，莫迪和他的一些重要助手，如拉姆·马达夫或苏诗玛·斯瓦拉吉，以及他们的许多支持者，都很了解这一传统，因为他们很早就通过“国民志愿服务团”或其他附属组织了解了这一传统。因此，他们的演讲中充斥着从这一传统中汲取的概念、历史观点和理论。我并不认为莫迪及其政治盟友试图在 2014 年后实施完全符合传统的对外政策，因为没有证据支持这一结论。在重要的问题上，他们的方法有时可能与我们认为的“正统”印度教民族主义思想有所不同。与 1998—2004 年统治印度的

---

① 关于这方面的文献，参见 Roy，2012；Rajagopalan，2014；Singh，U.，2017。

早期印度人民党领导的政府以及在印度各邦执政的一些印度人民党政府一样，所谓的“政治强制”显然意味着背离了传统要素（Blom Hanson，1999，第 224 页）[①]，制定偏离其宗旨的政策。下一章将更深入地探讨，莫迪在成为总理之前，长期对印度教民族主义思想中的某些元素进行选择性的解读与改良，经常将它们与不同来源的其他思想结合起来，以构建他的个人执政哲学。

本章旨在展示莫迪及其政治盟友取代印度对外政策现有模式可以利用的资源。随后的内容简要介绍印度存在的国际关系思想，这是莫迪原本可以借鉴的东西。本章剩余部分探讨了印度教民族主义的思想传统，我认为这是评估莫迪试图“再造”对外政策所取得成就的最佳背景以及“政治强制”对他及其盟友的思维有何影响，他的方法与印度教民族主义的“正统”有所不同。

本章首先探讨印度教民族主义的起源，它源于 19 世纪和 20 世纪初的印度教复兴运动。本章还考察斯瓦米·维韦卡南达（Swami Vivekananda）的思想，他是最重要的印度教复兴主义者之一，莫迪称他为特别的灵感来源（Hall，2017b）。随后，本章转向印度教民族主义重要理论家的政治思想的核心原则，维纳亚克·达莫达·萨瓦尔卡（Vinayak Damodar Savarkar）、马达夫·萨达希夫·戈尔瓦卡（Madhav Sadashiv Golwalkar）和乌帕德亚亚被认为对莫迪的思想具有重要影响（Mukhopadhyay，2017）。本章最后一部分阐述可以称之为印度教民族主义国际关系理论的原则，它们可追溯到上述 20 世纪的思想家和其他思想家。

尼赫鲁主义和它的替代选择

在当代印度，关于对外政策的各种思想与实践方式都在彼此竞争优先性，其中有些历史悠久，有些相对较新。[②] 从历史上看，我们所说的三大主导传统是“经典尼赫鲁主义”（classical Nehruvianism）、“激进尼赫鲁主义”（militant Nehruvianism）（Cohen，2001，第 41 页）和“新民族主义”（Neo-Nationalism）（Ollapally and Rajagopalan，2012，第 87 页），它们的起源都可追溯到尼赫鲁的思想，在一定程度上也可以追溯到甘地的思想。尽管尼赫鲁的思想很难分类，但它

---

① 又见 Blom Hanson and Jaffrelot，2001。

② 有许多关于印度思想的简介，尤其参见 Sagar，2009；Ollapally and Rajagopalan，2012；Bajpai，2014。

确实将权力政治思想与国际主义形式相结合（Ollapally and Rajagopalan，2012，第79页）[1]，“经典尼赫鲁主义”将经济和社会发展放在首位，严格限制国防开支，依靠外交和联合国保护国家免受外部威胁，公开寻求国际地位和承认印度的规模和重要性，追求规范性议程，支持与其他发展中社会的团结。

尼赫鲁的女儿英迪拉推行的“激进尼赫鲁主义”没有那么雄心勃勃，也没有那么理想化。在1962年和1965年战争的刺激下，“激进尼赫鲁主义”认为印度需要投资军事力量，在南亚开辟势力范围，加强经济上的自给自足，保持安全、发展和提升自身价值。它在很大程度上是反西方的，并受到当时第三世界社会主义的影响（Cohen，2001，第41—43页）。“新民族主义”出现于20世纪90年代，再次强调发展及印度向变动的全球市场开放的风险，表现出对基于联合国的多边主义和发展中世界团结以及追求其国际地位的强烈偏好，暴露了对西方的怀疑（Ollapally and Rajagopalan，2012，第87—89页）。

与这三种主张并驾齐驱的还有“左派”观点。尽管“左派”观点从未在政策制定方面产生过持续的影响，但它提供了一种批评其他方法的手段，长期受到社会主义和共产主义政党及一部分印度知识分子的拥护，如印度共产党和印度共产党（马克思主义者）。“左派”观点反对西方发达国家尤其是美国，激烈抨击自由化和全球化，强调发展中国家团结的重要性（Ollapally and Rajagopalan，2012，第100页）。自由主义者和各种现实主义者反对这种观点。自由主义者认为，印度需要市场化改革和进一步融入世界经济，印度应该成为一个更“正常的”国家，寻求一些军事力量确保安全，但也需要依赖多边机构和经济相互依存。现实主义者也希望印度抛开固有的意识形态偏见，变得更加“正常”，但其规范与自由主义者不同。他们认为，印度需要在防务上投入更多资金，利用经济实力更果断地追求自身利益，并表现得像一个新兴大国（Mohan，2003）。

最后，有一些人被称为“超现实主义者”[2]，当然还有一些印度教民族主义者。前者非常重视军事实力，要求印度建立强大的核威慑力量和强大的常规力量，以应对来自中国和巴基斯坦的威胁，同时保持其自主性。他们怀疑西方尤其是美

---

① 关于尼赫鲁的思想及其各种影响的讨论，参见Das，1961。关于“不结盟”的经典研究，参见Rana，1974。关于尼赫鲁如何实施外交和安全政策的挑衅性修正主义描述，参见Raghavan，2010。他的演讲集仍然是对其思想的极好介绍，参见Nehru，1961。

② 关于超现实主义者，参见Ollapally and Rajagopala，2012；Bajpai，2014。

国，认为华盛顿想要限制印度的抱负，并根据其在该地区和世界中倾向的议程转移印度的注意力（karnad，2015）。他们还认为，印度应该尽快推动自身发展，为提升军事实力和运用经济治国方略追求国家利益提供必要的基础，但应尽可能地保护印度经济不受外部压力的影响。

一些印度教民族主义者以及莫迪和印度人民党的重要支持者，部分或全部持有上述现实主义或超现实主义观点。毕竟，印度人民党比“国民志愿服务团”或印度教民族主义者拥有更广泛的选民基础，吸引了城市中产阶级和渴望加入该党的人的选票，也吸引了退役军官的大力支持。[①] 这些群体倾向于更现实主义或更超现实主义的观点，就像他们在上一次印度人民党执政时期（1998—2004）所做的那样，当时的印度人民党政府在外交和安全政策上采取了务实的方针，但通常不寻求公开地以印度教民族主义术语界定这一政策（Odgen，2014）。我在本书其他章节中指出，尽管莫迪赞扬瓦杰帕伊在国际关系方面采取的行动并承诺忠实于2014年竞选期间所做的承诺，但是他试图“再造”印度政策，其做法与上届印度人民党政府有所不同（Jaishankar，2014）。莫迪和他的政治盟友用印度教民族主义的语言表达对外政策，利用一系列印度教民族主义理论家的思想证明其方式是正确的，并为那些从之前历届政府继承下来的思想提供替代性知识基础。

印度教复兴运动与公共认同

随着一批知识分子和政治活动家重新解释印度的历史和宗教传统，印度教民族主义意识形态大约在1870—1920年间开始出现（Jaffrelot，1996，第11—79页）。他们试图以各种方式应对几大挑战。第一，解释印度为何遭受一系列入侵并成为“外国”统治者的臣民；第二，欧洲基督教徒批评质疑或直接诋毁印度教信仰和实践；第三，一些印度教教徒认为重振印度教需要改革包括种姓制度在内的印度教仪式和实践要素；第四，英属印度的穆斯林动员导致20世纪20年代的所谓的“基拉发”运动（Khilafat movement。原书中写的是Khalifat movement——译者）和30年代建立一个穆斯林占多数的独立国家的要求。他们还借鉴了来自

① 关于2014年投票给人民党的各个团体，特别参见Nag，2014；Jha，2017。关于自20世纪90年代初以来军官和其他蜂拥入党的情况，参见Jaffrelot，1996，第432—436页。

印度以外的新知识和思想，包括欧洲的印度学（Indology），该学说致力于研究古代和中世纪文本及其解释、当代印度信仰与实践[①]，以及这一时期的哲学运动，包括浪漫主义、黑格尔主义和达尔文主义。在某些情况下，这些努力导致有效或自觉的融合性宗教的出现，如神智学（theosophy）（Bevir，1994）。在另一些情况下，虽然目标是恢复更古老、据说是更真实的印度教信仰或实践，但由此产生的结果不仅严重依赖欧洲史学，而且依赖借用的哲学概念与理论（Bhatt，2001）。

这些思想家中的许多人接受了一些欧洲学者和印度教复兴主义团体提出的观点，即印度教在古代文献《吠陀经》（*Vedas*）出现之后曾经历一个所谓“吠陀”时期的“黄金时代”，真正的宗教思想和实践在这一时期非常盛行。此外，他们还接受了印度教起源于雅利安人这一特定族群的理论，他们不是一直居住在南亚次大陆，而是在古代移民到这里。最后，他们还借鉴了当代欧洲哲学自然科学（natural science，原书中写的是 national science——译者）中的思想，特别是社会达尔文主义和“活力论”（vitalism），以构建他们对印度教教徒过去的成功与艰辛的叙事，解释印度教教徒为什么屈服于外国征服者，包括莫卧儿人和英国人，以及他们应该做些什么以便在世界上重新证明自己（Bhatt，2001，第 7—40 页）。综合来看，他们试图为印度教建立一个共同的身份，并对印度教应该确认的信仰和实践做出新的解释（Jaffrelot，1996，第 5 页）。

斯瓦米·维韦卡南达 1863 年出生于拉加尔各答的纳伦德拉纳特·达塔（Narendranath Datta），他的思想展示了上述事件的发展过程，以及从中产生的印度教改造和对印度教在世界上可能扮演的角色的新感觉。[②] 维韦卡南达接受过英国的教育，在加尔各答的苏格兰教会学院获得文学学位，精通现代欧洲思想。他特别着迷于社会学家和社会达尔文主义者赫伯特·斯宾塞（Herbert Spencer），将后者的《教育论》（1961 年）翻译成孟加拉文。同时，他还是一个狂热的印度文献与传统的狂热研究者。在维韦卡南达获得学位前后，其父亲突然去世使他的家庭陷入贫困，他选择成为一名僧侣。作为一名学生，维韦卡南达对神秘主义和超验主义产生了兴趣，接触了各种印度教复兴主义团体，这些团体借鉴了西方对印度教

① 19 世纪的欧洲人对印度的历史和传统相当感兴趣。关于这一时期的印度学家，尤其参见德国梵语学者马克斯·米勒（Max Müller，1823—1900）的著作。

② 维韦卡南达的经典传记是罗兰（Rolland）著的 2002 年版传记，该书最初出版于 1930 年；另见 Radice，1999。

唯心主义的解释。在这一阶段，他还遇到了神秘主义者罗摩克里希纳·帕拉马哈姆萨（Ramakrishna Paramahamsa，1836—1886），维韦卡南达在他父亲1884年去世后致力于学习罗摩克里希纳的思想。

罗摩克里希纳的学说具有巨大争议。[①]他在早年有明显的精神幻觉，进入恍惚状态。罗摩克里希纳十几岁的时候在一座供奉迦梨女神（Kali）的寺庙中成为一名僧侣，但在随后的几年被各种不同的宗教传统所吸引，轮流探索密宗实践、印度教哲学传统、苏菲派伊斯兰教和基督教思想。维韦卡南达除了坚信罗摩克里希纳的神圣性之外，也非常钦佩后者的思想开放性和兴趣广泛性，但是他没有被这位大师的忧虑所影响。特别是，他不太赞同罗摩克里希纳的迦梨崇拜，认为这是“一时的狂热”（Sharma，2013，第10页）。维韦卡南达从罗摩克里希纳那里得到的是他的直觉，即所有宗教传统都有相似的基础和目标，可以在印度教教徒的指导下得到某种程度的调和。1886年罗摩克里希纳去世后，维韦卡南达在加尔各答附近的胡格利河（Hooghly river）两岸修建了寺院，先是在巴拉纳加尔（Baranagar），然后是在贝尔（Belur），以此作为改善印度教和宣扬罗摩克里希纳核心教义的场所。1897年，该机构更名为“罗摩克里希纳教会”（Ramakrishna Math and Mission）。

维韦卡南达将罗摩克里希纳设想的洞见整合到更广泛的印度教历史及其世界地位的叙事中。他认为，印度教的本质不在于他所看到的继承下来的信仰和仪式，而在于《吠陀经》特别是《奥义书》（*Upanishads*）以及《摩诃婆罗多》（*Mahabharata*）中被称为《薄伽梵歌》（*Bhagavad Gita*）的那一部分所呈现的哲学。他批评其他印度教教徒坚持“不接触主义、种姓痴迷和厨房宗教”，认为“社会规则和实践不断地发生变化”（Tapasyananda，1990，第11页）。他认为，《吠陀经》所教导和印度教教徒所理解的是，条条大路通往真理和上帝。因此，我们必须接受所有的宗教传统，而不是像许多西方人所主张的那样仅仅容忍一些宗教传统（Vivekananda，1990，第15—17页）。印度教教徒还应该向西方人学习，工作尤其是为他人服务的社会工作具有精神价值，而印度教普遍重视的弃绝或是退隐、放弃和禁欲主义不应该是唯一或最有价值的目标。他认为，印度教给世界的礼物是“上帝是一体的，所有的道路都应该被接受”这一思想真理，这将有助于

① 关于罗摩克里希纳信仰的最佳简短描述，参见Sharma，2013，第1—116页。

改造世界。然而，为了使它能被受众接触到，印度教教徒需要通过维韦卡南达所说的“行动瑜伽”（karma-yoga）—— 一种重建他们的国家的瑜伽或修炼实践（Vivekananda，2015）。一旦这项工作完成，印度就可以成为它注定要成为的“世界导师”。

维韦卡南达将这些观点纳入更广泛的对世界历史的描述中。他以类似黑格尔的方式提出，所有国家都有要实现的目标。英国人的目标是通过贸易使“社会独立”最大化，法国人的目标是通过革命展示“政治独立”的道路。印度教教徒有不同的命运。他们的“国家目的”是为“精神独立”指明道路。因此，尽管受到莫卧儿人和英国人的政治和经济统治，印度教仍幸存下来（Vivekananda，2010，第23—25页）。如果印度教教徒能够接受真正的“行动瑜伽”并使他们的国家足够强大，赢得世界其他地区对这个“世界导师”的尊重，并让其信息得到应有的接受，那么现在印度教有机会实现其目标并通过向世界传递其精神信息弘扬教法。维韦卡南达宣称，“全世界的福祉依赖”印度（1990，第88页）。

这些思想在印度国内外都有巨大的影响力。1893年，维韦卡南达前往美国，在芝加哥举行的所谓第一届“世界宗教议会”（Parliament of the World's Religions）上传达他的主要观点及其对印度教更广泛的解释。他在美国旅行时四处演讲，吸引追随者和支持者，发表有影响力和魅力的演说。通过这些做法，他成为最早在西方进行演讲的印度教宗教领袖之一。他在相对年轻的时候就这样做了（当时他30岁，9年后，即1902年去世），这产生了戏剧性的效果，使他成为民族自豪感的焦点人物。这一事件以及印度在世界上有独特而重要使命的观点，使维韦卡南达受到后来的印度教民族主义者的喜爱，莫迪一再将他称作印度的榜样、灵感和指南。[①]

“印度教特性”的发明

20世纪20年代，印度教民族主义作为一种成熟的意识形态出现，它借鉴了维韦卡南达和奥罗宾多·高斯（Aurobindo Ghose，1871—1950）等在内省时期发挥

---

① 关于印度教民族主义者使用维韦卡南达的问题，参见Radice，1999；Beckerlegge，2003；Sharma，2013。

过突出作用的早期思想家的思想，但增加了一些新元素。萨瓦尔卡的著作《印度教特性：谁是印度教教徒》（1923 年）开启了这一新阶段。萨瓦尔卡出生于 1883 年，青年时曾参加反殖民组织和反穆斯林暴乱。他曾学习法律，在伦敦的法院旅馆度过一段时间，直到关于 1857 年“兵变”历史的著作《印度的独立战争》（1909 年）出版，他因卷入反英阴谋而被捕。1911 年，他被判处 50 年监禁，关押在印度洋安达曼群岛布莱尔港的牢房里。实际上，他只在那里待了 13 年，经过漫长的“书信运动”后，于 1924 年设法使自己转移到印度的另一所监狱。

萨瓦尔卡在布莱尔港创作了《印度教特性》一书，其书稿被偷偷从监狱送出来并以笔名（“一个马拉地人”，A Maratha）出版。“印度教特性”（Hindutva）这个词是他发明的。对萨瓦尔卡来说，这意味着“印度教性”（Hindu-ness），他将其与狭义的“印度教”（Hinduism）概念进行对比。他认为，一个人可以是一名不坚持印度教的信仰或实践的印度教教徒，因为印度教“只是印度教特性的一个衍生物、一小部分或一部分”（Sharma，2003，第 124 页）。原则上，这意味着除英国人外，居住在英属印度的所有人都是“印度教教徒”，不管他们自称是基督教徒还是穆斯林。在萨瓦尔卡独特的包容性观点中，让人成为“印度教教徒”的不是遵循宗教信仰或习俗，而是生活在印度次大陆，共享一系列种族特征，共享该地区的文化，他借用梵语术语称之为“圣斯奎提”（sanskriti）。这一定义使萨瓦尔卡断言，当地的基督徒、穆斯林和其他符合其三个标准的人实际上都是印度教教徒，即使他们或他们的祖先是在过去某个时候移民到次大陆或皈依他们现在的信仰（Jaffrelot，1996，第 28—29 页）。[①] 以萨瓦尔卡使用的术语表示，他们都是同一个“种族种姓”（race-jati）的成员，共享该地区的“圣斯奎提”，因此共享“印度教性”（Sharma，2003，第 163 页）。

尽管萨瓦尔卡与英国当局存在分歧，但是他的政治方案主要关注在印度的穆斯林，确保印度教教徒能够有效抵御他认为的穆斯林构成的威胁，并主导独立后的政体。乔蒂尔玛亚·夏尔马（Jyotirmaya Sharma）将萨瓦尔卡的观点总结为：“印度教徒的目标与希瓦吉（Shivaji，传奇的 17 世纪马拉地战士）的目标相同，即重新获得领土，恢复宗教，保护《吠陀经》和圣典（shastras），保护奶牛和婆罗门，建立宗主权，传播印度教的名声和荣耀。”（Sharma，2003，第 127 页）萨

① 然而，为了再次成为真正的印度教教徒，他们需要重新皈依印度教。

瓦尔卡害怕并钦佩穆斯林的坚强、专注和成功。相比之下，他哀叹他所理解的印度教教徒的弱点，他们“沦为最分散、最无效的制度与迷信的牺牲品”，表现出“普遍缺乏情感、自豪感和民族同情”（Sharma，2003，第 129—130 页）。他钦佩吉塞佩·马兹尼（Guiseppe Mazzini）热情好战的民族主义、斯宾塞带有种族色彩的社会达尔文主义——维韦卡南达的灵感来源之一——以及世纪之交的德国民族主义（Jaffrelot，1996，第 32 页）。他深信，印度教教徒既需要被灌输民族精神，也需要在为生存而进行的民族间长期斗争中以新发现的男子气概捍卫和提升自己（Sharma，2003 年，第 148 页）。因此，他拒绝接受甘地的非暴力（ahimsa）和佛教更广泛的吸引力，并与维韦卡南达及其他人一样，认为这削弱并分散了印度教教徒对需要做的事情的注意力，即建立一个印度教国家（Rashtra）或政体。

“国民志愿服务团”和印度教国家

萨瓦尔卡在 1966 年去世之前一直坚持写作，领导 1937—1943 年的印度教民族主义团体“印度教大斋会”（Hindu Mahasabha）。然而，他不是这一时期“印度教特性”的唯一倡导者。受萨瓦尔卡思想的影响，凯沙夫·巴里拉姆·赫杰瓦尔（Keshav Baliram Hedgewar，1889—1940）成为 20 世纪 20 年代的一支新力量。他作为印度国大党的前成员，对国大党的做法越来越失望，越来越担心穆斯林在将来独立后的印度的存在。1925 年，赫杰瓦尔创立了一个激进的替代组织“国民志愿服务团”。[①] 它从一开始就被设计成一个准军事组织，有制服、新兵体能训练、武器训练〔特别是使用“拉提”（lathis）——印度安全部队用来驱赶人群的竹竿〕，以及一个毫不掩饰的准法西斯式敬礼（右手横放在胸前，手心朝下）。“国民志愿服务团”旨在培养一代所谓坚定的印度教教徒，更有能力保护他们的社区不受其他人特别是穆斯林的影响（Jaffrelot，1996，第 35—38 页）。除这一主要功能外，赫杰瓦尔还赋予“国民志愿服务团”促进印度教民族主义意识形态的使命。这项任务被分配给一个特别挑选的群体——“传道者”（pracharaks），他们被要求献身于这项事业，保持独身，并练习“行动瑜伽”以改善国家。

赫杰瓦尔没有对印度教民族主义的原创思维作出多大贡献。这留给了继任的

① 关于 RSS 的文献正在增加，尤其见 Kanungo，2003；Andersen and Damle，2018。

“团主席”（Sarsanghchalak），即被其追随者称为“导师”（Guruji）的“国民志愿服务团”负责人戈尔瓦卡。他的《思想集成》（1966 年）发展并改写了萨瓦尔卡阐述的内容，《界定我们或我们的民族性》（1939 年）等受“国民志愿服务团”及其理想和理论启发的作品也被认为是戈尔瓦卡所写。[①] 他借鉴了萨瓦尔卡及 19 世纪末 20 世纪初印度教复兴主义者和民族主义者的思想，包括维韦卡南达、奥罗宾多·高斯和巴尔·甘加达尔·蒂拉克（Bal Gangadhar Tilak）。在《思想集成》中，戈尔瓦卡对他所认为的印度教教徒的“世界使命”、建立印度教国家的挑战以及“通往［印度教］荣耀的道路”做出强有力的描述（Golwalkar，1996）。

戈尔瓦卡（1906—1973）与赫杰瓦尔一样，也出生在马哈拉施特拉邦那格浦尔（Nagpur）的一个婆罗门家庭，那里至今仍是“国民志愿服务团”的总部。他在家乡及瓦拉纳西（Varanasi）的贝纳拉斯印度教大学（Benaras Hindu University）学习，该大学位于恒河沿岸的北方邦，戈尔瓦卡在那里遇到了该机构的创始人、资深民族主义活动家马丹·莫汉·马拉维亚（Madan Mohan Malaviya）。20 世纪 30 年代中期，戈尔瓦卡加入位于加尔各答北部萨迦基（Sargachi）的“罗摩克里希纳传教道场”（Ramakrishna Mission ashram），但只在那里待了一年就回到赫杰瓦尔的“国民志愿服务团”工作。在赫杰瓦尔 1940 年去世前不久，戈尔瓦卡被指定为他的继任者。戈尔瓦卡在 1973 年去世前一直是“团主席”，是“国民志愿服务团”“最具影响力的思想家”（Sharma，2007，第 18 页）。

戈尔瓦卡将“国民志愿服务团”带向一个独特的方向。表面上，他扮演“活动家”的角色，即贾夫雷洛特（Jaffrelot）所说的“世界放弃者”（1996，第 40 页）。[②] 他回避家庭生活，保持单身，为“传道者”树立了榜样。他为事业放弃“自我”，过着显然是高度禁欲主义的生活，受到包括莫迪在内的追随者的极大赞赏。莫迪在其著作《乔蒂蓬吉》（*Jyotipunj*）（Modi，2015a，第 39—86 页）中描述戈尔瓦卡时特别提到并赞扬了这一点，该书是一组关于“国民志愿服务团”主要成员高度个人化的传记。重要的是，戈尔瓦卡认为“国民志愿服务团”应该是非政

---

① 关于“我们”或“我们的民族性”的定义，通常被归功为 Golwalkar，他确实声称写了这本书，但 Sharma 认为这本书是由 V. D. Savarkar 的兄弟 Ganesh Savarka（也称为 Babarao）所著。参见 Sharma，2010，第 19 页，注释 21。

② Jaffrelot 认为 Golwalkar 和 RSS 不关心政治的说法是不可信的，将这种说法称为“宣传”（1996，第 62 页）。

治性的，要远离政治纷争。他为这一立场辩护，认为与梵文或印度教文化的深度和纯洁性相比，日常的选举政治是短暂和肮脏的，有一天会产生一位超越传统政治琐碎争吵的救世主领袖（Sharma，2007，第 18—19 页）。戈尔瓦卡认为，无论政治权力还是担任政治职务，“都无法促进‘国民志愿服务团’的工作，甚至无法保护其免受未来的任何威胁”（Sharma，2007，第 19 页；另见戈尔瓦卡，2000，第 72—74、172—175 页）。他拒绝在 1947 年前反对英国统治，从而避免了殖民当局对其活动施加官方限制。戈尔瓦卡认为“国民志愿服务团”应该专注于保护和推广梵语，并在印度独立后坚持这一立场。随着时间的推移，这一立场产生了回报。1948 年 1 月，“国民志愿服务团”前活动家纳图拉姆·戈德斯（Nathuram Godse）暗杀了甘地，导致该组织暂时被禁止，戈尔瓦卡和“国民志愿服务团”成功逃避了对其工作的长期限制，部分原因是他们辩称自己将远离政治生活。

然而，戈尔瓦卡的思想确实具有政治和国际影响。他是一个狂热但有些古怪的民族主义者。他将对自我和社会的禁欲主义信念与来自欧洲的民族主义思想结合起来，认为一个负责任的印度人“必须是一个国家崇拜者”，且“印度社会的全部力量和智慧都要奉献给国家”，因为印度本身就是神圣的（Sharma，2007，第 13 页）。戈尔瓦卡在《思想集成》中写道：“对祖国的奉献是强烈的、充满活力的、不妥协的和充满热情的，是地球上自由、繁荣和光荣的民族生存的生命气息。”他认为，印度教教徒需要做的是扇旺“沉睡的古老献身精神的余烬”，以产生一场“神圣的大火，吞噬过去对我们祖国的所有侵略，并将印度母亲的梦想恢复到原始的不可分割的形式”（Golwalkar，1996，第 96 页）。

这一“使命”要求印度教教徒抵制西方的思想和实践，包括“放任”、社会契约论、竞争、民主和资本主义，且戈尔瓦卡特别不喜欢的共产主义（1996，第 10—19 页）。它还意味着抵制犹太教、基督教和伊斯兰教等“狭隘的”闪米特人宗教的腐化影响，这些宗教坚持“一神崇拜”（Golwalkar，1996，第 103 页）。最重要的是，它意味着要面对穆斯林，认为后者是“入侵者”，“在所有方面都与我们的生活方式完全对立的”（Golwalkar，1996，第 142 页）。穆斯林代表了戈尔瓦卡所说的“内部威胁”，这一类别也包括基督教徒和共产主义者（1996，第 177—201 页）。所有这些都需要面对物质力量，因为“世界只崇拜强者”，“无人关心弱者的声音”（Golwalkar，1996，第 270—271 页）。因此，甘地偏爱的非暴力道路必须被视为“反常”而予以拒绝，这种方法只能被“蠢人”采用（Golwalkar，1996，第 272 页）。戈尔瓦卡认为，《摩诃婆罗多》教导人们，印度教教徒应该像战士阿朱那（Arjuna）那样有男子气概，做应该做的事，没有“无畏和英雄主义”就无法建立“正义”（Golwalkar，1996，第 274 页）。“不可战胜的国家意志”是需要的，“军事力量”不仅是军队的规模或装备的质量，它还要求“人民有良好的纪律、强烈的爱国主义和英勇的态度”（Golwalkar，1996，第 277、278—288 页）。

坚持国家崇拜，在社会中升华自我，妖魔化外部群体，以及崇尚力量，这些观念使越来越多的人认为戈尔瓦卡是一个法西斯主义者（Jaffrelot，1996，第 50—58 页）。但是，正如美国普林斯顿大学政治学教授拉胡尔·萨加尔（Rahul Sagar）所观察到的（Sagar，2014，第 242—245 页），对戈尔瓦卡的这些描述也许会使读者对其国际关系哲学产生误解。20 世纪中叶的欧洲法西斯奉行混合的社会达尔文主义尼采观点，认为国家被困在为生存和统治他人而进行的永久斗争中。与他们不同，戈尔瓦卡并不认为国家之间的冲突是不可避免的，也不认为是永久性的。在《思想集成》中，戈尔瓦卡认为民族主义永远不会像一些自由主义者和共产主义者想的那样被“根除”。因此，国际联盟已经失败，联合国也将失败（1996，第 2—3 页）。但是，这并不意味着“世界联合”是不可能的。戈尔瓦卡承认维韦卡南达的观点，即当世界在印度教教徒的领导下接受“真正的宗教”时，“世界联合”可以也必将实现。

向世界传授这些真理是对印度教民众的“神圣信任”及他们的“世界使命”（Golwalkar，1996，第 6—7 页），他们将作为“世界导师”领导世界超越冲突，走向和平。戈尔瓦卡（1996，第 5 页）写道：

> 显而易见的，只有人类认识到共同的内在联系，才能使世界联合和人类福祉真正成为现实。这种内在联系能够抑制来自唯物主义的激情和不和谐，拓宽人类思维的视野，并使个人和国家的愿望与人类福祉相协调。

他认为，世界的弊病只能通过印度教的超验主义来解决，即通过遵循《吠陀经》的教导（Sagar，2014，第 243 页）放弃世俗欲望和平息“不安的心灵”（1996，第 14 页）。

“整体人文主义”与“教法之治”

戈尔瓦卡可能是20世纪对“国民志愿服务团”的思想影响最大的人，但其他人也在发展印度教民族主义政治思想和实践中发挥了重要作用，如乌帕德亚亚（1916—1968）。[①] 乌帕德亚亚出生在当时的联合省（现在的北方邦），获得英语本科学位，但为“国民志愿服务团”拒绝了可能的公务员生涯，他于1937年加入“国民志愿服务团”并于1942年成为一个“传道者”。20世纪40年代，他以记者和评论员的身份确立了自己的地位，创建了一个名为《国家教法》（*Rashtra Dharma*）的期刊。1941年该刊创建后，乌帕德亚亚开始为“国民志愿服务团”的报纸《组织者》（*The Organiser*）撰文。尽管戈尔瓦卡反感政治（Sharma，2009，第21页），但乌帕德亚亚在戈尔瓦卡的明确支持下获得“国民志愿服务团”的授权，1951年与希亚姆·普拉萨德·慕克吉（Syama Prasad Mookerjee）合作成立政党——印度人民同盟，即印度人民党（BJP）的前身。[②] 乌帕德亚亚于次年成为印度人民同盟的总书记，到去世前不久一直担任该职位。20世纪50年代和60年代，他继续为期刊写作并出版了大量书籍，包括一本为孩子们撰写的关于古代印度国王旃陀罗笈多（Chandragupta）的小说（Mukhopadhyay，2017）。同时，乌帕德亚亚发展了独特的政治哲学，他称之为“整体人文主义”（Integral Humanism），这在1965年被印度人民同盟采纳，自1985年以来一直是印度人民党的公开信条（Andersen and Damle，2018，第8页）。

乌帕德亚亚和他之前的其他印度教民族主义者一样，将其哲学定位为全面解读印度历史。[③] 他哀叹，在大部分的现代时期，印度教教徒未能“为世界进步作出贡献”，因为他们“忙于争取独立或抵御一波又一波新的入侵者”（Upadhyaya，1992，第14页）。与戈尔瓦卡一样，乌帕德亚亚认为印度的时刻已经到来，因为民族主义、民主和社会主义固有的矛盾所产生的紧张局势使西方四分五裂，越来越明显的是国联和联合国等西方创建的国际机构无法管理它们（Upadhyaya，1992，第15—19页）。他认为，“印度文化”传递《吠陀经》“真理”的时机已经

---

① 有许多关于乌帕德亚亚思想的研究，但大多数都是同情的，接近于圣人传记，参见Sharma，2009。关于他的生活和工作的简短描述，参见Jaffrelot，1996，第123—125页。

② 关于BJS的权威文献，参见Graham，1990。

③ 本部分借鉴并扩展了霍尔的研究，参见Hall，2017b，第121—122页。

成熟：基于万物相互联系的“多样性中的统一”（unity in diversity）是可能的和必要的。西方主导的时代即将结束，“教法之治”（dharma rajya）——一个以教法为指导的国家——能够在不同方向引领世界的发展。为了完成这一任务，乌帕德亚亚认为印度（他在关于“整体人文主义”的演讲中以“巴拉特”称呼印度）需要照顾其“被忽视的自我”，抛弃那些明显有缺陷的西方意识形态，恢复其独特的身份（Upadhyaya，1992，第18—19页）。事实上，他认为“只有独立成为表达我们文化的工具时，它才有意义”（Upadhyaya，1992，第24页）。

这种文化传达了与西方截然不同的东西，认为“生命”是一个“完整的整体”，这与维韦卡南达和奥罗宾多的“不二论吠檀多”（Advaita Vedanta）传统相呼应。它拒绝了乌帕德亚亚所认为的西方观点，即理解自然世界和社会世界“生命”的最佳方式是将其划分为若干部分并对其进行分类。这种方法没有意识到“生命的多样性仅仅是所有事物内在统一的表现”（Upadhyaya，1992，第25页）。乌帕德亚亚坚持认为，这一事实对社会和政治思想也有影响。西方理论认为多样性导致冲突，而“整体人文主义”认识到这不是事物的自然状态，而是一种“扭曲”。合作是一种规范，正如一些生物为其他生物提供营养，因此合作应该得到承认和培育（Upadhyaya，1992，第26—27页）。

乌帕德亚亚认为，我们作为人类的目标应该是过“完整的生活”（1992，第29页）。如果我们确保以“教法”（他认为应将此译为法律，而非宗教）调节自然，这是可以实现的。他断言，印度教教徒知道这一点。他们认识到整体方法对“人的渴望”的重要性，即教法（Dharma）、事业（Artha）、欲念（Kāma）和解脱（Moksha），以及不像西方人那样仅仅试图满足身体需要的重要性（Upadhyaya，1992，第32页）。必须坚持教法，让事业（商业与政治）繁荣，让欲念（肉体欲望）得到满足。如果做到了这一点，解脱（启蒙）将随之而来。但在任何时候，都必须在它们之间取得平衡。如果追求以牺牲其他方面为代价——如果金钱或权力的追求过于狂热或无情，或者如果贪婪盛行——个人生活将失败，社会也将失败。

出于这些原因，乌帕德亚亚拒绝接受西方社会契约论，认为正如戈尔瓦卡所暗示的那样，它误解了“生活”以及个人与社会之间的真实关系。社会是“自生的”和“有机的”。[①]与个人一样，社会也有自己的“身体、思想、智力和灵魂”（Upadhyaya，1992，第 37 页）。他承认，社会契约可以创造国家，但它们只是临时机制，在教法衰落时是必要的（Upadhyaya，1992，第 43—44 页）。与社会相比，社会契约是发明物，国家是社会的最终形式，是有生命和灵魂的东西。他认为：“当一群人生活在一个目标、一个理想、一个使命中，并将一块特定的土地视为祖国时，这个群体构成了一个国家。”（Upadhyaya，1992，第 40 页）这些实体有灵魂，根据印度教哲学，这些实体的灵魂即使在个体成员死亡时仍然存在，因为灵魂会从一个身体传递到另一个身体。国家灵魂（他将这个概念称为 Chiti）被一些阐释者翻译为“意识”（Sharma，2009，第 24 页），为国家指明了方向。

“抵制英货”与“人人幸福”

乌帕德亚亚的政治议程（包括国际关系）的细节更加世俗，与国大党领导人特别是甘地的立场重叠，有时甚至很难区分。鉴于这些原因，他和其他印度教民族主义活动家因将经济政策置于“低优先级”受到批评，这表明他们对经济发展的兴趣不大（Blom Hansen，2001，第 296 页）。其实这并不完全公平。从萨瓦尔卡开始，印度教民族主义者确实关注经济和其他领域的政策，包括对外政策，但他们坚持认为这些议题不应成为唯一或最重要的焦点问题。例如，20 世纪 30 年代末，萨瓦尔卡敦促他的“印度教大斋会”制定一项连贯的经济政策，为国家服务的同时避免将“人”仅仅视为一个“经济存在”，认为“经济计划本身足以解决威胁［印度教教徒］的文化、种族、宗教和民族危险”的双重陷阱（Savarkar，n.d.，第 59—60 页）。[②]“考虑到印度的特殊环境和社会进步的阶段”，他支持他所说的“民族主义”经济学，这在本质上是专制的社团主义（Savarkar，n.d.，第 60、61 页）。他认为，目标应该是通过快速现代化实现国家自给自足。萨瓦尔卡宣称，这是一个“机器时代”，因此必须拥抱技术，而“国家生产”必须以“最大可能的机器规模”为基础。他设想在农业方面实行一些国有化甚至“国家耕种”，尽管他也认为私有财产应该“不受侵犯”（Savarkar，n.d.，第 61 页）。

---

① 这也呼应了戈尔瓦卡的有机主义论。尤其参见 Jaffrelot，1996，第 58—62 页。

② 尽管该文献未注明日期，但这段引语是在 1939 年印度教大斋会第 21 届会议上发表的。

与萨瓦尔卡相比，戈尔瓦卡和乌帕德亚亚不太清楚他们青睐的议程。戈尔瓦卡坚持认为，教法可以“拯救”世界免遭“军事侵略”、“过度消费主义”和“开采自然资源”的影响，印度必须受到保护，免受任何外来影响，因此主张保护主义而不是开放（Blom Hansen，1999，第229页）。他认为，尽管可以借鉴其他地方的经验找到一些“积极因素”，但是政治和经济的“正确结构”应该建立在“反映我们本土天赋的原始概念”的基础上（Golwalkar，1996，第30页）。乌帕德亚亚对反对的东西比对他想要的东西的态度更为明确。他拒绝了萨瓦尔卡对机器的偏好，认为机械化不适合印度经济（Sharma，n.d.，第8页）。他还强烈批评尼赫鲁试图通过中央计划和大规模基础设施与工业项目实现经济发展，尤其体现在《两个计划：承诺、绩效和前景》（1958年）和《政治日记》（1968年）中。

然而，只有在《整体人文主义》（1992年版，首次出版于1965年）一书中，乌帕德亚亚才试图从戈尔瓦卡推荐的本土材料中勾勒出一种替代性的经济政策。[①] 他认为，增强国家实力和实现戈尔瓦卡所称的“最高幸福”（1996，第17页）应该是经济政策的目标。乌帕德亚亚认为：

> 我们必须有这样一种经济体系，它有助于促进我们的人文素质或文明的发展，使我们能够达到更高的全面完善水平。我们应该有一个不压倒我们人文素质的体系；它不会使我们成为砂轮的奴隶。根据我们的概念，人们可以在发展中达到神一般的完美。（Upadhyaya，1992）

这不能通过模仿西方资本主义来实现，西方资本主义不仅旨在满足需求，还希望刺激新的欲望，但这是浪费，不必要地消耗了稀缺的自然资源，并“扰乱”了“自然平衡”。必须抵制“经济人”概念，因为将人视为商品和消费者无助于“完整人的发展”。他认为，资本主义和共产主义制度都：

> ……没有考虑到完整的人及其真实完整的人格和愿望。有人认为人是自私的，追逐金钱，只有一条法则，即激烈竞争的法则，这在本质上是弱肉

① 有许多关于乌帕德亚亚思想的研究，大多由富有同情心的作者撰写，参见Sharma，2009；Bakshi，2018。

> 强食的法则；另一些人则认为，人是整个事物体系中一个脆弱的、没有生命的齿轮，受到严格规则的约束，除非得到指示，否则不会有任何好处。经济和政治上的中央集权在这两方面都有体现，因此两者都会导致人的非人化。……我们必须重新确立人应有的地位，让其实现自己的伟大，重新唤醒自己的能力，并鼓励他努力达到自己最新人格的神圣高度。这只有通过去中心化的经济模式才能实现。（Upadhyaya，1992）

我们需要的“系统”不是基于“对自然的榨取”，而是一个能够“维持”自然的系统。它必须为所有人提供教育和“工作保障”。它将使用技术，因为它有助于劳动力和提高生产率，但要谨慎，尤其是在外国设备方面。随着时间的推移，应该为国家的特定目的开发适当的“印度机器”。

简而言之，乌帕德亚亚倾向于采取一种不同于萨瓦尔卡的方式，一种更像甘地设想的方式。自给自足是目标，“抵制英货”是必要的，因为如果这个国家变得依赖“外国物品”，我们将忘记我们的个性，再次成为事实上的奴隶，就像印度仍在英国的统治下一样（Upadhyaya，1992）。市场和计划都必须避免，它们都不是实现“完整人”的途径。这意味着放弃尼赫鲁通过中央集权和国家控制实现现代化的企图。相反，受保护的去中心化的经济更可取，家庭手工业和小商贩是其支柱。通过这种方式，印度无须屈从于消费主义或共产主义，可以提升所有人和改善最贫穷或最弱势群体的状况。此外，根据他对所有生物整体性的理解，可以通过不破坏环境的方式实现发展（Andersen and Danmle，2018，第 132 页）。

在印度教民族主义运动的各种元素中，对“抵制英货”和“人人幸福”的承诺仍然十分坚定。有人希望印度人民党回到其最初的“甘地社会主义”或类似的状态。另一个反对自由化的“国民志愿服务团”分支机构“民族觉醒论坛”（Swadeshi Jagaran Manch，SJM）创立于 1991 年，它仍然反对向外国贸易和资本开放印度市场。20 世纪 90 年代，“民族觉醒论坛”在反对马哈拉施特拉邦由一家现已不复存在的美国公司建造和运营发电厂的过程中发挥了主导作用（Blom Hansen，1999，第 222 页）。“国民志愿服务团”于 1955 年创建了另一个组织，即“印度工人协会”（Bharatiya Mazdoor Sangh，BMS）。它由该服务团的另一位重要经济思想家达托潘·腾加利（Dattopant Thengali）领导，至今仍定期组织抗议印度商品和资本市场自由化的活动。[①]实际上，“民族觉醒论坛”和“印度工人协会”公开批评印度人民党政府的经济政策，包括莫迪领导的执政联盟——全国民主联盟（NDA）（Andersen and Damle，2018，第125—129页）。

权力与“不结盟”

与他的经济思想相反，乌帕德亚亚自称其关于权力和国际冲突的思想更加“世俗”（Upadhyaya，1968，第51页）。在《政治日记》中的多篇文章以及乌帕德亚亚关于整体人本主义讲座中，这些问题都以尖锐而微妙的方式加以阐述，但并未以任何方式表明这与其基本哲学的关联性，也没有清楚地表明戈尔瓦卡相信超验主义将最终把世界从战争中解放出来。乌帕德亚亚的语气坦率，近乎直率，其内容强烈反共，他的核心关切往往是中国对印度构成的威胁。他指出，这种威胁被视为真实而紧迫，但并非完全具有破坏性，因为1962年的战争确实帮助印度人“认识到自己”，从而使他们“团结起来”，在某种程度上恢复了国家需要的“自我意识”，以推动国家朝着正确的方向前进（Upadhyaya，1992）。

总体而言，乌帕德亚亚的思想在形式上大体上是“现实主义的”。他在1963年2月的一篇重要文章中指出，印度人民同盟认为对外政策“应该以确保国家不具偏见的自身利益为唯一目标”，并且必须是“现实的”（Upadhyaya，1968，第51页）。本着这种精神，乌帕德亚亚认为中国是“威胁亚洲和世界和平的新侵略力量”，并呼吁印度与其他愿意抵制中国意图的国家结盟。他认为，新德里应该制造“原子弹”，投资印度军队以确保国家安全，撤销承认中国和中国对西藏“宗主权”（Upadhyaya，1968，第50—53页）。同时，印度应该修补与美国的关系，因为以克里希纳·梅农等尼赫鲁的追随者为代表的左翼激进主义者破坏了印度与美国的关系，还应说服华盛顿停止或减少对巴基斯坦的援助，因为这会分散印度“与红色［中国］斗争”的注意力（Upadhyaya，1968，第46页）。

乌帕德亚亚认为，更广阔视野中的问题是，“不结盟”政策没有像尼赫鲁及其追随者所设想的那样使印度受益。它疏远了西方特别是美国，使印度在需要时更

---

① 关于BMS的议程和起源，参见Jaffrelot，1996，第127—128页；Andersen and Damle，2018，第36—37页。

难而不是更容易获得西方的支持，1962 年战争（指 1962 年中国对印度入侵中国领土进行的自卫反击作战——译者）表明了这一点（Upadhyaya，1968，第 32 页）。“不结盟”曾经有一段时间也许是合适的，但是时移世易，“对外政策与其他任何政策一样都不是信条”，更无须“奉若神明”（Upadhyaya，1968，第 51—52 页）。

结论

从本章讨论的各个部分构建一个近似于我们所说的“印度教国际关系理论”的东西并不是一个简单或无争议的事件。但这样做是必要的，以便更清楚地了解那些将自己视为这一思想传统继承者的人如何看待外交事务。本章本应明确指出，“国民志愿服务团”以及印度人民党中与“国民志愿服务团”关系最密切的人有一种世界观，涵盖关于印度在世界上的地位以及它应该如何与其他国家互动的叙述。世界的构成要素是以种族或者有时以文化定义的社会，而不是传统国际关系理论所说的主权国家。这些社会并非永恒的，但它们是长期存在的，并被赋予了类似灵魂的东西。它们有自己的使命，在世界上实现不同的目标。它们的发展道路受其文化和使命的制约，实现这些使命需要找到与其文化保持一致的社会和经济进步方式。

以印度为例，或者用印度教民族主义者偏爱的术语“巴拉特”，这一理论意味着该国必须保护其文化精髓，抵御国内外所有挑战者，以实现其目标。事实上，它设想了这些内部和外部威胁之间的一种关联性，印度穆斯林与巴基斯坦和更广泛的伊斯兰世界有联系，印度基督徒与西方有联系，印度“世俗主义者”特别是尼赫鲁也与西方世界有联系。因此，如果印度想要获得应有的发展并重新获得曾经拥有的财富和权力，就需要在印度内部控制这些团体。此外，实现这一发展的最佳途径是，政策源于真正的印度哲学和技术，且不破坏或取代梵文。通过“抵制英［外］货”印度可以实现“人人幸福”，然后完成其使命，即为世界其他地区提供“精神矫正”，使其摆脱战争和物质主义（Blom Hansen，1999，第 229 页）。当然，正如乌帕德亚亚特别指出的那样，它可能必须获得并使用军事力量，还必须与其他具有不同使命的国家结盟，包括西方国家。然而，随着时间的推移，“印度文化”将引导其他人认识到“永恒教法”（sanatana dharma）的真理及其从《奥义书》中获得的启示，即“四海一家”（vasudhaiva kutumbakam）。

第四章　莫迪与“莫迪特性”

莫迪当选为印度第十四任总理是一个有关坚韧、幸运、冷酷与天赋的故事。在某些方面，这个故事的一些事实并不清楚，甚至有迹象表明存在相互矛盾的解释。这种不清晰有合理的原因。和任何政治家一样，莫迪的传记也提供了他及其政治盟友希望推进的关于其性格和能力的更广泛叙事的关键要素。一些传记作者发现，在详细探究某些主题时，莫迪及其支持者对有关他的故事进行了严格监管。[①] 出于这些原因，尽管有多篇关于他生平的研究，但我们对其背景、崛起、政治思想和执政风格的了解并不完整，至少有 20 年的历史是虚构的。考虑到 2014 年后莫迪赋予印度对外政策个人化色彩的方式及其集权式决策，我们无法忽视关于他生活和政治生涯的故事。

我认为，有三件事对理解莫迪“再造”印度对外政策至关重要。首先是他的性格，表现为他经常提到的自我和雄心，也体现在他的智识自信上，这展示了他坚信自己有能力学习和掌握国际关系和外交的基本要素，就像他在政府工作中的其他方面所做的那样。其次是莫迪的政治思想，包括他关于对外政策的看法，以及这些观点如何与更广泛的印度教民族主义运动的思想相融合或与之相背离，特别是他小时候加入的“国民志愿服务团”。最后是他的领导风格和青睐的治理模式。在该领域，莫迪的思想表明其独特的方法既坚持又背离印度教民族主义规范。

为了探讨这些问题，本章分为五个部分。第一部分介绍莫迪的成长经历、他在 20 世纪 60 年代末与家人分手以及他在“国民志愿服务团”的早期时光。第二

---

① 特别参见穆霍帕德海伊（Mukhopadhyay）的书（2013 年），该书讲述了他在研究莫迪生活时遇到的障碍。

部分探讨莫迪在 20 世纪 70 年代作为一名“国民志愿服务团”“传道者”的时期，以及他在 20 世纪 80 年代过渡到印度人民党成员的时期。第三和第四部分（原书在此处是这样表述的，概括的实际上只是第四部分的内容——译者）考察莫迪担任古吉拉特邦首席部长时期，特别关注“戈德拉事件”（Godhra incident）及其后果，然后是其治理风格的形成，即他的一些支持者所说的“莫迪特性”。最后一部分着眼于莫迪的政治风格，描述 2014 年 5 月之后影响其政府和对外政策方针的主要方式。

家庭与志愿团

莫迪的父母是希拉本·莫迪（Hiraben Modi）和达莫达尔达斯·马尔昌德（Damodardas Mulchand），他是六个孩子中的第三个。他于 1950 年 9 月 17 日出生在瓦德纳格尔镇（Vadnagar），该镇当时是孟买邦的一部分，现在属于古吉拉特邦。莫迪的父母属于甘奇种姓（Ghanchi caste），传统上是榨油工，现在被归类为“其他落后阶级”（OBC），他们一家的生活环境简陋。他的父亲在当地火车站卖茶，莫迪长大后也曾从事这一行业（Verma，2014，第 2—3 页）。

就学业而言，莫迪在学校时显然并非特别成功，但一些传记作者认为他对辩论和戏剧有特殊的兴趣（Nag，2013，第 37 页）。他非常虔诚，经常参加当地寺庙的活动和斋戒（Mukhopadhyay，2013，第 28 页）。对他持支持立场的传记表明，他早年养成禁欲主义性格，弃绝某些食物，并对苦行僧（sadhus）和托钵僧（sannyasis）表现出兴趣，他们放弃世俗的事物和家庭关系，去流浪和祈祷（Kamath and Randeri，2013，第 6—8 页；Marino，2014，第 8—9 页）。不管我们是否相信他在鳄鱼出没的湖泊中游泳以及一些传记中讲述的关于他的其他故事，莫迪显然是一个热爱运动的男孩。①

莫迪的不安分可能是他 8 岁时加入“国民志愿服务团”的原因，该组织在当时具有争议，现在依然如此（Marino，2014，第 16 页）。1925 年，赫杰瓦尔创建“国民志愿服务团”并成为第一任领导人或“团主席”，该组织旨在培训年轻人如

① 这些故事以不同形式出现在各种叙述中。例如，参见 Kamath and Randeri，2013，第 7 页；Marino，2014，第 6—7 页；Verma，2014，第 18 页。

何捍卫印度教社区。[①] 正如我在前一章中提到的，这种培训从一开始就包括两个组成部分，一个是锻炼身体，另一个是塑造性格。新成员聚集在“沙卡”（shakhas，仿照传统印度体育馆建立的当地分支机构）进行游戏、锻炼和训练，训练时使用一种被称为“拉提”的棍子，穿着卡其色短裤和白衬衫的准军事制服游行（Jaffrelot，1996，第 35—40 页）。[②] 目的是培养健康强壮的男子，能够抵抗对印度教家庭或社区的攻击，在必要情况下能够攻击其他族群的家庭或社区。

同时，“国民志愿服务团”的新成员也被纳入一个名为“性格塑造”（chaaritya nirman）的思想教育计划。根据最近一项对此持赞同立场的研究，该计划旨在“建立一支能够统一高度多元化国家的男性骨干队伍，将自己完美的行为作为其他印度人的榜样”（Anderson and Damle，2018，第 12 页）。成员们在“沙卡”唱爱国歌曲或听关于历史或社会问题的演讲。他们学习印度教哲学，并被教授传说中的相关格言或语录，它们源自“首卢伽（shlokas，叙事长诗）……古代经典或伟大领袖的演讲”（Sharda，2018，第 105 页）。随着男孩们年龄的增长，他们也被给予完成实际任务的机会。如果他们展现出潜能，将被授权领导小组开展活动（Sharda，2018，第 108—109 页）。那些少数决定完全投身于“国民志愿服务团”的人对这项培训非常认真，因为这预示着结婚和拥有家庭的权利，并成为由该组织管理的全职“传道者”。[③] 如今总共约有 6000 名“传道者”（Andersen and Damle，2018，第 11 页），他们构成“国民志愿服务团”的骨干，支撑该组织及其各种附属机构，包括印度人民党，它们共同构成这个“组织集合”（Sangh Parivar）。

最初，“国民志愿服务团”很可能吸引了莫迪，就像它曾经并将继续吸引其他男孩一样，因为它提供了一个逃离家庭和学校作业并与朋友共度时光的地方（Marino，2014，第 16 页；Verma，2014，第 16—17 页）。对于像莫迪这样年龄的男孩，该组织提供了一个玩游戏、学习不同技能的地方。他后来告诉一位传记作家，作为一个“孩子”，“那只是一个游乐场”（Mukhopadhyay，2013，第 56 页）。随着时间的推移，他显然深受这种思维方式的影响，如对良好品格和社会责任的描述，对印度文化、历史和政治的理解，以及对印度教教徒与其他社区，

① 1936 年创建了一个平行的组织“全国妇女志愿委员会”（Rashtriya Sevika Samiti），以培训年轻女性。参见 Andersen and Damle，2018，第 23—25 页。

② 更多信息，参见 Sharda，2018，第 101—103 页。

③ 关于内部人士撰写的 RSS 中“传道者”角色的论述，参见 Sharda，2018，第 149—156 页。

特别是与穆斯林及基督教教徒社区之间关系的思考。“国民志愿服务团”为莫迪提供了一种思想，给了他一套生活的规则和价值观，以及关于他周围世界和接受该组织观点的人可能发挥的作用的解释框架（Verma，2014，第19页）。它灌输了“责任感”和“负责任意味着什么”，以及该组织如何工作和“如何在其中工作”（Mukhopadhyay，2013，第52页）。这给他展示了家庭以外的行为榜样，这些榜样对他的个人与政治发展的重要性最终将超过他的亲属。再加上莫迪的禁欲主义和对苦行僧与托钵僧的好奇，“国民志愿服务团”似乎在他身上培养了一种渴望，即过一种与人们惯常追求不同的生活（Nag，2013，第36页）。

莫迪参与“国民志愿服务团”的事务也会产生或可能只是扩大他与家人之间的裂痕。一些对他持支持立场的传记作者认为，出现分歧的最初迹象发生在1962年，印度当时正遭受中国惩罚性边境战争造成的民族创伤，这场战争以印度军队的耻辱性失败而告终。莫迪当时12岁，不上学时，他在瓦德纳格尔火车站帮父亲卖茶。他在那里看到印度军队开赴前线与中国军队作战，并可能听到有关战争的消息和谣言（Marino，2014，第18页）。同时，他在“国民志愿服务团”的“沙卡”，也会接触到印度教民族主义者对尼赫鲁政府的批评，称其未能阻止中国的进攻或为国家防御做好充分准备（Marino，2014，第17页；Mukhopadhyay，2013，第72—73页）。

莫迪显然希望为国家尽自己的责任，因此告诉父亲他想在附近的军事学院注册并参军。令他恼火的是，这一请求被拒绝了，可能是因为他的家人负担不起送他去学院的费用（Marino，2014，第19页）。[①] 不久之后，新的争议出现了。在莫迪大约6岁时，他父亲为他的婚姻做了初步安排，这是当时那个社区的惯例（Verma，2014，第9—10页）。然而，他13岁时似乎已经开始反对结婚的想法（Mukhopadhyay，2013，第65—66页；Marino，2014，第21页）。尽管如此，莫迪还是在13岁或16岁时（他的传记作者们在一些细节上存在分歧）与他的未婚妻贾苏达本（Jashodaben）举行了婚礼（Verma，2014，第10页）。莫迪17岁左右的时候，为结束这段婚姻举行了另一场仪式。这对夫妇原本要生活在一起，莫迪的妻子也与他的父母成为“一家人”。这种情况没有持续多久。几周后，莫迪

① 另见Price，2016，第101页；Verma，2014，第1页。另一本支持莫迪的传记表明，这些事件发生在莫迪十几岁时，参见Kamath and Randeri，2013，第9页。

与他的配偶和家人切断了联系。他离开家，除了短暂地回到妻子或父母身边外没有再回来过。

莫迪在印度游荡了大约两年。据一些人称，他首先前往西孟加拉邦贝鲁（Belur）的“罗摩克里希纳教会”，然后前往距瓦德纳格尔约300公里的古吉拉特邦拉杰果德（Rajkot）的教会分支机构。他在其中一个或两个教会中表达了成为一名僧侣的愿望，理由是他忠诚于该教会创始人、19世纪后期重要的印度教民族主义知识分子和活动家维韦卡南达（Mukhopadhyay，2013，第59—60页；Verma，2014，第14—15页）。然而，这些教会送走了莫迪，让他像维韦卡南达建议印度人那样，毕生致力于社会工作，帮助振兴社区和民族（Marino，2014，第24—27页）。莫迪感到失望，随后北上喜马拉雅山区，至少有一本传记中包含一张照片，他穿着托钵僧的藏红花色长袍，坐在一条因雪水融化而水位上涨的河流旁边（Mukhopadhyay，2013）。

成为“传道者”

20世纪70年代，莫迪在19岁或20岁的某个时候回到古吉拉特邦，但没有回他父母和他妻子那里。短暂探望母亲后，他与叔叔一起在该邦最大的城市、距离南部数百公里的艾哈迈达巴德（Ahmedabad）生活和工作（Kamath and Randeri，2013，第9—10页）。他在艾哈迈达巴德与“国民志愿服务团”重新建立了联系，并在某个时候决定作为一名全职志愿者为该组织工作。1972年，他离开叔叔的家，与其他成员住进该组织在艾哈迈达巴德的总部“赫杰瓦尔之家”（Hedgewar Bhavan），这里由一位有影响力的“国民志愿服务团”领袖拉克什曼奥·伊纳姆达尔（Lakshmanrao Inamdar）监管。他更为人知的名字是瓦基尔·萨赫布（Vakil Saheb），他成为莫迪的第一位个人和政治导师，莫迪非常敬佩他（Kamath and Randeri，2013，第11页）。[①] 在2001年出版的关于一系列“国民志愿服务团”领导人的独特集体传记《乔蒂蓬吉》中，莫迪称萨赫布具有“迷人的个性”并对“许多年轻人有鼓舞作用”，赞扬他对关照志愿服务者的执着和奉献（Modi，2015a，

① 另见Nag，2013，第38—39页。

第 135 页)。[①]

住进“赫杰瓦尔之家”后，莫迪实际上成了萨赫布的仆人之一，至少后者在艾哈迈达巴德的时候是这样。据推测，他向该组织证明了自己的价值，成为萨赫布信赖的助手之一（Nag，2013，第 39 页；Verma，2014，第 27 页）。他还开始参与政治活动，参加为抗议 1971 年巴基斯坦军队镇压当时的东巴基斯坦持不同政见者而举行的游行活动，然后参加了古吉拉特邦的反政府示威（Mukhopadhyay，2013，第 111 页）。一本传记说，莫迪在一次反巴基斯坦集会后被逮捕并被关押在德里的蒂哈尔监狱（Kamath and Randeri，2013，第 12 页）。萨赫布以建议和晋升回报莫迪的努力和对事业的承诺。1972 年的某个时候，莫迪成为“国民志愿服务团”的一名“传道者”，是该事业的全职工作者，这可能比正常情况下的进展稍快。接下来的几年，尽管出现了一些意外的干扰，他还是完成了该组织在那格浦尔为“传道者”举办的所谓高级成员培训课程并在其中承担了更大的责任（Verma，2014，第 29 页）。

同时，萨赫布似乎也说服莫迪完成了正规教育（Kamath and Randeri，2013，第 12 页）。20 世纪 70 年代初的某个时候，他通过函授方式在德里大学注册或假装注册攻读政治学学位（Verma，2014，第 27 页）。[②]这种安排可能对“国民志愿服务团”有帮助。在 1975 年 6 月底到 1977 年 3 月的“紧急状态”时期，英迪拉·甘地中断民主政治并严厉镇压反对派团体，这为莫迪在该组织中发挥更大作用和利用他在大学读书的身份提供了机会（Marino，2014，第 41 页）。像大多数“国民志愿服务团”领导人一样，莫迪也一度转入地下活动。莫迪在隐藏身份期间致力于出版和分发一系列反政府小册子（Verma，2014，第 36 页）。一张现在很有名的照片显示，莫迪伪装成锡克教徒，蓄须并戴头巾参与这些活动（Kamath and Randeri，2013）。[③]

他的大学学业也给了他从古吉拉特邦到德里旅行的正当理由。“国民志愿服务团”似乎利用莫迪这个“表面身份”充当信使，在印度教民族主义者和反对派高级别政治家之间来回传递消息（Mukhopadhyay,2013，第 122 页）。[④]同时，他的

① 另见 Verma，2014，第 26 页。

② 莫迪是否真的攻读了学位尚不清楚。关于这个问题的讨论，参见 Bhattacharya，2018。

③ 另见 Marino，2014，第 44 页；Verma，2014，第 43 页。

④ 另见 Verma，2014，第 31 页。

学术工作也为他提供了与更广泛的印度教民族主义运动的其他成员一起工作的机会。获得本科学位期间或之后，莫迪加入了强大的“国民志愿服务团”的分支机构“全印度学生委员会”（Akhil Bharatiya Vidyarthi Parishad，ABVP）。当一些人建议莫迪在古吉拉特大学开始攻读政治学硕士学位时，他被提拔为“全印度学生委员会”在该邦举行活动的负责人（NAG，2013，第 42 页）。莫迪将从各种活动中收集的信息提供给“国民志愿服务团”，该组织的主要领导人之一达托潘特·坦噶利（Dattopant Thangali）委托他撰写“紧急状态”时期在内部传阅的该组织的工作史（Marino，2014，第 52 页）。

“紧急状态”结束后，莫迪被赋予在 1977 年的大选中动员古吉拉特邦选民的任务，这导致人民党（Janata Dal）的胜利，也让阿塔尔·比哈里·瓦杰帕伊等重要的印度教民族主义领导人第一次尝到组建政府的滋味，他后来是印度总理，但在那次选举之后成为外交部部长。不久之后，莫迪在“国民志愿服务团”中得到提升，成为“分部传道者”（vibhag pracharak，原书中的拼写是“vibhaag”——译者），负责监督六个地区的“沙卡”，然后成为“部门传道者”（sambhaag pracharak），负责古吉拉特邦更广泛的地区（Kamath and Randeri,2013，第 24 页）。直到 1986 年，莫迪才进入政坛，被“国民志愿服务团”指派协助印度人民党，该政党成立于 1980 年，这代表了印度教民族主义事业（Mukhopadhyay，2013，第 148—157 页；Marino，2014，第 67 页）。他的技能显然引起了时任印度人民党主席拉尔·克里希纳·阿德瓦尼（Lal Krishna Advani）的注意。阿德瓦尼很快成为他的第二位导师，这极大地推动了他在印度人民党中的发展（Advani，2010，第 325 页）。

莫迪的工作是帮助协调印度人民党赢得古吉拉特邦市政选举的最终胜利，他的工作起初是非正式的，但在 1987 年正式化。他在印度人民党的幕后工作了三年多，就几个议题组织活动，包括在该邦的售酒问题。他在数次组织“游行”（yatras）活动中发挥了关键作用，这从字面上说是一种仪式性游行，但实际上是在全国范围内进行长途竞选游行，以推动印度教民族主义事业。这些活动包括旨在突出古吉拉特邦受饥荒影响地区之困境的“正义游行”（Nyay Yatra），以及一些其他活动（Kamath and Randeri，2013，第 34—35 页）。到目前为止，规模最大、影响最大的是 1990 年阿德瓦尼著名的“战车游行”（Ram Rath Yatra），它原本打算从古吉拉特邦的索姆纳特（Somnath）前往北方邦的阿约迪亚。有人认为那里是印度教神明罗摩（Lord Rama）的出生地，也是著名的巴布里清真寺（Babri Masjid）的所在地，据说它建在一座供奉罗摩的早期印度教神庙之上。[①] 莫迪负责第一阶段游行，穿越古吉拉特邦，并帮助开展了类似的“石头崇拜”（Ram Shila Pujan），为新神庙收集砖石（Nag，2013，第 54 页）。[②]

“战车游行”是当代印度政治史上一个非常重要的事件，拆毁清真寺是这种长期运动的一次重大升级。1992 年 12 月，巴布里清真寺被毁，随后发生暴乱，造成 2000 多人死亡。[③] 这标志着印度教民族主义者成为主流政治力量，在大多数印度人熟悉的主题和象征问题上发挥影响。阿德瓦尼乘坐一辆装饰成古代战车的丰田卡车，扬声器播放最近播出的、广受欢迎的、改编自古代史诗《罗摩衍那》（*Ramayana*）和《摩诃婆罗多》的电视音乐。“国民志愿服务团”将游行活动描述为不啻对印度的敌人开启一场“圣战”（a dharma yuddha）（Blom Hansen，1999，第 164 页）。即使在那些不支持“国民志愿服务团”的选民中，“战车游行”也为印度人民党带来了巨大的政治财富。“游行”是所谓“拉姆贾马布米运动”（Ramjanmabhoomi agitation）的一部分，后者推动了印度教特性的普及，在投票中帮助了印度人民党，尽管随之而来的是社区紧张和暴力行为。因此，尽管拉吉夫·甘地在竞选初期遇刺导致国大党获得大量的同情票，但是印度人民党在 1991 年大选中赢得近 20% 的选票，前所未有地获得 119 个下议院席位（Blom Hansen，1999，第 166 页）。

莫迪是这项努力的组成部分，他原本可以期待得到回报，但其职业生涯在 20 世纪 90 年代初陷入停滞，因为他在古吉拉特邦失去印度人民党领导层的支持。“战车游行”之后，他仍留在古吉拉特邦，但保持相对低调。1992 年 12 月初，他没有参与破坏阿约迪亚清真寺的活动，一直在古吉拉特邦（Mukhopadhyay，2013，第 190 页）。他继续在“国民志愿服务团”工作，但据一位传记作者称，他还帮助“世界印度教教徒大会”（Vishva Hindu Parishad，VHP）在当地的分支机构开展地下活动，该组织在巴布里清真寺被毁后被暂时禁止运营（Verma，2014，第

---

① 由于首席部长拉鲁·普拉萨德（Lalu Prasad）下达在比哈尔邦逮捕阿德瓦尼（Advani）的命令，“战车游行”在到达阿约迪亚（Ayodhya）之前就结束了。

② 另见 Verma，2014，第 48—51 页；Hanson，1999，第 160 页。

③ 关于“游行”（yatra）对印度教民族主义运动的重要性，参见 Jaffrelot，1996，第 416—419 页。关于巴布里清真寺的拆除及其后果，见第 449—463 页。

54—55 页）。莫迪借此机会首次出国。1993 年和 1994 年，他与其他“国民志愿服务团”的工作人员一起离开印度前往美国，其中包括后来成为印度人民党在泰伦加纳邦主要领导人的甘噶普拉姆·基尚·雷迪（Gangapuram Kishan Reddy）。莫迪在美国各地旅行，从纽约到洛杉矶，再到华盛顿特区，据说他几乎没带多少衣服或其他财产，购买廉价机票，与支持“国民志愿服务团”的家庭住在一起（Deccan Chronicle，2014）。

第二年，莫迪重返政治前沿。他在首都的主要提携者阿德瓦尼重新获得印度人民党的主席职位，在事业上给予莫迪帮助。莫迪为印度人民党在 1995 年的古吉拉特邦立法会选举中夺权制定了一项战略，承诺让该邦免于恐惧、饥饿和腐败，但也利用了人们对社区暴力和恐怖主义以及治理不善的担忧（Shah，2001，第 259 页）。不久之后，莫迪因印度人民党及“国民志愿服务团”内部的派系冲突再次被边缘化。在帮助新任首席部长凯舒巴伊·帕特尔（Keshubhai Patel）掌权后，莫迪被赋予限制其对手在党内和更广泛运动中的影响力的任务，这场运动由桑卡辛·瓦格拉（Shankarsinh Vaghela）和卡希拉姆·拉纳（Kashiram Rana）领导。结果，他被视为对帕特尔政府影响过大的人，因而成为怨恨的对象（Shah，2001，第 262 页）。莫迪日益被一些人视为专横和傲慢以及真正发号施令的人。当派系之间摊牌时，帕特尔被迫下台转而支持苏雷什·梅塔（Suresh Mehta），莫迪被“驱逐”出该邦（Verma，2014，第 56—59 页）。[①]

此时，他的导师阿德瓦尼再次介入，帮助莫迪在其他地方找到工作。莫迪因政党事务被派往哈里亚纳邦、喜马偕尔邦、旁遮普邦，后来又被派往查谟和克什米尔。1996 年大选期间，印度人民党在新德里短暂掌权，莫迪留在哈里亚纳邦和旁遮普邦的共同首府昌迪加尔（Chandigarh）。1998 年的选举再次使印度人民党参与执政，莫迪作为一名战略家，与全国民主联盟中的合作伙伴一起在这次全国性选举中发挥了更大作用。由于这些努力，莫迪在选举后获得全国性职位，即印度人民党总书记和党的发言人（Verma，2014，第 77—79 页）。他担任这些角色近三年，建立了自己的公众形象。莫迪定期在印度电视台露面，磨炼自己的技能，并于 1999 年再次前往美国，这次是参加为期三周或三个月的媒体管理课程，具

① 关于这一事件的进一步讨论，参见 Marino，2014，第 95 页；Mukhopadhyay，2013，第 212—213 页。

体细节不得而知（Jeffrey，2015）。

古吉拉特邦和“戈德拉事件”

2001年10月初，刚满51岁的莫迪终于从一个“谦逊的党工”转到一个重要的领导职位，前者是他的自我描述（Mukhopadhyay，2013，第225页）。时任古吉拉特邦首席部长凯舒巴伊·帕特尔在身体和政治上都很虚弱。他的印度人民党政府面临腐败和无能指控，2001年1月底的地震造成两万人死亡，数十万人流离失所，灾后重建工作的管理不善使形势雪上加霜。包括时任总理瓦杰帕伊和阿德瓦尼在内的党内领导高层决定，印度人民党要在古吉拉特邦占据一席之地，就需要换掉凯舒巴伊·帕特尔。莫迪是否如同支持他的传记作者所说的那样不愿被选派为凯舒巴伊·帕特尔的继任者，还是像更具批判性的观察家所暗示的那样积极游说以谋求这一职位，目前仍存在争议。[①] 无论如何，至2001年下半年，莫迪已被领导层确定为下一任首席部长，他必须在短暂的政府改组时期在古吉拉特邦议会中获得一个席位。2002年2月24日，莫迪正式就任古吉拉特邦首席部长。

三天后，“戈德拉事件”发生。一列载有印度教民族主义朝圣者和活动人士的火车遭到当地一群穆斯林的袭击，一些车厢在随后发生的混乱中起火，这可能是暴徒的蓄意行动，也有一些人认为是意外（Nussbaum，2007，第19页）。该事件导致59名乘客死亡，许多人受伤，这场悲剧引发了愤怒。据称，在政客和其他人的煽动下，暴力事件在全国各地爆发，艾哈迈达巴德和瓦多达拉（Vadodara）等主要城市和农村地区都有波及。官方数据显示，这些骚乱造成的死亡人数略多于1000人。其他估计表明，可能有2000多人死亡，数万人受伤、被抢劫或流离失所。强奸是该事件的一个突出特点，妇女和儿童成为虐待、侮辱、性暴力或谋杀的目标。数十座清真寺遭到袭击。[②]

莫迪对戈德拉骚乱的反应很快成为一个相当有争议的问题，现在依然如此。

---

① 提出前一种主张的人包括 Kamath and Randeri，2013，第53—54页；Marino，2014，第99页。提出后一种主张的人包括 Mukhopadhyay，2013，第248—249页；Nag，2013，第84页；Dalrymple，2014。

② 关于暴乱后立即出版的一组有用的文章，参见 Varadarajan，2002。更广泛的文献数量庞大且不断增长，尤其参见 Jaffrelot，2007；Mitta，2014。

有人暗示，莫迪或他的邦政府命令安全部队在人们袭击穆斯林社区时袖手旁观，或以其他方式妨碍安全部队采取积极行动阻止袭击。莫迪还被指控犯有更严重的罪名，包括参与一场有组织的反穆斯林大屠杀，一些人将此称为“国家恐怖主义”。“国民志愿服务团”“世界印度教教徒大会”以及与这两个组织都有关联的另一个印度教民族主义组织印度青年民兵（Bajrang Dal）的成员，被指控策划了暴力活动，分发袭击目标的地址，并向暴徒提供武器、汽油和金钱。莫迪在“戈德拉事件”后不久发表言论，称焚烧火车是蓄意的恐怖主义行为，这被解释为煽动暴力（Nussbaum，2007）。[①]

莫迪在古吉拉特邦的政治地位至少在短期内受到严重动摇。印度人民党内部严重怀疑他能否继续担任首席部长，总理瓦杰帕伊也有同感。4 月，阿德瓦尼在果阿举行的印度人民党全国行政领导会议上明确表示，莫迪应该忏悔，至少要主动请辞。莫迪这样做了，但领导层决定拒绝接受这一提议，允许他继续担任古吉拉特邦首席部长（Advani，2010，第 842—844 页）。重要的是，阿德瓦尼在这一事件中始终支持他，为其门生辩护，并坚持认为，在策划暴力或命令安全部队“睁一只眼，闭一只眼”等严重指控中，他无疑是“诽谤行为的受害者”（Advani，2010，第 758—760 页）。莫迪因此幸免于难，但批评人士在此后很长一段时间认为，莫迪及其政治盟友继续利用“戈德拉事件”和随后发生的反穆斯林暴力获得选举优势。[②] 当然，莫迪不出所料地拒绝推迟定于当年年底举行的选举。[③]2002 年 12 月投票时，许多穆斯林仍留在流离失所者的营地。在竞选期间，他还继续使用名义上针对巴基斯坦恐怖分子但更多被解释为反穆斯林的激烈言辞。最终，在危机中幸免的莫迪以压倒性优势赢得了选举，获得 182 个席位中的 127 个席位（Kumar，2002）。

尽管莫迪赢得了选举，但是“戈德拉事件”给他留下了永久的标签。随后，他不仅被指责为“共产主义者”，还被指责为“法西斯主义者”。资深政治心理学家兼评论家阿希斯·南迪（Ashis Nandy，2002）在《研讨》上发表的一篇著名文章中称，莫迪关于“戈德拉事件”和暴乱的公开声明是“对文明的公共生活的诽

---

① 莫迪继续坚持认为，正如他告诉 Andy Marino（2014，第 108 页）的那样，戈德拉袭击是“一种恐怖行为，一种阴谋，而不是一种社区仇恨行为”。

② 关于这个问题，参见 Nussbaum，2007；Spodek，2010；Jeffrey，2015。

③ 应当指出，2018 年 4 月，Kodnani 的定罪在上诉中被推翻。

谤”，将莫迪与塞尔维亚领导人斯洛博丹·米洛舍维奇（Slobodan Milošević）类比，并主张他应就“危害人类罪”行为到国际法庭受审。南迪回忆说，在莫迪成为首席部长之前，他采访过这个当时还是“国民志愿服务团”一个无足轻重的“传道者”并试图成为印度人民党官员的小人物（2002）。对南迪来说，莫迪被视为“法西斯主义的典型临床案例”。他强调不是滥用这个词，而是“一个诊断性的范畴，不仅包括一个人的意识形态看法，而且包括意识形态背景下的人格特征和动机模式”（2002）。他接着说：

> 莫迪……几乎符合精神病学家、精神分析学家和心理学家在多年的威权人格实证研究后制定的所有标准。他有相似的混合人格，包括清教徒式的僵化，压抑的情感生活，大量使用投射的自我防卫，否定和恐惧自己的激情，以及暴力幻想，所有这些都是明显的偏执狂和强迫性人格特征组成的矩阵表明的。我仍然记得他用冷静、谨慎的语调阐述了一个反对印度的巨大阴谋，把每个穆斯林都描绘成可疑的叛徒和潜在的恐怖分子。采访结束后，我震惊地告诉阿奇优特·亚格尼克（Achyut Yagnik，与南迪一起采访莫迪的记者），我第一次遇到一个教科书式的法西斯主义者和潜在的杀手，甚至可能是未来的大屠杀凶手。（Nandy，2002）

南迪总结道，“戈德拉事件”之后，莫迪发起了很可能演变成第二次“分治”及第一次“分治”时发生的恶性暴力（Nandy，2002）。

并非所有人都同意南迪的评价，但有足够多的人对莫迪在“戈德拉事件”后的行为持类似看法，从而使莫迪成为一个备受印度人民党政治对手诟病的人物。此外，莫迪在 2005 年被美国拒绝发放签证，理由是他涉嫌“严重侵犯宗教自由”，成为唯一因此被禁止入境的个人（Mann，2014）。在 21 世纪的第一个十年，西方高级外交官奉命避开莫迪及其政府，不过他确实在 2003 年访问了英国（Price，2015，第 40 页）。同时，受害者及其辩护人通过法庭追查他、联邦政府、古吉拉特邦政府，印度和外国的国际组织以及一系列当地和国际的研究人员对他进行了多次调查。尽管他的一位邦部长玛雅·科德纳尼（Maya Kodnani）与印度青年民兵的领导人巴布巴伊·帕特尔（Babubhai Patel）被判为犯有谋杀罪，但是莫迪并没有被送上法庭，更不用说对他定罪了。2012 年，负责调查首席部长是否参与那次臭名昭著的暴力事件即“古尔伯格大屠杀”（Gulberg massacre）的特别调查小组结束了四年的工作，排除了莫迪参与其中的嫌疑（Jaffrelot，2012）。

形成“莫迪特性”

2002 年后，这位身处困境的首席部长开始在古吉拉特邦建立一个强大的政治机器，排挤对手，打造独特的执政风格，并重塑自己的形象，从社区动乱煽动者转变成一个对商业友好、对技术精通的“发展人”，这是与印度人熟悉的类型不同的政治家（Jaffrelot，2016，第 196—197 页）。英国记者安迪·马里诺（Andy Marino）是一位支持莫迪的传记作家，他指出莫迪这么做的部分原因是他意识到自己的一些错误，特别是强硬的反穆斯林言论和他过去一直奉行的印度教民族主义信条。马里诺认为，在 2002 年之后的一年，莫迪“慢慢地脱离……‘国民志愿服务团’的正统”，以展示他是“无足轻重之人”，并对古吉拉特邦暴力活动中更为恶劣的因素开展“摧毁行动”（Marino，2014，第 163—164 页）。应以怀疑的态度看待这种与莫迪的历史观密切相关的历史解读。然而，他确实试图与“国民志愿服务团”中一些更极端的成员保持距离，并与该组织中一些长期的政敌打交道。[①]

莫迪吸收一些技术官僚和商人取代上述人。在被任命为首席部长时，他召集该邦高级公务员参加一个准企业领导务虚会，以评估他们的能力。莫迪亲自对他们进行评估，以确定哪些人应该留在他们的位置上，哪些人应该晋升或被取代（Fernandes，2014，第 35—36 页）。他要求他的官员为政策挑战提供创新性的解决方案并学习如何制作 PPT，向他和他的内阁展示他们的想法（Menon，2014，第 67 页）。他招募私人顾问和专家提供额外的战略和技术支持，并聘请公共关系领域专家改善自己和古吉拉特邦的形象。他展示了一种“治理哲学”，并用已经渗透到政府上下的新式公共管理话语谈论“全政府”路径和“打通堵点”（Fernandes，2014，第 14、36—38 页）。[②] 慢慢地，莫迪日益被许多人认为是一位高效有为的政客，能够推动印度臭名昭著的顽固官僚机构运转，并履行诺言。对

① 参见 Nag，2013，第 11 页；Menon，2014，第 176—178 页；Jagannathan，2016，第 84 页。

② 另见 Menon，2014，第 66—67 页。

他的支持者来说，特别是在不断壮大的富有抱负的中产阶级中，他成为一个不同于以往的首席部长，是一个“超级 CEO”，而不是一个普通的政客。

同时，莫迪在古吉拉特邦和更远的地方寻求商界的支持。2003 年，他第一次发起两年一度的“充满活力的古吉拉特”峰会，向印度和外国企业展示古吉拉特邦的机遇，并试图消除暴乱对该邦形象造成的损害（Bobbio，2012）。这些活动以论坛形式举办，地方官员和企业家可以在论坛上会见银行家和金融家，以及来自该邦首府甘地讷格尔（Gandhinagar）和新德里的高层政治家（Maini，2015）。峰会让莫迪得以与古吉拉特邦和全国商界的关键人物共享舞台，建立关系，其中包括运营大型跨国企业集团的高塔姆·阿达尼（Gautam Adani）、工业巨头信实集团（Reliance）总裁穆克什·安巴尼（Mukesh Ambani）和贝拉集团主席钱德拉·坎特·贝拉（Chandra Kant Birla）。为维持这些关系，莫迪承诺加快审批速度、减少繁文缛节、消除官僚障碍，他认为这对古吉拉特邦的发展至关重要。莫迪作为一位商业友好政治家的声誉因此而提高，这使他能够将重大项目带到古吉拉特邦。最著名的案例或许是塔塔集团在一家制造厂投资建造廉价的 Nano 汽车。说它是最著名的案例，部分原因在于莫迪在 2014 年的竞选活动中大力宣扬这件事。该公司在西孟加拉邦建造工厂的申请被拒绝后，据说莫迪说服了其老板拉坦·塔塔（Ratan Tata），以一条内容为“欢迎”的短信将他的业务跨越全国带到古吉拉特邦（Gupta，2008；Price，2015，第 60 页）。

这些举措究竟在多大程度上刺激了经济活动，并带来持续的社会发展，这是一个有很多争议的问题。在莫迪执政期间，古吉拉特邦确实经历了令人印象深刻的高速且持续的经济增长，某些年份高达 10%。古吉拉特邦在历史上是印度较为富裕和更具创业精神的地区之一，2001 年之前的几年也表现良好。事实上，在整个 20 世纪 90 年代，该邦的 GDP 同样以类似的速度增长（Ghatak and Roy，2014）。尽管经济学家承认古吉拉特邦在 21 世纪第一个十年至第二个十年的初期的表现明显好于印度其他地区，但是他们对于莫迪的邦政府能否成功地大幅度加速增长并使之超出该邦先前的发展速度存在分歧（Ghatak and Roy，2014）。在他担任首席部长期间，分析人士对古吉拉特邦一些关键的社会指标是否有所改善也持不同意见。他们注意到，高经济增长率并没有转化为更高的识字率或更好的医疗服务（Chandhoke，2012）。此外，一些人认为莫迪领导下的经济发展并不像宣传的那样具有包容性，特别是穆斯林仍然处于失衡的不利地位（Jaffrelot，2015b）。

当然，莫迪在古吉拉特邦的吸引力并不完全取决于其政府的经济成就。正如穆科帕迪耶（Mukhopadhyay，2013，第343—344页）观察到的那样，商业只是“令人兴奋的组合”中的一个要素，而文化是另一个要素。尽管莫迪大体上缓和了他的反穆斯林言论，不再像贾夫雷洛特（Jaffrelot，2016）所说的那样公开寻求成为“印度教教徒心中的王”（Hindu Hriday Samrat），但他继续利用身份政治来分化和激励关键的选民群体，巩固对其政府的支持。然而，莫迪并没有在整个印度范围内展开魅力攻势，而是聚焦一个以古吉拉特人的身份认同（asmita）为重点的次级民族主义计划，使他们与其他地区印度人的性格特征和历史形成对比。他运用经典的民粹主义手法，将古吉拉特描绘成一个因“戈德拉事件”和过去的暴力事件而受到不公平对待的邦。他认为，尽管古吉拉特邦在商业和贸易方面获得成功并取得经济社会的进步，新德里的政治精英依然忽视它，他有时将德里称为“德里苏丹国”（Suhrud，2008）。莫迪称，印度精英认为古吉拉特人是天生或异乎寻常地按群体而分裂，容易发生宗教冲突，这玷污了古吉拉特人的荣誉，他们没有意识到事实上古吉拉特人长期以来一直欢迎许多不同信仰和传统的人加入他们的多元社区。[①] 在这种情况下，他以古吉拉特人自豪感的捍卫者对抗那些恶意攻击它的人，将自己视为玷污该邦形象的更广泛运动的另一个受害者（Jaffrelot，2016，第198—200页）。

同时，莫迪试图将自己与古吉拉特邦的大小成就联系起来。在“生机勃勃的古吉拉特”和其他地方，他赞扬该邦居民的商业精明以及他们过去和现在在海外贸易中的成功，这是一项其他地方的印度人历来不愿接受的行业，因为他们认为一旦去海外就会失去种姓身份（Bobbio，2012）。莫迪还不遗余力地为古吉拉特邦历史上的主要人物，包括“圣雄”甘地和被称为“印度铁人”的萨达尔·帕特尔的声誉增光添彩，并将自己与培育他们的遗产联系在一起（Jaffrelot，2013）。甘地和萨达尔·帕特尔的例子涉及像莫迪这样的印度教民族主义者的一些意识形态训练，因为前者被“国民志愿服务团”的前成员刺杀，后者是国大党的主要成员且与1948年1月“圣雄”被暗杀后短暂禁止该组织开展活动有关。然而，莫迪借用这些人物使其树立了一种具有包容性的古吉拉特邦领导人的新形象（Jaffrelot，

---

① 关于莫迪对古吉拉特人认同的政治盗用的文献非常广泛。尤其见Baxi，2002；Mehta，2006；Jaffrelot，2013。

2016，第 202—203 页）。他赞助了为萨达尔·帕塔尔建造一座巨大塑像的项目，该塑像的基座高 58 米，总高度达到 182 米，是世界上最大的塑像之一，俯瞰该邦的纳尔马达大坝。这充分证明了莫迪的意图：一方面，该塑像纪念这位伟大的古吉拉特人，并将他的遗产与莫迪联系在一起；另一方面，它的名称“团结雕像”赋予纪念碑额外的政治意义，承认萨达尔·帕特尔在 1947 年后为印度团结发挥的关键作用，并暗示当代人仍需为之努力（Jaffrelot，2016，第 202 页）。

为了传递这些不同的信息，莫迪不再仅仅依靠传统手段。他支持新的通信技术，并充分利用电视媒介。21 世纪初，相对富足的古吉拉特人比其他地方的印度人拥有更高的电视普及率（Jaffrelot，2015c）。莫迪自己使用的各种设备被重点展示给选民，以表明他的技术官僚特质。据报道，作为首席部长，莫迪使用三台笔记本电脑和一部手机管理政府并与选民沟通。在 2007 年的竞选活动中，他以短信方式将信息发送到普通古吉拉特人的个人手机上，那时古吉拉特人已经普遍拥有手机。莫迪还在 YouTube 上发布视频，通过报纸、广播和电视等传统媒体进行饱和式报道（Jaffrelot，2008，第 14 页）。

总之，莫迪对企业的友好态度、对高效治理的重视、对古吉拉特人身份认同的关注以及对新技术的使用，不仅帮助他自己，也帮助印度人民党在古吉拉特邦树立了新形象。“莫迪特性”取代了“印度教特性”，前者被贾夫雷洛特称为一个“高科技民粹主义”（2013）品牌[①]，后者则在古吉拉特邦和其他地方选民中的吸引力在 21 世纪的第一个十年受到质疑和限制，印度人民党 2004 年败选在批评者和朋友们看来都是明证（Kanungo and Farooqui，2008）。“印度教特性”似乎过时了，不符合普通印度人的经济和社会志向。此外，“莫迪特性”直接表达了这些愿望，并表明如果继续关注莫迪，将为印度人民党在古吉拉特邦带来胜利。这在传统选举材料和不断更新的宣传平台方面都有所体现，莫迪非常重视这种宣传方式，如通过 YouTube 发布视频《印度的明天：古吉拉特邦奇迹》（Kanungo and Farooqui，2008，第 229—230 页）。

当然，莫迪在古吉拉特邦执政期间并未完全逃脱批评。他对“戈德拉事件”及其后续的处理，以及对穆斯林的敌意语言，继续引起许多人的关注，并继续成为其政治对手的关注点。国大党主席索尼娅·甘地在 2007 年古吉拉特邦选举期间

① 关于莫迪民粹主义的不同评估，参见 Jaffrelot and Tillin，2017；McDonnell and Cabrera，2019。

发表的著名言论中，暗示这位首席部长是“死亡商人”（maut ke saudagar）（*Times of India*，2007），表明他达到竞争对手“眼中钉”的程度。莫迪继续将群体两极分化作为邦选举的关键战略，并将微妙的反穆斯林言论作为煽动印度教民族主义选民的手段，也再次令批评者反感（Jaffrelot，2016，第205—210页）。

同时，莫迪也引发“国民志愿服务团”内部一些人的不满。随着首席部长任期的继续，在他们中的一些人看来，莫迪越来越以自我为中心，日益粗暴，对“印度教特性”和社会规范运动的投入不足。古吉拉特邦“国民志愿服务团”中的一些人物抱怨，莫迪没有像他们预期的那样咨询他们，也没给予他们应有的重视。有人说，他的“专制独断风格”对一个传统上更强调“社团”方式的组织产生了冲击（Fernandes，2014，第22、151页）。引用“国民志愿服务团”一位匿名领导人的说法，该组织的这种“行为教育”方法在莫迪身上失效了（Mukhopadhyay，2013，第209页）。他对商业友好和对外国直接投资开放的态度引起关注，这与传统的印度教民族主义者对“抵制英［外］货”或“自力更生”政策的偏好有所不同（Fernandes，2014，第47页），随后的章节将进一步讨论这些问题。莫迪访问中国以寻求投资也令他们很恼火，因为部分“国民志愿服务团”的人将中国视为敌人（Nag，2013，第170页）。到2012年，莫迪与古吉拉特邦“国民志愿服务团”中一些人的关系明显恶化，一些领导人甚至表示希望莫迪在当年的邦选举中失败（Nag，2013，第11页）。

然而，印度教民族主义运动中的其他人看到了“莫迪特性”的前景，包括莫迪的长期提携者阿德瓦尼。他在2008年首次出版的回忆录中认为，莫迪正为印度其他地方的印度人民党指明道路，包括在国家层面。阿德瓦尼称，莫迪在2007年的邦选举中获胜，“打消了‘专注于善政并不能带来好政治’，只能通过‘吸引人们的种姓和群体情绪’赢得选举的传统理念”（Advani，2010，第759页）。从这一点上看，“莫迪特性”显然可能让莫迪从邦政治转向国家政治，而在2002年，许多人认为这是不可能的。印度人民党在2009年的大选中失利，比2004年失去执政地位时获得的席位少了22个，因此获得更多席位的机会更大了。2013年9月中旬，莫迪被推举为印度人民党的总理候选人时，他的支持率已经连续多年明显领先于其他可能的候选人。当时莫迪与阿德瓦尼的关系已经恶化，后者为抗议莫迪参选而短暂辞去了印度人民党主席的职位。尽管印度人民党和“国民志愿服务团”成员对他的风格和自我主义感到担忧，但是广大印度教民族主义社区的许多人认为他是最有可能实现普通印度人渴望的快速经济增长和发展的领导人（Mehta，2010，第 591 页）。[①]

结论

尽管一些印度教民族主义者努力宣传“莫迪特性”[②]，但是这一口号并未随着莫迪从古吉拉特邦迁至新德里而保存下来，他的政治风格的核心要素显然要转入联邦政府层面。与在古吉拉特邦时一样，莫迪在新德里也是人们关注的焦点和决策的中心（Kulkarni，2016，第 122 页）。他将权力集中在总理办公室，试图对其部长施加严格的纪律，确保关键决策得到总理或其直接代理人的批准，并确保其公开表态落到实处（Nag，2016）。他继续倡导通过技术官僚和技术性方案解决公共政策问题并“提供服务”。为了推进这一努力，莫迪从古吉拉特邦首府甘地讷格尔调来一批他任首席部长时的技术官僚下属，包括前首席秘书米斯拉（P. K. Misra）及另外 30 多名高级官员（Gahilote，2015）。他还沿用评估公务员的技术，包括所谓的“360 度评估”，并调整印度行政服务局内部的晋升制度，以确保官员的晋升机会（Ghosh，2016）。此外，2018 年 6 月，他开放印度行政服务局高级职位用于竞争上岗，允许印度警察局和其他部门（如印度林业局）的官员提交申请，并为官僚机构以外的候选人提供有限数量的职位（Das Gupta，2018）。

在新德里，莫迪也与商界保持密切的联系。他不仅热衷于发展与大企业的友好关系，而且热衷于发展与特定企业人士的友好关系，但随着时间的推移刻意淡化了其中的一些联系。我们注意到，他试图打动和吸引亚洲、欧洲、中东和美国的国际投资者，不过他同样重视对印度主要企业家的支持，包括古吉拉特邦的长期支持者高塔姆·阿达尼。在莫迪政府执政的第一年，阿达尼定期陪同总理出访（Langa，2015）。然而，在有人批评他与这些企业家的密切关系后，他在执政的第二年公开与他们保持距离，将自己定位为一个更为独立的人物。正如不止一位分析人士所指出的那样，这一转变与经济上更为民粹主义的政策路线的出现相吻合，伴随着对消除贫困、妇女安全和农民困境的关注（Jagannathan，2016，第

① 另见 Sridharan，2014，第 27—28 页。

② 关于莫迪特性（Moditva）一词的积极和关键用途，参见 Bedi et al.，2014；Tharoor，2018。

84 页)。

为了推销政策，莫迪在内外政策宣传中使用了同样的话语，即民众动员和类似的准高科技、准民俗语，并经常使用头韵。这些倡议包括:“清洁印度”，通过厕所和排水系统实现清洁印度的使命;“印度制造”，推动外国投资制造业、“数字印度”、“创业印度”和“印度站起来”；阿达尔国家识别项目；承诺全民医疗体系，即印度媒体称为“莫迪医疗”的全国健康保护计划。所有这些都是为了建设莫迪所说的“新印度”。对外政策中也出现一系列类似的口号:“邻里优先”覆盖南亚外交;“东望”升级为“东向行动”;“西连”用于展示印度参与中东事务；“季风计划”是为了对抗中国在印度洋地区日益增长的影响力。在 2017 年 1 月的“瑞辛纳对话会”中，莫迪承诺了一种以“现实主义”(yathaarthavaad)、“共存”(sah-astitv)、“合作”(sahayog)、“伙伴关系”(sahabhagita)为导向的路径。18 个月后，在“香格里拉对话会”上，这一理念变为五个“S”，即“samman”(尊严)、“samvad”(对话)、“sahayog”(合作)、“shanti”(和平)和“samriddhi”(繁荣)，这呼应了拉姆·马达夫之前所说的“潘查姆利特”。

最后，莫迪继续依赖身份政治，尽管这与他成为古吉拉特邦首席部长之前和任职初期的身份政治有所不同。在 2014 年的竞选和此后的执政中，他的语言总体上更加温和，但仍然尖锐，令其政策执行者阿米特·沙阿(Amit Shah)等其他人使用的话语更为分裂。莫迪将自己的语言限于暗示和建议。例如，在嘲笑主要政治对手拉胡尔·甘地时使用源自波斯语的乌尔都语词汇“王子”(shehzada)称呼他，而不是用印地语(Price，2015，第 104 页)。相反，他试图将自己描绘成一个全民领袖，一如此前他曾努力在古吉拉特邦塑造一个包容性“发展人”的形象，并将自己描绘成首席公仆或国家的“总理仆人”[①]，而不是总理。正如他在 2014 年 8 月的第一次独立日演讲中所说的那样(Press Trust of India，2014a)，他告诉德里“红堡”(Red Fort)城墙上的人群，他将努力实现曾领导独立斗争的伟大民族主义领导者们所设想的印度“命运”(Modi，2014a)。

随着莫迪政府继续执政，特别是 2019 年大选的临近，身份政治的影响越来越大。投票一年后，他开始将国大党称为“穆斯林党”，抨击拉胡尔·甘地在穆斯

---

① 尼赫鲁似乎首创了这个术语；参见 Deccan Herald，2014。感谢蒂斯塔·普拉卡什(Teesta Prakash)指出这一早期用法。

林知识分子集会上发表的言论（Kang，2018）。他还攻击反对党领袖在喀拉拉邦瓦亚纳德（Wayanad）和北方邦的尼赫鲁家族大本营阿梅提（Amethi）竞选的决定。莫迪暗示拉胡尔·甘地太懦弱，不敢在印度教教徒占多数的选区参选，他正在逃往穆斯林选民比例更高的选区（Prakash and Ahuja，2019）。莫迪的主要政治盟友阿米特·沙阿在竞选过程中将孟加拉国穆斯林移民称为“白蚁”，提出与特朗普政府类似的“穆斯林禁令”的想法（Dume，2019）。最重要的是，莫迪利用 2019 年 2 月中旬的“普尔瓦马恐怖袭击”和随后的印度空袭，表明国大党在反对恐怖主义和与巴基斯坦打交道方面软弱无能。

第五章 “世界导师”印度

2016 年 3 月 11 日，莫迪在位于德里东南亚穆纳河冲积平原的一个大型集会上发表演讲。当时的场合是举办世界文化节，多达 350 万人到场，电视和互联网上的观看人数与此不相上下。该活动由一个名为“生活的艺术基金会”（Art of Living Foundation）的团体组织举办，其领导人是“精神导师”和自诩为人道主义者的斯瑞·拉维·尚卡尔（Sri Ravi Shankar）。[①] 这并非追随者或信徒的普通集会，莫迪政府是这次活动的主要赞助者，为举办这次活动提供了 2250 万卢比（约 37 万美元）（Jain，2016）。组织者称，约 1000 名宗教领袖和 750 名政要参加了活动（Art of Living，2018）。除莫迪外，法国前总理多米尼克·德维尔潘（Dominique de Villepin）、曾任驻美大使的巴基斯坦参议员雪莉·雷曼（Sherry Rehman）、叙利亚大穆夫提（最高宗教领袖）艾哈迈德·巴德雷丁·哈森（Ahmad Badreddin Hassoun）、佛教领袖心道法师（Hsin Tao，1948 年出生于缅甸，13 岁赴台湾学佛法——译者）、尼日利亚前总统奥卢塞贡·奥巴桑乔（Olusegun Obasanjo）、挪威前首相谢尔·马格纳·邦德维克（Kjell Magne Bondevik）都与会发言。出席会议的还有一些印度高级官员，如财政部部长亚伦·杰特利（Arun Jaitley）、外交部部长苏诗玛·斯瓦拉吉、内政部部长拉杰纳特·辛格（Rajnath Singh）和法律与司法部部长拉维·尚卡尔·普拉萨德（Ravi Shankar Prasad），以及莫迪的主要副手、印度人民党主席阿米特·沙阿。

这些权贵政要主要传递了一些无恶意的消息，意在鼓舞人心和振奋精神。莫迪的简短讲话更有意义。他赞扬尚卡尔及其“生活的艺术基金会”所做的事，认为这不仅促进了宗教间的对话，还恢复了印度的自信，让印度的艺术和音乐为世

---

① 拉维·尚卡尔自称“斯里·斯里·拉维·尚卡尔”。

界所知，并增强了他所说的印度“软实力”。[①]“生活的艺术基金会”和类似的组织正将“四海一家”这种理念传播到印度以外，扩大印度的文化影响力（Modi, 2016a）。

除了政府对活动进行大量投入外，这次演讲的重大意义还体现在三个方面。首先，它凸显了许多印度教民族主义者所坚信的印度文化，这是印度外交事务中最重要的资产之一。其次，它暗指印度教民族主义者所看到的印度在世界上的地位与印度人感受到的自豪、荣誉及尊严之间的关系，即国际关系与国际尊重之间的关系，后者是拉姆·马达夫等印度教民族主义者所说的“尊重”（samman）。最后，它暗示莫迪及其政治盟友在与国家间官方外交平行的社会间对话中所扮演的角色，“对话”（samvad）是马达夫常用的术语，也经常出现在莫迪的话语中。

换言之，莫迪在世界文化节上的简短讲话，以及他与众多部长的出席，表明莫迪政府对国际关系和外交事务的一种独特思维方式。这种思维源于第三章概述的印度教民族主义世界观，也有助于解释莫迪政府对外政策中一些非正统甚至自相矛盾的方面。尤其是，它解释了莫迪致力于宗教外交、参观宗教场所、赠送具有宗教或文化意义的礼物以及与宗教领袖对话的原因，其反响如此强烈，以至于据说在印度外交官中引起“惊愕和困惑”（Ramachandaran, 2015）。[②]这也解释了为何莫迪政府对公共外交工具自相矛盾的忽视，尤其是在外交部内部，这似乎与它公开使用的“软实力”概念背道而驰。这也至少部分地解释了莫迪政府广泛使用非政府的准外交工具和论坛，利用精神或宗教领袖运营的私人基金会，以及其他非政府工具，特别是印度人民党掌控的外交部、智库、“国民志愿服务团”成员以及印度分散而多元的侨民。我认为，这些努力在当代印度充满“命运感”，艾莉莎·艾尔斯（Alyssa Ayres）最近生动地描述了这一点（2018，第 7 页）。这是莫迪试图“再造”印度对外政策的核心理念，其目的至少在名义上是让印度成为印度教民族主义者长期以来誓言要成为的“世界导师”。

---

① “软实力”概念是约瑟夫·奈（Joseph S. Nye）发明的，首次出现在他 1990 年出版的《注定领导》一书中，以及发表在《外交政策》的一篇文章中（Nye，1990a，1990b）。后来在另一本书中发展了这一概念（Nye，2004）。

② 关于莫迪的宗教外交，参见 Hall，2019。

“世界导师”

印度在世界上肩负独特使命并需要传达独特智慧，这种观念贯穿于莫迪在 2014 年大选前后的对外政策言论及其政府的对外政策中。这是印度人民党宣言的核心，是莫迪在许多重要演讲中一贯的主题，也是他在“国民志愿服务团”中盟友莫汉·巴格瓦特的最爱。这是莫迪领导下的印度人民党吸引选民的一个关键因素，正如我们所看到的，他将对外政策用于国内政治目的。

印度人民党 2014 年的宣言以一个较大篇幅的序言开场，它由当时 80 岁的资深印度教民族主义者穆里·马诺哈尔·乔希撰写，他是乌帕德亚亚思想的狂热爱好者（Flåten，2017）。宣言的开场白是“印度是世界上最古老的文明，一直被全世界视为财富和智慧之地”，并将以这种方式继续存在。乔希继续说：“在英国人到来之前，印度的繁荣征服了世界。”印度是一个富饶、繁荣和富裕的国家，“一个充满共享与关爱并与自然和谐、和平相处的国家”。他认为，有必要重申这些事实，因为“一个国家要清楚地了解自己、历史、根源、优势和弱点，否则无法合理制定其国内或对外政策”。“对印度文明感知保持清晰的愿景”必然是其基础。

乔希认为，不幸的是，在尼赫鲁及其继任者的领导下，这一愿景已经消失，因为他们“采用了英国人创建的与印度世界观格格不入的行政体制框架”（BJP，2014a，第 1 页）。他认为，戈尔瓦卡和乌帕德亚亚的方式是一种“社会经济和政治治理范式”，这种方式能使印度“在国际交往中发挥其注定的作用”，并“为创建一个和平、平等的世界秩序发出自己的声音”（BJP，2014a，第 2 页）。

这些观点在宣言中得到呼应。宣言指出，过去十年国大党领导的团结进步联盟（UPA）统治时期是“衰退的十年”，印度失去了成为“新兴超级大国”的机会（BJP，2014a，第 4 页）。它断言：“印度被视为深陷困境，而它本应满怀信心地与世界交往。”（BJP，2014a，第 40 页）相比之下，印度人民党的目标是明确的：“复兴的印度必须在国际交往和国际机构中获得应有的地位”（BJP，2014a，第 39 页）。然而，实现这些目标的方法并非唾手可得。有人提到要务实，既要承认“四海一家”这个耳熟能详的真理，又要将政策建立在对“最佳国家利益”的理解上；建立“盟友网络”但不是由“大国利益主导”；与邻国接触；“在国际大舞台上发挥更大的作用”。

然而，这些都没有详细阐述，大部分注意力反倒集中在宣言所称的印度

“‘软实力’潜力”的程度和范围。宣言在一个多层次的段落中指出：

> ……将我们的“软实力”渠道整合到我们的对外交流中，特别是利用和关注“软实力”的精神、文化和哲学层面。印度在世界事务中一直发挥着重要作用，为世界提供了很多东西，这是它自古以来的传统。印度的魅力一直体现在其古老的智慧和传统中，阐明和谐、公平等原则。在如今的“软实力”时代，这仍然与当今世界息息相关。我们将采取积极外交，传播这一信息。印度不仅被视为“世界导师”，更是一个充满活力的贸易社会。

宣言以莫迪的头韵式语言总结道：“借助我们的 5‘T’优势：传统（Tradition）、人才（Talent）、旅游（Tourism）、贸易（Trade）和技术（Technology），振兴品牌印度。”（BJP，2014a，第 40 页）

在印度人民党赢得政权前后的很长一段时间里，这些论点在莫迪的演讲中反复出现。[①] 例如，2014 年 8 月 15 日，他在“红堡”（莫卧儿王朝时期的王宫）第一次发表独立日演讲，用时 65 分钟，几乎是他之前两位前总理用时的两倍。莫迪广泛概述了各种希望和愿望，以及对他所继承的官僚体制状况的明显失望。然而，演讲的核心主题是民族团结的必要性及“推动国家前进”所需的共同努力，以促进经济和社会发展，实现“印度的天命”（Modi，2014a）。莫迪认为，这种天命指印度作为世界的指引者为国际社会所认可。他说“我想起了斯瓦米·维韦卡南达的话”：

> 他曾说：“我能亲眼看到印度母亲再次苏醒。我的印度母亲将成为‘世界导师’。每个印度人都将致力于人类福祉……”朋友们，维韦卡南达的话绝不是假的。看到印度成为“世界导师”是他的梦想，是他的愿景，我们有义务实现这个梦想。这个有能力的国家拥有上天恩赐的自然资源，这个年轻的国家在未来能为世界做很多事情。（Modi，2014a）

---

① 例如，在选举前，2014 年 1 月，莫迪在德里庆祝共和国日（Pravasi Bharatiya Divas）时，为散居海外的商人举办活动，冥思维韦卡南达并称印度为“世界导师”（莫迪，2014c）。

“兄弟姐妹们，”莫迪接着说，“我保证这个国家有自己的天命。维韦卡南达说过，印度注定要为世界的福祉而努力。”（Modi，2014a）

莫迪在随后向海外和国内听众发表的演讲中反复提到这一主题，包括2014年11月在悉尼举行的侨民大会（Modi，2014d），2015年2月的印度行政服务试用人员会议（Modi，2015b），2015年4月在多伦多举行的另一次侨民活动（Modi，2015c）上的演讲，等等。同时，该主题也被包括“国民志愿服务团”负责人莫汉·巴格瓦特在内的主要政治盟友所接受，成为印度人民党和“国民志愿服务团”讨论印度对外政策的中心议题。

例如，在2014年10月于那格浦尔举行的“国民志愿服务团”成立90周年纪念演讲中，该组织详细阐述了为实现巴格瓦特所说的“使印度成为‘世界导师’，一个以幸福、和平与和谐为原则的模范国家”需要采取的措施（Bhagwat，2014）。巴格瓦特回应戈尔瓦卡和乌帕德亚亚的观点时指出：

> 只有当我们理解和遵循爱并尊重地接受自然所固有的多元性等原则时，人类才能过上幸福、和平和美好的生活；在协调、合作、同理心和对话的意识中前行；在与意识形态和宗教行为有关的事务中采取非暴力和宪法中间路线，而不是单方面的狂热和暴力。有史以来，这一真理就在智识上得到宣扬。（Bhagwat，2014）

他接着说，困难在于西方“国家和大型跨国公司”与“执着的物质主义、消费主义和自我中心的意识形态”结为一体，这不仅对社会和环境造成可怕的破坏，而且通过“以自我为中心的贪婪”挑起恐怖主义。为了建立和谐社会、保护环境并结束政治暴力，我们必须“首先彻底根除他们内心的自私、恐惧和绝对唯物主义的原教旨主义，并采取综合和整体的观点，寻求所有人的幸福”（Bhagwat，2014）。

对巴格瓦特来说，只有一个国家能够领导这场斗争。“在过去一千年的历史中”，他说道，“印度是唯一在通往真理和非暴力的道路上做出真正努力的例子。”（Bhagwat，2014）他认为，许多人将自由权利与印度历史联系起来：

> 印度对“四海一家”原则有深厚的信仰，仙人、先贤、比丘、沙门、圣

> 徒在古代周游世界，涉足从墨西哥到西伯利亚的广泛区域。他们没有试图征服任何帝国，也没有破坏任何社会的生活方式、祈祷制度或民族和文化特性，他们与当地人分享印度人的爱、情感与普世福泽。（Bhagwat，2014）

巴格瓦特继续说，为了使这些人能够再次实现这些目标，并使“印度成为全世界的指引者和火炬手”，我们需要在国内完成以下工作：

> 我们必须根据当前的时代和条件发展印度，以各种方式使印度成为一个全能、美丽和繁荣的国家；一个以全面、无私、完整和公正的眼光看待整个世界的国家。我们关于印度的愿景是它能够接受宇内各种多元性，并将自己呈现为一个整合的典范。（Bhagwat，2014）

此外，实现这一任务以及印度作为在更广范围的“世界导师”，突出了侨民的作用。巴格瓦特认为，我们的“印度侨民”和“精神领袖”被爱戴和尊重，是因为他们体现和展示了“印度人的爱、情感与普世福泽的道德品质”。他总结道，“这解释了为什么全世界的所有社会和思想家都认为自己和世界对印度的未来抱有积极的期望”（Bhagwat，2014）。

“软实力”、公共外交和侨民

强调印度是假定的“世界导师”促使莫迪政府接受“软实力”这一受人尊重且时尚的概念。[①] 然而，这并不是第一个采纳这一概念或其背后思想的印度政府。[②] 正如我们所看到的，尼赫鲁在很大程度上利用印度的文化和宗教遗产制定对外政策，并试图在印度缺乏经济或军事实力时实施强制政策。他的政府在我们现在所说的公共和文化外交方面进行了大量投资，利用这一遗产的要素组织重大活动，传播其理念和议题，如 1947 年“亚洲关系会议”（ARC）期间利用“印度世界

---

① 关于莫迪政府迷恋“软实力”的评论有很多。例如，Pant，2015；Chaulia，2016，第 150—160 页；Tandon，2016；Hall，2017；Kugiel，2017；Palit，P.S.，2017；Tremblay and Kapur，2017，第 53—55 页；Karnad，2018；Mazumdar，2018。

② 关于印度追求“软实力”的优秀短篇论述，参见 Mullen，2015。

事务理事会”（ICWA，成立于 1943 年）、“印度文化关系委员会”（ICCR）（1950 年）等机构和全印度广播电台（AIR）的对外服务。该电台可追溯到 1939 年，以多种语言进行广播，包括俾路支语、达里语、尼泊尔语、僧伽罗语和藏语（Hall，2012，第 1099—1100 页）。

20 世纪 90 年代后半期，印度开始自觉追求美国学者和政策制定者约瑟夫·奈定义的“软实力”（Thusu，2016）。瓦杰帕伊及印度人民党领导的政府在所谓的“国家品牌”上花费大量精力，其中一部分与旅游业和外国直接投资有关，但也试图在世界上树立印度的新形象。他们 2002 年发起的“不可思议的印度”运动是这些努力中最著名和最成功的案例之一（Kant，2009）。辛格的团结进步联盟政府在 2006 年达沃斯世界经济论坛上实施的“无处不在的印度”公关“闪电战”紧随其后。为强调印度文化和高科技的融合，它向与会者展示了装有宝莱坞热门歌曲的 iPod、帕什米纳披肩和阿育吠陀沐浴油（Purie，2006）。此外，针对外国投资者的营销活动也在进行，旨在向世界展现印度在商业上的开放。例如，2007 年庆祝独立 60 周年的“印度 60 年”（“India@60”）包含一系列活动，并在《福布斯》杂志等出版物中开展软营销（Hall，2012，第 1108 页）。

2006 年，辛格政府还在印度外交部设立公共外交司（PDD），部分目的是回应该地区其他国家为影响外国舆论而建立的类似机构（Wagner，2005）。[①] 公共外交司组织了一系列民间社会团体间的对话，涉及从阿富汗到蒙古国、从尼泊尔到南非等诸多国家，并制作达里语、普什图语、尼泊尔语和泰米尔语的纪录片和书籍（MEA，2008，2009）。在时任联合秘书纳夫迪普·苏瑞（Navdeep Suri）的领导下，公共外交司也采用新的数字技术，包括 Facebook 和 Twitter 等社交媒体平台（Suri，2011）。它还推出一个旨在让印度国内受众了解其工作的项目，包括由高级外交官和其他名人在全国各地定期举办外交部杰出人物系列讲座（Hall，2012，第 1098 页）。2014 年 1 月，随着公共关系和公共外交之间的界限变得更加模糊，公共外交司和（以国内为重点的）对外宣传司（EPD）合并，成立对外事务与公共外交司（XPD）。

瓦杰帕伊政府后期和辛格政府初期见证了印度与海外印度侨民重新建立联系的重大进展（Rana，2009；Thussu，2016，第 94—100 页）。2003 年，印度设

① 关于更广泛的背景，参见 Hall and Smith，2013。

立一个新的奖项，即海外印度人荣誉奖（Pravasi Bharatiya Samman），以奖励那些为社区作出杰出贡献的海外印度人（Thussu，2016，第 95 页）。2004 年，印度成立印度侨民事务部（MNRIA），很快改名为海外印度人事务部（MOIA），旨在以“一站式”模式为“与海外印度人有关的事项提供信息、合作和便利”（Hall，2012，第 1103 页）。它接手诸如每年 1 月 9 日举行的“海外印度人日”（Pravasi Bharatiya Divas）会议等活动的组织工作，以纪念“圣雄”甘地从南非返回印度的日子。它负责在纽约、伦敦、新加坡和悉尼等地举行的平行的海外会议（Thussu，2016，第 95—96 页）。它还制订了一系列计划：“寻根”系谱服务，为海外印度人提供各种定向和短期停留计划，以及帮助处于困境的海外印度人的热线电话和基金机制（Hall，2012，第 1104 页）。

宗教、对话和侨民

考虑到莫迪及其盟友对“软实力”概念的使用、与海外侨民的深入接触以及让印度成为“世界导师”的计划，人们可能期待他的政府加强这些为公共外交和文化外交而建立的各种机构。然而，莫迪政府采取了一种不同的方式，我认为这更符合印度教民族主义意识形态，但削弱了国家机构，甚至使其边缘化。它没有推翻辛格政府将公共外交司与对外宣传司合并的决定，也没有显著增加资源投入。事实上，2014—2015 年和 2018—2019 年，外交部对公共外交、广告和宣传材料的相关预算要求实际上有所下降，对外事务与公共外交司的出版物——电子书、文献和 YouTube 视频——的数量也没有明显增长。①

然而，2018 年 3 月，莫迪政府确实决定部署所谓的“阿查里亚使者”——本质上是“印度文化关系委员会”挑选的精神导师，在三个美国外交使团教授梵语、瑜伽和《吠陀经》（George，2018）。但是，印度外交部或驻外大使馆并没有成为莫迪政府公共外交努力的核心。同时，莫迪政府还采取行动限制海外印度人事务部的自主权。2014 年上台后，莫迪没有任命单独的部长管理海外印度人事务部，而是将其置于外交部部长苏诗玛·斯瓦拉吉的掌控之下。2016 年 1 月，莫

① 见外交部所谓的“拨款需求详情”（“Detailed Demands for Grants”）——实际上是预算草案，作为联邦政府预算过程的一部分提交。2014—2015 预算年度，它要求拨款 2.4 亿卢比；2018—2019 预算年度，它要求拨款 2.19 亿卢比（MEA，2014a，2018b）。

迪政府取消海外印度人事务部，并将其部分工作人员和职能并入外交部，理由是需要避免“重复”工作（Bhattacherjee，2016）。鉴于外交部和信息广播部就覆盖范围和用途发生争议，莫迪政府甚至考虑了关闭全印度广播电台对外服务的想法（Ramchandran，2018）。

从莫迪政府如何开展公共外交的大背景看，这种看似自相矛盾的行为更具深意。为了更广泛地“再造”印度的对外政策，莫迪政府以不同于前任政府的方式开展公共外交，使用不同的机构。首先，它让莫迪本人及其政府成为焦点，利用他的“明星力量”营销印度文化的各个方面并扩大其影响，包括宗教遗产的丰富性和广泛吸引力、瑜伽的益处和素食主义的美德。据报道，莫迪在2017年8月成为阿米特·沙阿所说的“民族自豪感的全球火炬传递手”（Karnad，2018，第73页）。其次，它在非官方对话和会议方面投入大量资金和时间，这些对话和会议（即拉姆·马达夫所说的“samvad”)由基金会和智囊团（如“生活的艺术基金会”）举办。再次，它利用印度人民党和“国民志愿服务团”以及“世界印度教教徒大会”等附属机构开展类似的准外交活动，主要针对印度侨民，但也针对外国政党和民间社会组织。最后，它试图让印度侨民成为建立和提升“软实力”的工具。

宗教外交

正确地说，莫迪个人对宗教外交的投入被认为是他处理印度外交关系的一个新方面（Mohan，2015a，第180—185页）。[1] 其他总理在演讲中引用了该国的宗教传统，还有一些人参观了海外的宗教场所或宗教领袖，但没有一位领导人将宗教文本、符号、场所和概念如此突出地作为外交的一部分。莫迪很早就开始这样做了，他在执政的第一年多次进行国事访问，向日本天皇、日本首相安倍晋三、中国国家主席习近平和美国总统奥巴马赠送了《薄伽梵歌》的副本（Friedlander，2016，第79页；Roy，2014b）。[2] 同时，莫迪在担任总理几个月后，从尼泊尔出发，多次高调访问重要的宗教场所，并广泛参与表面上是为了宗教间对话而组织的会议，如世界文化节（WCF）。

---

① 关于宗教外交作为一种国际关系现象及其日益突出的问题，参见Cox and Philpott，2003；Johnston，2003；Troy，2008。

② 对于特朗普，莫迪未延续这种做法，而是送给他一枚纪念邮票和一个木箱（Glum，2017）。

当然，莫迪访问海外印度教和锡克教寺庙以及穆斯林清真寺的部分原因是希望与侨民互动。他 2015 年 4 月前往位于温哥华的卡尔萨·迪万拜谒所（Gurdwara Khalsa Diwan）和拉克斯米·纳拉扬神庙（Laxmi Narayan temple），以及 2018 年 6 月前往新加坡的马里安曼神庙（Mariamman temple）和朱利亚清真寺（Chulia masjid），主要目的是看望居住在这些国家的海外印度人，并让他们看到自己。然而，莫迪去其他地方的目的有所不同。他 2014 年 8 月参观尼泊尔加德满都的帕斯帕提那神庙（Pashupatinath temple），以及 2018 年 5 月参观尼泊尔木斯塘的穆克蒂那神庙（Mukhtinath temple），显然是希望强调与尼泊尔的共同文化和宗教联系。向帕斯帕提那神庙捐赠 2.5 吨檀香木的有争议做法强化了这一意图（Parashar，2014）。同样，莫迪 2015 年 3 月前往斯里兰卡贾夫纳的纳古勒斯瓦拉姆神庙（Naguleswaram temple）和 2015 年 6 月前往孟加拉国达卡的达卡什瓦里神庙（Dhakashwari temple），也是为了表现与当地印度教教徒的亲密关系。

值得注意的是，莫迪 2014—2019 年多次访问印太地区的佛教场所，包括 2014 年 8 月访问日本京都的冬治庙（Tō-ji temple），2015 年 3 月访问斯里兰卡的阿努拉德普勒圣城（holy town of Anuradhapura），2015 年 5 月访问中国西安的大兴善寺（Da Xingshan temple），2015 年 5 月访问蒙古国乌兰巴托的甘达寺（Ganda monastery），2016 年 9 月访问越南河内的全素塔（Quan Su Pagoda），2017 年 9 月访问缅甸仰光的大金塔（Shwedagon Pagoda）和巴甘的阿难寺（Ananda Temple）。这些访问的频率、盛况和重点，与前任政府的做法形成鲜明对比。就辛格政府而言，它采取了吸引佛教教徒的措施，部分目的是吸引游客进入印度，部分是政治上的权宜之计，以防与中国在西藏问题上爆发重大争端（Stobdan，2016，第 4 页）。[①] 例如，辛格政府 2010 年出资在历史悠久的中国城市洛阳修建了一座寺庙；在一些东南亚国家的大力资助下，辛格政府在比哈尔邦的那烂陀（Nalanda）重建了这所古老的佛教大学。但是，莫迪没有通过总理公开的兴趣将印度与佛教联系起来，提醒该地区过去的宗教联系。我随后将继续讨论这一话题。

同样值得注意的是，莫迪的清真寺之旅也被列入他的行程，这是因为莫迪过去的名声以及人们因此对他的警惕。2015 年 8 月中旬，莫迪对阿联酋的阿布扎比进行为期两天的访问。他前往谢赫·扎耶德大清真寺（Sheikh Zayed Grand

① 关于更广泛的背景，参见 Jacob，2015。

Mosque），在那里“自拍”并将其发布在各社交媒体平台上。2018 年 2 月，莫迪前往阿曼的苏丹卡布斯清真寺（Sultan Qaboos mosque）。5 月，他与时任印度尼西亚总统佐科·维多多前往位于雅加达的伊斯蒂克拉尔清真寺（Istiqlal mosque），这是东南亚最大的清真寺。莫迪还在与外国领导人交往时充分利用印度的伊斯兰遗产。2016 年 4 月访问沙特阿拉伯期间，他向沙特阿拉伯国王萨勒曼赠送了喀拉拉邦切拉曼·朱玛·马斯吉德清真寺（Cheraman Juma Masjid）的镀金模型。他还陪同时任日本首相安倍晋三参观了位于古吉拉特邦艾哈迈达巴德的西迪·赛义德清真寺（Sidi Saiyyed mosque）以及甘地纪念馆。这些访问由各种需求推动，包括国内选举问题，如赢得在阿布扎比工作的比哈尔邦穆斯林移民工人的好感（Deccan Herald，2015），以及与海湾阿拉伯国家建立更好关系的经济需求。这将在下一章详细讨论。

另一个动力是，把莫迪描绘成一位为解决宗教冲突问题而支持跨宗教和跨文化对话的维韦卡南达思想的倡导者。为此，他参加了一系列备受瞩目的跨宗教会议和活动，包括 2016 年 3 月“生活的艺术基金会”举办的世界文化节，为促进宗教间的理解在阿布扎比建立一座斯瓦米纳拉扬神庙（Swaminarayan temple），2016 年 3 月在新德里举行世界苏菲教派论坛（World Sufi Forum），以及 2018 年 10 月莫迪和佐科·维多多共同发起的印度－印度尼西亚宗教间对话。这些会议和活动大部分集中在宗教和政治暴力问题上。例如，由全印度伊斯兰教委员会组织的世界苏菲教派论坛（AIUMB，2017）声称代表和提升印度逊尼派穆斯林苏菲教派的利益，正如莫迪在开幕词中所说的，它旨在确定“苏菲派神启”如何对抗恐怖主义和“化解不和谐和战争阴云，在民众中传播善意、和平与和谐”（Modi，2016b）。

然而，这些活动中最重要的是“全球印度教和佛教避免冲突和环境意识对话倡议”（SGHBICAEC），该倡议的首次会议于 2015 年 9 月在新德里和比哈尔邦的菩提伽耶（Bodh Gaya，据称释迦牟尼在这里悟道）召开，然后在缅甸仰光的锡塔古国际佛学院举办（2017 年 8 月）。第一次跨宗教对话由与印度人民党关系密切的印度智库“维韦卡南达国际基金会”主办，得到日本的“东京基金会”赞助，来自印度、日本、缅甸和斯里兰卡的代表参会。莫迪在新德里和菩提伽耶（Vivekananda International Foundation，2018）发表了两次演讲。他论述了国际社会熟悉的话题，即佛教和印度教思想如何为提供应对社会冲突和气候变化的更好思路作出贡献，并以更大篇幅讨论了宗教之间进行“不产生愤怒或惩罚”的哲学对话的必要性。他最后指出，佛教长期以来一直是亚洲的一种“团结和约束因素”，要实现“亚洲世纪”，必须承认它的真理和贡献（Modi，2015d）。[①]

这些信息之所以引人注目，是因为它们旨在服务于建设和利用印度的“软实力”，却与印度教民族主义意识形态的另一个关切相冲突，即批评佛教和佛教教义。“印度教特性”的原创者萨瓦尔卡认为，佛教及其和平主义使古代印度人变得软弱；在现代，甘地最著名的理念是“非暴力”，这一理念的感召力也产生了类似效果。正如我们所看到的，戈尔瓦卡称“非暴力”“有悖常理”且愚蠢，并斥责佛教徒为印度母亲的叛徒，他们没有致力于保护印度母亲。莫迪以及“维韦卡南达国际基金会”等组织参与推动印度教和佛教的对话，并试图在这两大传统之间建立共识，这与上述立场背道而驰。莫迪的做法与维韦卡南达所谓的多元主义以及莫迪声称的“四海一家”有关，这是他对国内外听众演讲的共同主题（Modi，2014a and 2014b）。

在国际社会，莫迪呼吁将印度教信仰或传统作为解决气候变化等问题的智慧源泉，并促使联合国大会通过决议设立世界瑜伽日，即每年的6月21日（Modi，2014b）。古老的印度智慧有助于管控甚至减缓气候变化并不是什么新想法。莫迪在担任古吉拉特邦首席部长时发展了这一理念，并出版了一本关于这一主题的书，名为《便捷行动》（Modi，2011）。[②]在书中，他认为《吠陀经》提供了适用于气候变化的“一整套知识”，将此与甘地的托管理念相结合可以在这一领域产生有效的公共政策（Modi，2011，第7—9页）。然而，究竟应该吸取什么样的经验还不清楚，这本书的大部分内容是在他领导下古吉拉特邦开展农业和基础设施项目的宣传材料。

作为总理，莫迪在这一领域的主要倡议是国际太阳能联盟（ISA），他执政初期在英国温布利（Wembley）一个印度侨民聚集的体育场上发表的另一次演讲中对此进行了概述（Modi，2015e）。几天后，国际太阳能联盟在2015年11月中旬召开的巴黎气候峰会上正式公布，它是一个由位于南北回归线之间的众多国家组

---

① 应注意的是，印度代表没有参加2016年5月在尼泊尔蓝毗尼举行的国际佛教会议，报道称因为该会议不赞成新德里关于中国和尼泊尔试图“从印度手中篡夺佛陀和佛教”的认识（Muni，2017，第126—127页）。

② 当然，这本书的标题暗指2006年上映的由阿尔·戈尔（Al Gore）主演的著名纪录片《不愿面对的真相》（*An Inconvenient Truth*）。

成的政府间组织，旨在为大型太阳能项目共享信息和融资。其目标是到 2030 年提供 1 万亿美元投资，建造足以产生 1 太瓦电力的太阳能发电厂，相当于 2018 年年中全球可再生能源的全部发电能力（Press Trust of India，2018a）。该组织的总部位于哈里亚纳邦古鲁格拉姆的印度国家太阳能研究所，截至 2018 年底拥有 121 个成员国。2018 年 3 月，莫迪主持了在新德里举行的第一次峰会，他认为应对气候变化需要借鉴《吠陀经》中的“综合方法和古代哲学的平衡”，而《吠陀经》将太阳理解为“世界的灵魂”（Modi，2018a）。

因此，莫迪是其政府推动产生和使用“软实力”的核心，一位前外交官称其为一项“战略资产”（Sikri，2017）。他在执政最初两年的广泛旅行，他对侨民群体振奋人心的演讲，他对《吠陀经》及其印度文化和宗教遗产的其他元素的宣传，以及他对宗教场所的高调访问，都是为了展示印度令人兴奋、与世界交往、拥有可能帮助人类超越价值观和信仰冲突的智慧，以及充满环保意识和经济活力的形象。这个形象投射的目标受众不仅仅是外国人，海外印度侨民和国内公众也是目标，这反映了莫迪政府的基本观点。正如西格里（2017，第 185 页）所说的，“国内政策与对外政策目标的无缝衔接”不仅体现在经济发展或安全方面，也体现在印度的形象塑造方面。

然而，向这些听众发表演讲不仅仅是为了引起兴趣或善意，还涉及马达夫所说的“尊严”：旨在提升民族自豪感。普拉尚·贾（Prashant Jha）引用一位著名印度教民族主义者的话指出：

> 莫迪去加德满都的帕斯帕提那神庙，或者去凯德纳斯及巴纳拉斯进行祈祷，出来时额头上带着“蒂卡”（tika）（祈祷后用粉末或糨糊在额头上做的标记），表明他是印度教教徒，他为自己是印度教教徒而自豪。在他之前最后一位公开参观神庙的印度总理是英迪拉·甘地，发生在她的最后一个任期。莫迪表明他的宗教信仰，意味着他毫不介意展示印度文化。“国民志愿服务团”对此感到高兴。他们的议程就是这样。印度教教徒想知道，还有什么是我们在这么多活动中使用的口号呢？自豪地说我们是印度教教徒吧。（Jha，2017，第 236—237 页）

政党的作用

莫迪“再造”印度对外政策的另一个显著特点是任用执政党和“国民志愿服务团”中的副手参与处理国际关系，这与外交部开展的常规外交并行不悖。突出的两位人物是拉姆·马达夫和维杰·沙塔瓦威尔（Vijay Chauthaiwale）。马达夫是印度人民党的全国秘书长之一，沙塔瓦威尔领导该党的外事部门和所谓的海外友人组织，该组织是该党通过侨民获得政治支持、资金和人才的工具。两人都被印度媒体授予准外交头衔，马达夫被称为“莫迪的非任职大使”或“外联人”（Mohan, A., 2014; Menon, 2015），沙塔瓦威尔被称为总理的“全球特使”（Verma, 2018），但他们的关注点不同。马达夫在国内政策和对外政策方面广泛发挥作用，被誉为“远比许多工会部长权力更大”的人，实际上是仅次于阿米特·沙阿的印度人民党二把手（Gahilote and Sengupta，2014）；沙塔瓦威尔更侧重侨民事务。可以说，这两位在阐述莫迪政府对外政策方面所作的贡献，不亚于外交部部长苏诗玛·斯瓦拉吉或外交部国务部长，后者通常专注于管理日常外交和领事事务。

马达夫来自印度东南部安得拉邦的阿马拉普拉姆（Amalapuram），他加入“国民志愿服务团”时非常小，据说只有 4 岁。他 17 岁时成为该组织的全职员工（Gahilote and Sengupta，2014）。马达夫在大学期间学习电气工程和政治学。与乌帕德亚亚等人一样，他也成为一名内部记者，为《印度人民》（*Bharatiya Pragna*）等“国民志愿服务团”的出版物撰稿，该杂志于 1999 年创刊。2002 年，他在印度媒体上为莫迪对“戈德拉事件”的回应进行辩护时，引起公众的注意（Gahilote and Sengupta, 2014）。一年后，在他 39 岁时，马达夫被任命为“国民志愿服务团”的国家发言人，他确立了自己作为该组织关键领导人之一的地位。当时，他被赞誉为振兴“国民志愿服务团”的新一代人物之一（Kang，2004）。2011 年，马达夫开始参与“国民志愿服务团”新智库印度基金会（India Foundation，IF）的活动（本章随后的内容对此有更详细的讨论），并在该智库的在线期刊上发表了一篇关于所谓“中国侵略”的文章。2012 年，马达夫被提拔为“国民志愿服务团”执行委员会成员，一年后成为提名莫迪为印度人民党总理候选人的支持者（India TV News Desk，2013）。

莫迪赢得大选后，马达夫从“国民志愿服务团”转到印度人民党，2014 年 7 月成为该党的秘书长。根据《印度展望》（*Outlook India*）的描述，他“可以说是德里六个最有权势的人之一”（Gahilote and Sengupta，2014）。这种权力在很大程度上源自莫迪及其国家安全顾问阿吉特·多瓦尔，以及多瓦尔的儿子、印度基金会负责人绍亚·多瓦尔（Shaurya Doval）。在莫迪成为国家领导人之前很久，马达夫已经与莫迪建立了关系。他们有很多共同之处，对服装、小玩意、社交媒体和维韦卡南达都有兴趣（Gahilote and Sengupta，2014）。帮助管控对“戈德拉事件”处理方式的批评之后，马达夫成为外界与时任古吉拉特邦首席部长进行“思想交流”的组织者之一，他将外国外交官和记者带到甘地讷格尔与莫迪会面，当时许多人都不能参加。这项工作为恢复莫迪与驻印度的西方外交使团之间的沟通铺平了道路（Mohan，A.，2014）。与“维韦卡南达国际基金会”创始主任、前情报局局长阿吉特·多瓦尔的关系，使马达夫得以利用智库会议和对话与国外建立联系网络。早在2014年之前，马达夫就将自己定位为“‘国民志愿服务团’与国际外交界之间最具影响力的连接人”（Gahilote and Sengupta，2014）。

沙塔瓦威尔与莫迪和马达夫一样，曾是“国民志愿服务团”的“传道者”。他在马哈拉施特拉邦的那格浦尔长大，在萨维特里巴伊·福尔·普纳大学获得微生物学博士学位，随后在美国田纳西大学诺克斯维尔分校进行博士后研究，并在莫迪的家乡古吉拉特邦艾哈迈达巴德成为多伦特制药公司（Torrent Pharmaceuticals）副总裁。他请假帮助莫迪开展2014年的竞选活动，在莫迪胜选后辞职成为印度人民党的全职工作人员，几个月后被任命为印度人民党海外友人组织的负责人，该组织主要联络印度侨民中印度人民党的支持者（Ramaseshan，2014）。此外，2014年11月，阿米特·沙阿领导党内机构调整，沙塔瓦威尔被任命为新成立的印度人民党外事部部长（Press Trust of India，2014b）。

尽管沙塔瓦威尔的工作在形式上局限于侨民事务，但实际上他在2014年后发挥的作用要广泛得多。他在寻求阐释莫迪的对外政策方针方面发挥了主导作用，与阿尼班·甘古利（Anirban Ganguly）和乌达姆·库马尔·辛哈（Uttam Kumar Sinha，原书写的是V. K. Sinha——译者）合编了《莫迪主义：印度对外政策的新范式》（2016年）。他四处阐述莫迪对国内外受众（包括海外印度侨胞）的态度，因而被媒体称为总理的“全球特使”（Verma，2018）。此外，沙塔瓦威尔还以准外交官身份帮助莫迪在海外安排一些最重要的露面活动，特别是莫迪2018年5月底至6月初访问新加坡，并在高度聚焦安全问题的香格里拉对话会（Verma，2018）上发表了主旨演讲。拉姆·马达夫也陪同莫迪进行了这次特别访问。

沙塔瓦威尔关于莫迪此次出访的安排凸显了印度人民党在 2014 年后处理国际关系时发挥的重要作用，表明这方面的工作不再局限于外交部，也超越了政党层面的海外印度人事务。沙塔瓦威尔（原书中写的是马达夫——译者）在莫迪执政的第一年组织了一些引人注目的活动。他在纽约麦迪逊广场花园和悉尼奥林匹克公园露面，还说服莫迪在 2014 年 11 月中旬出席布里斯班 G20 会议后前往斐济（Gahilote and Sengupta，2014）。与马达夫（原书中写的是沙塔瓦威尔——译者）一样，沙塔瓦威尔也围绕莫迪对外政策方针尤其是“潘查姆利特”概念积极构建叙述，尽管采用了“国民志愿服务团”偏爱的语言。给予马达夫的发挥空间是巨大的，但有时也会导致失误，比如他在 2015 年 12 月接受卡塔尔半岛电视台采访时预测，孟加拉国和巴基斯坦有一天会与印度合并，以恢复一些印度教民族主义者所说的“不可分裂的印度”（“Akhand Bharat”），他们认为英国人统治的“大印度”形成了一个文化单元（*Times of India*，2015）。[①] 尽管这是印度教民族主义者的长期愿望，但这些建议被视为无助于发展与这两个国家的双边关系。[②]

除了 2014 年后马达夫参与的许多国内问题，特别是查谟和克什米尔问题外，他的主要国际关切是中国。在“国民志愿服务团”工作时期，他为印度基金会的杂志撰写了大量关于中印关系的文章，并在 2014 年大选前出版了《不安的邻居：边境战争 50 年后的印度和中国》一书（MadHav，2014A）。印度人民党上台后，马达夫在［中华］人民共和国问题上的立场非常复杂，但大体上反映了莫迪政府的对华战略，本书后面的内容将体现这一点。一方面，莫迪政府认为，在经济上和国家安全方面中国对印度构成多方面的挑战，无论在经济上还是在国家安全方面。这使马达夫嘲笑任何理想主义理念，尤其是痛斥尼赫鲁，因为后者所追求的政策被认为体现了这种思想（Madhav，2014b）。另一方面，他认为与中国接触交往并模仿其发展模式的各个方面对印度有相当大的好处。

在莫迪执政初期，马达夫在促进印度人民党与中国共产党接触方面发挥了引人注目的主导作用。2014 年 6 月，在赢得选举一个多月后，印度人民党领导人接待了由时任中共中央对外联络部张旭羿副局长率领的访问团。据报道，印度人民党的两个代表团于 2014 年下半年前往中国，与中共同行举行会议（Mohan，A.，

① 相关采访参见 al Jazeera，2016。

② 关于 Akhand Bharat 概念及其对印度教民族主义者的吸引力的有用讨论，参见 Krishna，1994。

2014）。马达夫认为，印度人民党访华的目的是在党际层面培养“善意”，并研究中国共产党的“政党结构”。为此，一个印度代表团访问了中共中央党校和广州（BJP，2014b）。2015 年 2 月，阿米特·沙阿会见了访问新德里的中共中央对外联络部部长王家瑞，沙塔瓦威尔等人出席（Press Trust of India，2015a）。2016 年 5 月，莫迪接见了时任上海市委书记、中共中央政治局委员韩正。那时，双边关系已经变得紧张，党际会议似乎在莫迪执政的第一年就停止了，这阻止了印度人民党参加 2017 年 6 月在中国福州举行的首届金砖国家政党论坛，马达夫作为代表出席（Madhav，2017）。

这一事件凸显了莫迪政府中政党领导的准外交的另一个方面，即越来越多地利用智库和所谓的 1.5 轨或 2 轨会议向官方和非官方的外国对话者传达政府的信息。[①] 莫迪政府充分利用这些机制，创建自己的智库运作这些机制，并利用其他机构提供的平台，特别是“观察家研究基金会”的“瑞辛纳对话会”（2016 年首次在新德里举行，现在是一年一度的活动）。可以说，莫迪 2018 年 6 月初在新加坡香格里拉对话会上的讲话标志着这一接触的高潮。在某种程度上，莫迪及其政治盟友对这些事件的参与在一定程度上反映了此类事件日益频繁和重要，但在某种程度上也反映了他们希望与专业外交官以外的受众对话并被他们听到。

为此，印度教民族主义者建立或加强了一系列智库，这些机构遍布新德里和更远的地方。成立于 1943 年的“印度世界事务委员会”或成立于 1965 年的“国防研究和分析研究所”等历史悠久的机构，现在与越来越多的新组织竞争，如成立于 1990 年的“观察家研究基金会”（基金来自安巴尼家族的企业集团、信实工业）或 2011 年建立的“布鲁金斯印度分部”（依靠来自全国各地的捐赠）。[②] 在这个日益复杂的生态系统中，一些与“国民志愿服务团”对标的智库也出现了，包括附属于印度人民党的“希亚姆·普拉萨德·慕克吉博士研究基金会”（Dr. Syama Prasad Mookerjee Research Foundation，SPMRF），它以印度人民同盟创始人之一的名字命名；“维韦卡南达国际基金会”（创建于 2009 年），它与印度人民党具有更

---

① 在这些集会的语言中，1 轨外交指官方的国家间外交；1.5 轨外交涉及外交官和非官方代表，包括智库专业人员、学者、商业团体和来自市民社会的其他人士；2 轨外交仅涉及非官员。实际上，1.5 轨和 2 轨之间的界线常常是模糊的。

② 印度对这些机构以及更广泛的非政府组织的资金问题仍然非常敏感。因此，印度智库倾向于只从印度捐助者那里寻求资金。

复杂的关系；以及“印度基金会”（2011 年创建）。

可以说，“维韦卡南达国际基金会”和“印度基金会”在对外政策和国际参与方面是最重要的印度智库，尽管它们在形式上有所不同。2014 年选举之前，莫迪的国家安全顾问阿吉特·多瓦尔运营的“维韦卡南达国际基金会”显然是研究最活跃的智库，它有一个大约 20 人的相对庞大的团队，在各领域开展工作并定期发表讨论性文章和政策简报。它还定期举办知名度较高的活动，包括“印度教 – 佛教对话会”。相比之下，“印度基金会”的规模较小，研究人员相对年轻，尽管它确实创办了自己的双月期刊。① 正如备受推崇的《印度斯坦时报》记者普拉尚·贾在莫迪执政初期所说，“印度基金会”被广泛认为是“印度最强大的智库”（Jha，2015）。该组织的董事会由印度人民党的主要政治人物主导，包括先后担任莫迪政府商务部部长和国防部部长的尼尔玛拉·西塔拉曼（Nirmala Sitaraman）。该组织由绍亚·多瓦尔和拉姆·马达夫共同领导。普拉尚·贾指出，“印度基金会”负责组织每年一度的印度思想闭门会，主要在果阿举行；“印度教 – 佛教对话会”（年度“达摩 – 佛法”活动，2014 年首次举办），以及关于反恐和经济的主要会议（Jha，2015）。

这些组织在莫迪领导下不断扩大，形成了贾（2015）所称的“生态系统”，以产生外交政策理念；提供与外国外交官、智囊团和学者互动的非官方环境；作为提出印度教民族主义世界观的平台；并为志同道合的理论家发展和阐述他们对政府行为的解释提供基础。换言之，它们是“再造”印度外交政策的核心，也是宣传莫迪关于印度成为“世界导师”这一愿景的关键。

侨民的力量

上述任务的核心也是侨民，估计印度有两千多万侨民（Mohan and Chauhan，2015）。② 当然，在这个问题上，莫迪、印度人民党和“国民志愿服务团”的动机是复杂的。这些侨民是印度人民党 2014 年竞选及随后邦一级竞选的重要资金来源，许多人都是莫迪的善辩而有影响力的支持者（Mazumdar，2018）。一些人甚

① 《印度基金会杂志》于 2013 年年中首次出版。

② 关于印度的侨民和总体外交政策，特别参见 Varadarajan，2015。

至前往印度帮助印度人民党竞选（Guha，2014）。在印度人民党获胜后的 18 个月内，莫迪出席了在澳大利亚、加拿大、英国和美国为印度侨民举办的精心策划的活动，并赞扬他们的活力和创造力。举办这些活动不仅是为了表达感谢，它们也是组织和动员侨民更好地服务于印度利益这一战略的关键要素。有两个问题特别突出：利用海外的人才、知识和资金进行投资，但这些资金有可能被寄回印度；支持包括“印度制造”在内的各种倡议，并将其作为印度投射“软实力”和在关键目标国施加影响的手段（Chaulia，2016，第 59—60 页）。

当然，这种策略并不新奇。正如我所指出的，瓦杰帕伊政府和辛格政府都以类似的目的接触侨民，使有印度血统的人（Persons of Indian Origin，PIO）更容易进入印度，带来他们的专业知识和资本，并吸引非常住印度人（Non-Resident Indians，NRIs）做同样的事。莫迪政府的大部分外事工作都涉及扩展或提效前任政府实施的措施。例如，2015 年，它采用 2002 年首次推出的侨民卡，使其他国的印度裔公民可以免签证前往印度及获得其他方面的一些好处，并将该措施并入 2005 年公布的海外印度人（Overseas Citizen of India，OCI）文件，该文件也提供签证豁免，但允许海外印度人无限期居住在印度（MEA，2018a）。[①] 同时，莫迪政府还放宽了来自海外印度人投资的规则，认为不应再将其视为外国直接投资，而是将其视为等同于国内资本（Press Information Bureau，2015）。

然而，实施这些改革并非仅出于经济目的。莫迪政府通过向印度裔和印度侨胞表示热烈欢迎寻求他们的帮助，以建设 2014 年他们在宣言声明和其他场合所说的“品牌印度”（Challagalla，2018）。他们设想的“品牌”有两个组成部分。第一个是现代的。侨民是印度人技能、创造力和勤奋的广告，特别是在高科技领域，但也体现在东道国更为广泛的生活中。[②] 这意味着突出印裔企业家的成就，就像 2014 年莫迪访问“硅谷”和会见印度裔政客那样，也如同印度政府在 2018 年 1 月组织的“印度裔议员会议”那样，当时邀请了来自世界各地的近 150 人齐聚新德里（Bhattercherjee，2018）。第二个组成部分在名义上更为传统。对于莫迪的印度人民党和巴格瓦特的“国民志愿服务团”来说，侨民也可以成为印度文化价值观的典范和印度重要思想的传播者。他们分享了副总统、印度人民党籍前部长

---

① 这些计划是必要的，因为印度宪法不允许双重国籍，尽管它对查谟和克什米尔地区的居民有特殊安排。

② 关于在美国的印度侨民的分析，参见 Chakravorty et al.，2016。

穆帕瓦拉普·文卡亚·奈杜（Muppavarapu Venkaiah Naidu）向各国印度裔议员描述的“印度的实质”（essence of Indianness）：

> ……全球愿景、整体愿景及和谐愿景。我们相信整个世界是一个大家庭。我们相信生命必须被视为一个整体。我们相信和谐与和平是可持续发展的核心。这是我们共同继承的独特世界观。（Naidu，2018）

换言之，对于印度教民族主义者来说，侨民是乌帕德亚亚所认定的“包容性人道主义”价值观的重要传播者（Naidu，2018）。

为了推进这些价值观，印度人民党、“国民志愿服务团”和其他印度教民族主义组织加强了组织侨民的努力，并将其转变为更积极、更具政治影响力的工具。2014 年和 2015 年，马达夫与沙塔瓦威尔在这项工作中发挥了重要作用，但“国民志愿服务团”也加强了他们的努力（Chaulia，2016，第 67 页）。2014 年 11 月，“世界印度教教徒大会”在新德里举行会议，2018 年 9 月在芝加哥再次举行会议。第二次会议重点聚焦于副总统奈杜和“国民志愿服务团”负责人莫汉·巴格瓦特用英语发表的演讲，以及“国民志愿服务团”附属机构“世界印度教教徒大会”领导人和商业与媒体名人的讲话。奈杜再次大谈印度是“世界导师”，巴格瓦特的讲话则更具争议性，因为他以“野狗”一词暗指入侵印度者。这引发了批评，但他辩称印度教教徒并不寻求凌驾于他人之上，而是秉持“四海一家”的理念（RSS，2018）。

这些措施旨在吸引和激励主要分布在西方国家的相对富裕的印度侨民。在莫迪的领导下，印度政府对主要分布在中东和东南亚国家的相对贫穷的侨民也做出同样的努力。约有 800 万印度人在海湾国家工作，其中很多是低收入劳动者（Leveillant，2017，第 7 页）。尽管印度可以收到大量侨民汇款，但这部分侨民也给新德里带来挑战。他们经常需要领事援助，他们通常会受到雇主、招聘机构和所在国家当局的虐待，国外爆发冲突时也需要撤离，如 1991 年在科威特、2003 年在伊拉克、2011 年在利比亚、2015 年在也门（Pethiyagoda，2017）。[①] 上述各种情况都要求印度政府在极短的时间内调动大量外交和军事资源，并面临国内各界

① 关于印度撤侨行动的有用分析，参见 Xavier，2016。

的监督。

之前的印度政府确实通过各种方式的投入，试图更好地保护这些工人及其利益。2009 年，印度在所有海湾合作委员会国家设立了印度社区福利基金。自 2010 年，印度大使馆开设办事处和求助热线，提供有关劳动条件和权利的信息，并为女工提供庇护所（Leveillant，2017，第 18—19 页）。莫迪政府扩大了这些举措，将更多的注意力和资源集中在整个中东地区和住在这里的侨民，部分目的是应对来自工人、其家人和他们所在国家的压力，有时是通过社交媒体施加的压力；部分是经济目的，因为这些侨民的汇款在印度收到的汇款中占相当大的比重。世界银行估计，2017 年印度收到近 700 亿美元汇款，其中一半以上来自海湾合作委员会国家（Duttagupta，2018）。因此，就像莫迪连续访问海湾国家时所做的那样，与这一群体接触并通过外交部更积极有效的领事工作维护他们的利益是一个关键的经济优先事项。尽管外交部部长苏诗玛·斯瓦拉吉用推特回应陷入困境的印度工人遭到嘲讽或受到赞扬（Vijaykumar，2016），但这是解决该地区领事支持工作中明显缺陷的一种努力（Leveillant，2017，第 20—23 页）。

当然，莫迪政府的这项工作也反映了政治利益考量。海湾地区的一些侨民来自印度人民党希望在 2014 年后掌控的邦，特别是印度南方的邦；一些侨民带着钱回到他们的家乡并具有一定的影响力（Pethiyagoda，2017）。许多印度侨民是穆斯林，他们可能不会投票给印度人民党，但至少可能被说服不极力反对它。对莫迪和印度人民党来说，公众出于对福祉的担忧而举行示威活动具有合理性，这与在“团结一致，共同发展”（Sabka Saath，Sabka Vikas）口号下“为所有印度人执政”的理念相匹配。莫迪高调访问了居住着大量印度劳工的阿布扎比和阿曼的清真寺，这在一定程度上反映了上述背景。但是，莫迪对侨民发表演讲的目标远不止于此。2018 年 2 月，他在阿曼首都马斯喀特（Muscat）对印度侨民表示，他所说的“归属感”在他们身上正在增强，这些“兄弟姐妹”是印度的一员，强调尽管他的听众生活在海外，但他们仍然是“新印度”的一部分，他们在阿曼的工作也为建设印度作出了贡献（Modi，2018b）。

结论

世界文化节结束后，人们很快开始担心该活动对当地环境的影响。负责环境保护的政府机构国家绿色法庭（National Green Tribunal，NGT）的一个专家委员会得出结论，该活动对其所在举办地约 170 公顷洪泛平原的生态造成“广泛而严重的破坏”。当地所有动植物都受到影响，修复该地区的成本估计为 1.3 亿卢比（约 200 万美元）。补救工作可能会持续 10 年，“生活的艺术基金会”被罚款 5000 万卢比（约 80 万美元），用来支付修复工作。该组织不接受部分环境影响评估的结果，拒绝支付罚款，并提起上诉（*The Wire*，2017）。由于各方对各种索赔存在分歧，该问题仍留在法庭。一个部分致力于促进环境可持续理念的活动以这种方式结束是不幸的。但这一事件阐明了一个更广泛的观点，即要使寻求“软实力”和使印度成为“世界导师”的计划可信，它必须言行一致。

莫迪政府面临的挑战是，其关于印度是理解宗教和文化典范的观点，不断因社区暴力事件和外国观察家指责印度宗教信仰自由受到威胁而削弱（McCarthy，2015）。拒绝向美国国际宗教自由委员会成员发放签证，以及强制关闭非政府组织，加剧了人们关于莫迪的言论与政府容忍印度教右翼人士的暴力行为格格不入的印象（USCIRF，2016，第 159—166 页）。这种印象以及长期以来对莫迪作为古吉拉特邦首席部长处理“戈德拉事件”方式的怀疑，阻碍了他将印度定位为“世界导师”的努力。当然，“软实力”是出了名的难以衡量。我所掌握的数据显示，莫迪上台后，印度的声誉并没有得到明显改善。例如，英国广播公司世界服务和全球民意调查报告显示，2014—2017 年，外国人对印度的看法保持稳定，2017 年的受访者中 37% 的人表达了积极看法，比 2014 年下降了一个百分点；39% 的人持消极看法，与之前相同（Globescan，2017）。莫迪执政初期进行的其他民调显示，美国人对印度持积极看法，但对新德里“负责任地处理世界问题”的能力表示怀疑（Ayres，2015）。正如莫迪在古吉拉特邦执政时所说，上帝可能“决定了印度在世界上行善的义务”，但目前还不清楚世界是否相信印度能够或应该扮演这一角色（Chaulia，2016，第 39 页）。

第六章　地区繁荣与互联互通

2014 年大选前及此后一段时期，人们对莫迪政府寄予厚望，普遍希望其能够比踌躇不定的上一任政府更多地致力于经济自由化和对外开放印度的市场。据观察，莫迪任古吉拉特邦首席部长时，对商界的态度明显比许多印度领导人更友善，在实现增长方面也显然更为成功。印度人民党公开呼吁推广“古吉拉特模式”（BJP，2014c），并承诺改善印度国内以及南亚其他地区的基础设施和互联互通。南亚是世界上经济一体化程度最低的地区，印度人民党的态度提升了人们对莫迪可能将这一发展模式带到新德里的期待（BJP，2014a，第 15—16、32—33 页）。莫迪上台后，新总理的言辞、他与美国和其他国家商界领袖的接触，以及他明确指示外交部专注于经济外交任务，进一步推高了人们的期望。莫迪承诺以“红地毯，而不是繁文缛节”（Modi，2014e）迎接投资者，2014 年 9 月大张旗鼓地推出“印度制造”计划，并在 2015 年独立日演讲中宣布“创业印度”计划（Startup India），这令他们兴奋不已。2015 年 1 月，旧的规划委员会（Planning Commission，PC）被新机构印度国家转型研究所（NITI Aayog）取代，阿文德·帕纳加里亚（Arvind Panagariya）等知名经济学家的参与也广受赞誉（Patnaik，2015）。[①]

然而，随着时间的推移，商人、投资者和外国政府对变化缓慢感到失望，印度选民对低于预期的增长速度感到担忧（Manor，2015，第 739 页）。尽管投资方面的重大变化削弱了国内外的信心，莫迪政府在国内经济改革和贸易自由化方面

① 阿文德·帕纳加里亚是毕业于普林斯顿大学的经济学家，对国际货币基金组织、世界银行和世界贸易组织拥有丰富的经验，在 2015 年 1 月加入印度国家转型研究所担任副主席之前，他是亚洲开发银行的首席经济学家。他是《印度经济发展重要报告》（Panagariya，2008）的作者。2017 年 8 月，他离开在印度国家转型研究所的岗位。

仍缺乏进展。早些时候，出现了一些令人担忧的迹象。2014 年 8 月，莫迪政府退出前一年世界贸易组织在巴厘岛会议上达成的贸易便利化协议，理由是担心该协议可能对国内粮食安全措施产生影响。尽管该决定在一个月后莫迪对美国进行国事访问时被推翻，但它被视为新德里对自由化的承诺低于预期的信号（Wilson and Curtis，2014）。印度在涉及 16 个主要印太国家的“区域全面经济伙伴关系”（RCEP）的合作谈判中犹豫不决，也引发了类似的担忧（Cook and Das，2017）。莫迪政府对若干可能的双边自由贸易协定保持沉默也是同样的情形，包括与澳大利亚（始于 2011 年）、加拿大（始于 2010 年）、新西兰（始于 2010 年）、欧盟（始于 2007 年），以及与美国初期讨论的双边自贸协定。在莫迪的领导下，印度显然不太可能在这些领域取得任何实质性进展，尽管莫迪表示欢迎全球化和希望引进外国资本（Gupta，2018）。

本章认为，莫迪“再造”印度对外经济政策的性质和结果，向新的开放叙事的显著转变，以及对关键领域实际实现自由化的沉默，是其政府与印度教民族主义运动之间政治妥协的结果，在很大程度上也是因为中国。从本质上说，这种“再造”是一种尝试，试图向国内外受众传达吸引人的信息，即处理印度人民党内部特别是印度人民党与“国民志愿服务团”之间关于经济自由化的好处的深刻分歧。此外，这是一个旨在为一系列政策披上外衣的任务，这些政策表面上披着自由主义外衣，本质上却是各种重商主义经济民族主义。同时，这也是应对中国经济实力与活力给印度带来多方面挑战的一次尝试，特别是在保护南亚及其他地区当地工业和市场准入方面的挑战。在莫迪执政时期，这些挑战变得更加严峻，因为中国提出了“一带一路”倡议。作为回应，印度以“一带一路”倡议的突出批评者和假定竞争对手的立场作出反应，寻求与南亚地区合作伙伴和其他国家（尤其是日本）合作，在印度及其周边地区共同打造自己的互联互通项目以促进繁荣。

为了探讨这些问题，本章首先回顾了印度教民族主义者对经济政策的思考，注意到印度人民党和“国民志愿服务团”内部对贸易自由化和开放市场的巨大阻力，以及“印度教特性”和“莫迪特性”之间的差异，特别是在这一关键领域的“莫迪经济学”。[①] 然后，我们将研究莫迪政府在国内经济改革方面的做法，因为它影响了贸易和投资以及对外经济政策。最后，本章分析了印度对中国“一带一

① 有关这些问题的有用讨论，参见 Chacko，2019。

路”倡议的回应，该倡议对莫迪政府实施“邻里优先”政策的压力，印度政府对“一带一路”倡议的批评，以及印度与中国竞争以更好地整合南亚的尝试。

去自由主义的现代性

正如我们所看到的，印度人民党至今依然在形式上坚持乌帕德亚亚的“整体人文主义”哲学，它脱胎于印度人民同盟和“国民志愿服务团”（Andersen and Damle，2018，第 8 页）。然而，该党的政策在实践中偏离了乌帕德亚亚的训诫，尽管这些训诫经常被他的语言所掩盖，有时会在经济问题上与“国民志愿服务团”产生紧张关系。直到 20 世纪 90 年代初，印度人民党仍然坚持“自力更生”，捍卫小商贩和农民的利益，反对外资在印度拥有企业。但是，1991 年的改革及其明显的积极影响，使人们重新考虑该党的立场，并引发印度教民族主义者之间的争论（Andersen and Damle，2018，第 11 页）。“国民志愿服务团”对拉奥政府和辛格政府的自由化计划的直接反应是反对和批评。例如，该组织发起一场反对购买外国商品的运动，并于 1991 年 11 月创建一个新组织“自产觉醒阵线”，旨在促进“自力更生”和协调配合（Nag，2014，第 145 页）。“国民志愿服务团”的领导人也发表了讲话，当时的领导人是玛德胡卡·达塔特拉亚·迪奥拉斯（Madhukar Dattatraya Deoras），他批评外国跨国公司威胁印度的经济福祉，称这与东印度公司的威胁相似（Blom Hansen，2001，第 300 页）。

随着时间的推移，印度人民党的反应变得更加温和。在党内和“国民志愿服务团”内不同机构之间进行广泛讨论后，印度人民党采取了一种微妙而务实的态度。该党 1992 年公布的新经济政策对国内市场的自由化和在关键部门使用高科技表示了谨慎的欢迎，但仍保持“对世界市场的强烈保护主义姿态”（Blom Hansen，2001，第 301 页）。1998 年该政策成为政府的政策时，这一愿景已经演变为“印度资本主义”。印度人民党仍然广泛反对外资参与印度经济，无论是接受国际货币基金组织贷款或签署世贸组织规则，还是海外公司向印度国内投资（Nag，2014，第 130 页）。相反，它强调经济民族主义议程，通过“爱国消费”促进经济增长（Blom Hansen，2001，第 305 页）。尽管如此，瓦杰帕伊在 1998 年执政后采取了一些重大的自由化行动，包括电信等部门的私有化以及从国有酒店和其他业务中剥离国家资本（Nag，2014，第 146—147 页）。有关港口和机场私人投资的规定有所放宽，公路和铁路项目也是如此（Nag，2014，第149页）。

许多分析人士认为，这种国内经济政策自由化转变是印度人民党在20世纪90年代崛起的原因之一，同时还有阿约迪亚的罗摩神庙事件的鼓动，这激发了其他选区选民的热情（Nag，2014，第106—121页）。[①] 正如布鲁姆·汉森（Blom Hansen）所说（2001，第306页），"车奴"（car sevaks）及印度教民族主义者使用的"kar sevaks"[②]，指那些有抱负的、主要是城市消费主义的中产阶级和"印度教特性"的信奉者。对他们来说，买车是一项标志性的成就。但是，这种向经济政策的自由化转变并非没有遇到"国民志愿服务团"内部的抵制或批评，他们仍然高度怀疑对外贸易和外来投资，尤其反对其各种表现形式，包括20世纪90年代及其后在印度城镇兴起的西式快餐店（Blom Hansen，1999，第220页）。为了阻止瓦杰帕伊政府开放印度的对外贸易和外来投资，"民族觉醒论坛"集会反对政府，"国民志愿服务团"则对世贸组织规则适用于印度表示"严重担忧"，称这是"发达国家的阴谋"，意图破坏印度农业和其他产业（Andersen and Damle，2018，第129页）。

正如我们所看到的，这些担忧并非因为怀疑为促进经济增长而进行自由化的能力。更确切地说，印度教民族主义者担心经济自由化的影响和全球化对印度社会和文化的影响。经验丰富的印度教民族主义者和毕业于哈佛大学的经济学家苏布拉曼尼安·斯瓦米（Subramanian Swamy）的观点很好地说明了这一点。斯瓦米是右翼政党人民党的成员，于2013年加入印度人民党，1990—1991年任钱德拉·谢卡尔（Chandra Shekhar）政府的商务部部长。他断言，全球化带来两种风险：一种是经济风险，它可能让印度在经济上受到"国际掠夺者和投机者"的攻击；另一种是文化风险。斯瓦米观察到，"全球化可以改变价值观，更容易传播疾病，扰乱家庭体系"（2007，第81页）。要使印度以适当的"互联互通""更好地融入""全球市场"，全球化必须受到限制（Swamy，2007，第90页）。如果要实现他所设想的印度"复兴"，所有这些都必须得到密切管控，因为全球化可能导致文化遭到腐蚀。对斯瓦米来说，正确的目标应该是使印度实现现代化，获得

---

① 作为推论，其他分析人士认为，印度人民党不愿意支持更自由的政策限制了其在20世纪60年代和70年代的选举吸引力（Graham，1990，第253—254页）。

② 传统上，kar sevak 指致力于宗教事业的人。然而，这个词现在经常被用来描述印度教民族主义激进分子。

他所说的“阳刚的”（“virat”）印度认同（2013，第 21 页）。

在莫迪执政前和执政期间，“国民志愿服务团”的主要成员经常发表类似的观点。例如，“国民志愿服务团”负责人莫汉·巴格瓦特多次表示支持“自力更生”。2012 年 9 月，他告诉一位采访者，“国民志愿服务团”对“自力更生”的“立场”被全球化“强化”而不是削弱了：

> 我们的立场是，每个国家都有自己的资源、人民和愿望。发展的目的是使个人独立和自立。如果我能在家里做点什么，我就不会买了。我只从国外带来在我国无法获得的或不可能实现的却是生活所必需的东西，但必须以我的条件进口。在商业行为中，双方都有条件。我们应该从各地获取知识和技术。（*Indian Express*，2012）

巴格瓦特认为，为确保效率并使国家“无腐败”，印度的经济应该“去中心化”，即商品的“本土”生产和消费，这呼应了乌帕德亚亚的观点（*Indian Express*，2012）。

2014 年之后，巴格瓦特也没有偏离这一立场，尽管许多人认为“国民志愿服务团”和印度人民党之间达成了默契，前者表示不会进行公开批评并同意派志愿者参与全国选举和随后的邦选举活动，后者给予“国民志愿服务团”推进其文化议程的空间。[①] 就此而言，“国民志愿服务团”的附属机构“民族觉醒论坛”也坚持这一立场，它攻击了莫迪的“印度制造”计划，并呼吁开发由国内资本资助的本土技术（Press Trust of India，2015b）。同时，“民族觉醒论坛”煽动反对外国投资印度的零售业，反对政府旨在促进“印度制造”和其他计划的土地改革（Press Trust of India，2015c）。总的来说，“国民志愿服务团”坚持其立场，并克制自己的怀疑和批评。巴格瓦特表示愿意公开支持自己同意的政策，尽管他的组织被认为不愿意参与政治。例如，2016 年末，他公开表示支持莫迪突然停止发行所有面值为 500 卢比和 1000 卢比纸币这一有争议的决定，认为此举有助于遏制腐败（Venugopal，2016）。

当然，这并不是说莫迪和他的政府可以自由放任，也不是说总理和他的高级

---

① 相关有用的讨论，参见 Manor，2015。

部长不同意印度教民族主义者在外交经济政策方面的大致思路。可以肯定的是，在这一领域存在分歧，一位有影响的分析师称之为“对立情绪”（Manor，2015）。但是，除“民族觉醒论坛”之外，“国民志愿服务团”没有受到广泛批评，这可被视为一种衡量莫迪的做法在多大程度上偏离其经济思想和印度教民族主义主流的一个标准，尽管莫迪政府对此做了包装。

承诺

在竞选过程中，莫迪承诺将恢复印度经济发展的动力，确保包容性发展，实现“好日子”。尽管他在大选前的演讲和在印度人民党宣言中早就做了承诺，但在 2014 年 5 月之前只是披露了其经济政策的大致轮廓。莫迪公开宣称的改革重点是行政改革，特别是利用信息技术简化服务、提供福利、建设基础设施、发展技能、打击腐败和减少企业发展的限制。然而，宣言中关于经济改革的内容非常模糊，承诺印度人民党领导的联合政府将恢复人们对中央政府管理国内外经济能力的信心和信任。除此之外，它只承诺“找到短期有效、长期持久的解决方案”，推行财政纪律，更有效地分配资源，改革银行业，并“重新审视国内外投资的政策框架，使其对印度更有利”（BJP，2014a，第 27 页）。其他地方含糊不清地提到了重新审视劳工法和土地征用过程。如果印度要吸引更多外资和促进就业，劳动力和土地是需要关注的两个关键领域（BJP，2014a，第 28、31 页）。

当然，莫迪一掌权就提出一系列倡议。在前六个月，印度政府削减福利支出，控制预算，放松外国直接投资对铁路和国防工业的投资限制，放松对柴油价格的管制，加强国家身份识别项目（Aadhaar），促进国家福利开支，推出“印度制造”计划，即通过允许海外利益集团完全拥有他们可以建造和运营的设施促进 25 个行业的制造业。2015 年，莫迪政府推出“创业印度”“数字印度”和雄心勃勃的智能城市计划（建设 100 个新的高科技可持续城市），推进劳动法改革计划，引入新的银行监管。直到 2016 年 8 月，印度议会和各邦才批准引入旨在消除大量地方税和内部关税壁垒的商品与服务税。该税于 2017 年 10 月 1 日生效，尽管其设计和复杂性受到很多批评。

尽管印度政府的声明中经常伴随着典型的莫迪式剧情，但正如米兰·维什纳夫（Milan Vaishnav）所说，这些“渐进的”改革反映出“创造性的渐进主义”

（2015，第 3 页）。这也部分反映了印度人民党及其盟友在尚未控制的联邦院获得支持的困难。维什纳夫表示，这种方式发挥作用可能至少受到三个其他因素的影响：莫迪对需要做什么和不需要做什么的信念，缺乏政府改革的总体愿景，“相信他的政府有充足的时间”（Vaishnav，2015，第 5 页）。因此，除了引入商品与服务税之外，莫迪第一任期的后半部分几乎没有新举措，只有一个例外。2016 年 11 月，他突然宣布将收回所有面值为 500 卢比和 1000 卢比的纸币，使其“停止流通”。这在独立后的印度并非无先例，1978 年就发生过类似事情，但这次依然出人意料。莫迪这样做的动机非常复杂，打击“地下经济活动”、腐败和造假是主要理由，但通过限制逃税、迫使资金流入银行和鼓励使用数字支付增加收入也被视为重要原因（Chhibber and Jassal，2017，第 87 页）。这本身并不是一项改革，但它的确产生了重大经济影响，推高了存款和税收收入，给小商贩和农民造成巨大痛苦，并使年经济增长率下降一至两个百分点，尤其是因为新钞票的发行速度缓慢。[①]

随着时间的推移，人们日益发现莫迪的经济管理方式不像印度国内外许多人所说的那样是新自由主义，而是更具民族主义和国家主义色彩，这反映了印度人民党早期承诺的“印度优先”，以及印度教民族主义者普遍对自由化特别是贸易和资本自由化的潜在怀疑。[②] 这与莫迪在古吉拉特邦执政时的做法一致。他对商业友好，但寻求保留强大的政治和官僚监管。有人认为，“印度制造”只是“活力古吉拉特邦”商业参与模式的扩展版（Ayres，2018，第 88 页）。尽管这是一种由外国资本资助、以外国知识和技术为基础的制造业模式，但他的经济民族主义结合了明显不愿意进一步向国际竞争开放印度市场的意图和试图在现有关税和监管壁垒下培育本土制造业的愿望。正如苏鲁帕·古普塔（Surupa Gupta）所说，莫迪政府几乎没有在任何正在进行的主要多边谈判（包括“区域全面经济伙伴关系”）中改变长期坚持的贸易保护主义立场，也没有采取任何措施推动达成新协议，如当时正在讨论的“跨太平洋伙伴关系协定”（TPP）（Gupta，2019，第 16—19 页）。

如同实现印度作为“世界导师”命运的意识形态议程一样，这种“印度优

① 学术界和公众对停止使用货币的影响进行了大量辩论。早期论述参见 Ghosh et al.，2017。

② 当然，这里的一个主要挑战是定义“新自由主义”，它在不同的背景下有多重含义。关于莫迪的方式是“新自由主义”的支持论点，参见 George，2014；关于反论点，参见 Ranjan，2018。

先”的经济民族主义议程也塑造了莫迪试图“再造”的对外政策。莫迪政府依赖引入外资刺激增长而不是大规模的自由化，这需要总理进行繁忙的国外旅行和热情拥抱外国银行家和企业家。例如，在2015年9月的硅谷之行中，莫迪会见了Facebook创始人马克·扎克伯格（Mark Zuckerberg）（Goel，2015）。这一“国家形象‘再造’”活动还要吸引和激励印度侨民，侨民是莫迪的公共外交、文化外交和宗教外交的核心焦点，被合理地视为资本的主要来源和比其他人群更可能投资的群体。[①]这是在短期内激发兴趣和促进向印度投资的必要条件，可以使印度国内生产总值增长率增加一或两个百分点，因为他们知道莫迪第一任期将重点推进土地征用和劳工法等领域的实质性改革，第二任期或许也会继续。

发展和交付

莫迪政府上台后，批评上届政府未能维持高增长水平、控制通胀、维持审慎预算、管理官员腐败和提供就业。它对国内受众承诺实现“包容性”发展和具有“全球竞争力的经济”（BJP，2014a）。对于南亚地区，莫迪上任后不久宣布“邻里优先”政策，承诺印度将更好地整合该地区，以推动整个南亚地区的增长和发展。在外交部对外事务司和公共外交司制作的丰富多彩的宣传材料中，莫迪政府不遗余力地强调印度对该地区能力建设和基础设施的贡献（MEA，2014b），其中包括教育和培训计划、水电站、道路和一系列其他项目。然而，这些项目大多数是早已存在的安排，它们始于更早的往届印度政府，由莫迪政府重新包装或提供新的动力。随着时间的推移，莫迪政府在国内改革和旨在改善地区互联互通的项目中苦苦挣扎，人们开始怀疑它是否有能力兑现这些承诺。

莫迪政府也取得了一些成功。2014年下半年，莫迪政府的监管改革和“印度制造”计划启动后，外国直接投资流入量激增。2014—2015财年和2015—2016财年，外国直接投资流入增长超过20%。2015—2016财年，流入印度的资金比辛格政府最后一年增加了约200亿美元，总计556亿美元。此后，外国直接投资流入的增速放缓，2017—2018财年流入资金总额为620亿美元，仅比两年前增加约65亿美元。值得注意的是，外国资本投资的前三大行业是电信、IT行业的软

① 关于“国家形象塑造”作为外交实践的研究，参见Dinnie，2015。

件与硬件以及服务业，而不是“印度制造”计划培育的制造业（*Times of India*，2018 年）。在莫迪政府第一任期即将结束之际，外国直接投资增速放缓导致一些法规发生变化，包括 2018 年 1 月出台的一项举措，允许外国企业对所谓的单一品牌零售业拥有 100% 的所有权，以试图恢复外资流入的增长势头（Mohammed，2018）。

贸易方面的记录更是喜忧参半。莫迪政府 2015 年 4 月推出的贸易政策设定了令人印象深刻的目标，称政府希望看到印度在世界贸易中的份额从 2014 年的 2.1% 上升到 2020 年的 3.5%，印度的出口总额超过 9000 亿美元（Puri，2017，第 1 页）。尽管该政策的文件有 150 多页，但主要涉及减少烦琐规定，部署更多官员促进出口，以及为寻求出口商品的印度制造商制订国家支持计划（Ministry of Commerce and Industry，2015），它没有设想全面的结构改革。同时，无论双边（包括与欧盟、澳大利亚、加拿大和新西兰）还是多边（包括“区域全面经济伙伴关系”），一系列正在谈判的贸易协议进展甚微。双边自由贸易协定陷入印度希望保护其农业部门和为移民工人达成特殊协议的争论。同时，“区域全面经济伙伴关系”是印度参与的除世贸组织之外唯一的重要多边贸易进程，其态度警惕而谨慎（Puri，2017，第 12 页），因为担心这将为低成本的中国制造商打开大门，从而将印度的竞争者赶出市场。

尽管有“印度制造”的雄心壮志和 2015 年的贸易政策，但莫迪执政期间印度的贸易额并没有出现显著增长。根据官方数据，2014—2015 财年到 2016—2017 财年，印度商品出口从 3100 亿美元降至 2759 亿美元，进口从 4480 亿美元下降到 3840 亿美元。服务业的情形好一些，同期出口额从 1580 亿美元小幅增长至 1630 亿美元，但进口额从 820 亿美元大幅增长至 960 亿美元，抵消了这一增长。然而，印度的贸易赤字仍然很大，2017—2018 财年为 1760 亿美元，而 2014—2015 财年为 2140 亿美元（Department of Commerce，2018，第 6—7 页）。这些相对较差的数字被莫迪政府归咎于全球经济疲软，而不是其政策（Department of Commerce，2018，第 28 页）。这也是“印度制造”面临的一个困难，因为印度正在努力发展生产出口商品的制造业。

在世界银行 2019 年发布的年度“营商环境”调查中，莫迪政府成功提升了印度的评级，这是它的一个关键目标。2014 年，它在 190 个国家中排名第 142 位，2018 年，该数字上升至第 77 位（Chakraborty，2018）。但是，这并没有达到莫迪宣称的在任期结束前让印度进入前 50 名的目标（Press Trust of India，2014c）。此外，在许多人认为吸引外国投资所必需的国内改革方面，即复杂的税收制度、土地征用规则、劳工法和银行业改革，取得的实质性进展也非常缓慢和不平衡。[①]2016 年，莫迪政府成功改革了过时的《破产法》（Nair，2016）。2017 年引入商品与服务税也是一项重大成就，这是最大的改革举措，但其制定过程非常漫长，许多分析人士认为最终版本并不令人满意。瓦杰帕伊政府最早提出商品与服务税，辛格政府接近实施它。该税种的最终实施结束了一些地方税及所谓的入市税，这是一种对跨越国境的货物征收的关税，但它建立了从 5% 到 28% 不等的四种不同税率的复杂制度，而且可能存在问题（Nayyar，2018，第 224 页）。

莫迪政府试图改变有关土地征用的法律，但收效甚微。该法律继承了基于 1894 年《土地征用法》的制度，后者允许政府为“公共目的”征用土地。鉴于印度对该制度提出了长达半个世纪的法律挑战，莫迪政府在 2014 年选举后不久试图进行改革，部分目的是促进“印度制造”。2014 年 12 月下旬，莫迪政府颁布一项新的土地条例，旨在使公司更容易获得土地，但该条例的有效期限仅 6 个月。2015 年初，莫迪政府试图对有关补偿和重新安置的法律进行修订（Mukerji，2017，第 96—97 页），但这次改革未能获得广泛支持。该指令在印度人民党内部受到严厉批评，并要求放弃。2015 年 4 月，人民院通过一项新法案，但未能在联邦院获得支持，也被搁置，交由邦政府磋商（Ayres，2018，第 89 页）。

莫迪政府在改革劳动法方面取得了一些进展。印度在该领域有复杂而严格的法规，由于只有大约 10% 的雇员在正规部门工作，大多数劳动者没有受到这些法规的保护。2014 年竞选期间，莫迪承诺精简国家法律中的 44 项现有法规以及数十项与之相关的邦法规，旨在使公司更容易解雇工人，使小公司免于遵守某些劳动法规，稀释工会权利，从而推动“印度制造”。莫迪政府试图将现有法规合理化地归为四个法典。2014 年 8 月，莫迪政府试图修订《工厂法》。2014 年 10 月，它制定了一项更广泛的改革议程（Yadav，2014），包括修改关于劳动标准的法规。2015 年 4 月，在政府通过土地征用立法的同一次议会会议上，提交了一项《劳资关系劳动法法案》，但该法案因人民院的持续混乱未被宣读（Gopalan，2016，第 174 页）。同时，许多工会组织开始反对拟议的新规定，2015 年 9 月，与政府的谈

① 关于土地法改革，参见 Kazmin，2015；关于所有这些问题，参见 Mehra，2019。

判最终破裂，一些工会举行了 24 小时的总罢工以示抗议。[①]

总体而言，莫迪政府在推进经济全球化的关键领域没有达到目标，未实现莫迪所说的开放并拥抱全球化，而这是其“再造”对外政策的内在要求。在莫迪承诺实现一体化程度更高和包容性发展的周边地区，印度也面临来自中国快速发展的“一带一路”倡议的压力，因为中国也作出了自己的一系列宏伟承诺。

区域连通

在莫迪执政的第一年，作为“邻里优先”政策的一部分，莫迪政府向其他南亚国家作出多项承诺。2014 年 11 月下旬，莫迪参加在尼泊尔举行的南亚区域合作联盟峰会时发言，他的主题是南亚“无限潜力”与“边界壁垒”之间的脱节以及更好地整合该地区的必要性。莫迪用充分的理由指出：“我们在南亚地区内部旅行比去曼谷或新加坡更困难，而且‘彼此通话的费用更高’。”（Modi，2014f）他呼吁加强互联互通，“我们必须缩短生产者和消费者之间的距离，使用最直接的贸易路线”，并承认“印度必须带头”（2014f）。莫迪指出（2014f），“基础设施是我们地区最大的弱点和最迫切的需求”，强调他无法通过陆路到加德满都这一事实，因为道路太差。他承诺，南盟开发银行将支持地区基础设施项目，推动改善整个地区的经商便利性，以与印度政府在国内的做法相一致，并努力解决印度与该地区其他地方的巨额贸易顺差。他还提到新德里赠送给南盟成员国使用通信卫星和印度为南盟创办南亚大学（Modi，2014f）。此外，莫迪提出了一个更广泛的观点，即印度洋地区需要更高程度的一体化与合作。在毛里求斯，他谈到了“地区共同安全与增长”（Security and Growth for All in the Region，SAGAR）概念（Modi，2015f）。他指出，在改革由 21 个成员组成的“环印度洋联盟”（Indian Ocean Rim Association，IORA）方面取得了进展，需要改善整个地区的海上安全和贸易，强调印度在提供这些公共产品方面的关键作用。

这些愿景当时在该地区内外受到欢迎，但事实证明难以实现。在南盟内部取得进展具有挑战性。在 2014 年南盟峰会上，各国领导人承诺全面实施 2004 年达

---

① 应当指出的是，印度最大的工会组织、“国民志愿服务团”下属的印度工人同盟（Bharatiya Mazdoor Sangh）表示反对，但没有参与行动。

成的《南亚自由贸易协定》（SAFTA），该协定旨在到 2016 年将所有商品贸易关税降至零，为南亚经济联盟（SAEU）奠定基础。但根据《南亚自由贸易协定》，成员国被允许保留“敏感”产品的关税，每个成员国的清单上仍有大约 1000 种产品（Weerakoon and Thennakoon，2006）。尽管莫迪政府大幅削减了印度的清单，将其减少到几十种，但其他国家以贸易赤字等为理由没有采取类似行动。2016 年原定在伊斯兰堡举行南盟首脑会议，克什米尔地区的恐怖袭击促使印度撤回参会的决定，阿富汗、孟加拉国和不丹也相继拒绝出席会议，该峰会被取消（Jacob and Giri，2016）。印度以巴基斯坦继续支持恐怖主义为由抵制了 2018 年南盟峰会，该峰会仍定为在巴基斯坦举行。贸易或互联互通方面没有取得实质性进展。尽管印度交付了卫星，但巴基斯坦拒绝使用。此外，南盟开发银行的想法被证明是不可行的（Mishra，2015）。

不可能利用南盟促进互联互通和区域一体化，这意味着莫迪政府不得不采取久经考验的方法，即利用较小的次区域集团推动关键举措或双边交易。这包括“孟、不、印、尼”（Bangladesh，Bhutan，India，Nepal，BBIN）工作组和可追溯到 1997 年的“环孟加拉湾多领域经济技术合作”倡议（Bay of Bengal Initiative for Multi-Sectoral Technical and Economic Cooperation，BIMSTEC）[①]，以及 2001 年发起的“南亚次区域经济合作”倡议（South Asia Subregional Economic Cooperation，SASEC）。为了兑现承诺，莫迪政府还寻求加快一系列从上届政府继承下来的现有或规划的项目，或与南亚地区以外的第三方（尤其是日本）合作开发新项目。“孟、不、印、尼”提供了四国在 2015 年 6 月达成协议的背景，以便利车辆（包括卡车）穿越各自的边界，从而避免货物开箱和重新装载的需要，这应该会扩大跨境贸易。然而，让每个国家批准该协议需要一段时间，不丹于 2017 年 5 月决定退出该协议，表面上是出于经济和环境原因。2018 年，其他三个国家开始实施，并开始升级道路和海关基础设施（MRTH，2018）。

在莫迪第一任期即将结束之际，“环孟加拉湾多领域经济技术合作”倡议也取得一些进展。尽管各国早在 2004 便基于该倡议提出达成自由贸易协定的计划，但直到 21 世纪第一个十年的中期之前仍进展缓慢。2014 年，该组织在达卡设立

---

① “环孟加拉湾多领域经济技术合作”倡议的成员国是孟加拉国、不丹、印度、缅甸、尼泊尔、斯里兰卡和泰国。

一个常设秘书处，此后开展了更多活动，领导人和官员定期举行会议（Xavier，2018，第7—8页）。2016年10月，莫迪在果阿主办了一次“环孟加拉湾多领域经济技术合作”倡议领导人务虚会，并与“金砖国家”举行了一次联合峰会，为该组织的发展注入一些能量。莫迪后来将其称为印度推进“东向行动”议程和改善与东南亚陆海互联互通的“自然平台”（Xavier，2018，第10页）。相关国家提出一系列公路、铁路和港口建设项目，但正如亚洲开发银行（ADB）于2018年7月完成的一份报告所述，该倡议仅有少数项目得以实施，主要涉及贸易便利化措施（Asian Development Bank，2018，第3—4页）。

在“南亚次区域经济合作”倡议的支持下，跨境公路和铁路连接升级、港口基础设施完善、区域机场完善、贸易便利化监管问题解决、能源基础设施完善、跨境贸易走廊建设等方面取得了更大进展，这一定程度上得益于亚洲开发银行的资金和技术援助。2002—2016年年中，“南亚次区域经济合作”倡议实施了约40项重要的基础设施和发展计划，耗资77亿美元（SASEC/ADB，2016，第2、24—28页）。2016—2018年，它协调了另外160亿—170亿美元的支出，用于不丹和尼泊尔新建和升级道路、加强港口基础设施和改善机场，以及另外5亿美元用于贸易便利化。它还为地区能源基础设施投资了580亿美元。

在“南亚次区域经济合作”倡议的诸多计划中，印度最重要的项目之一是印度曼尼普尔邦莫雷（Moreh）和泰国梅索（Mae Sot）之间1360公里的印度－缅甸－泰国三国公路。这有望为印度与东南亚的更多陆路贸易提供新机会，对印度东北部贫困地区的企业而言尤其如此。它还有助于减少印度对通过马六甲海峡和中国南海特别是湄公河地区将货物运往陆上东南亚市场之航线的依赖（Bana and Yhome，2017）。该公路于2012年开始建设，距首次提出该计划已有10年之久，亚洲开发银行提供了部分资金，作为更广泛的“亚洲公路网”的组成部分。2017年8月，莫迪政府批准了超过2.5亿美元的额外资金用于该计划，报道称这是为了应对中国的竞争举措。此前，莫迪还宣布与亚洲开发银行合作，为拓宽和改善连接曼尼普尔邦首府英帕尔（Imphal）和边境城镇莫雷（Moreh）的公路提供资金（Chaudhary and Pandya，2017；Dashi，2017）。

这些旨在促进印度发展和改善印度与邻国互联互通的项目在莫迪第一任期的后半段获得新动力，某些项目还注入新的资金或政治承诺，主要是为应对中国不断发展的“一带一路”倡议。随着时间的推移，新德里清楚地认识到，“一带一路”

倡议对印度在该地区的影响力构成重大挑战。该倡议承诺将南亚大部分地区和一些印度洋沿岸国家以及西亚、中亚和东南亚纳入以中国为中心的经济体系，这一体系建立在中国资本、进入中国市场以及中国制定标准和规则的基础上。新德里担心，“一带一路”倡议可能使南亚国家在经济上依赖中国，使一些国家陷入“债务陷阱”，使它们容易受到外交影响。莫迪政府最终决定公开反对“一带一路”倡议的内容，并采取措施使印度能够与中国竞争经济和外交优势。

与中国竞争

“一带一路”倡议始于 2013 年末，当时印度的竞选活动刚开始。[①] 辛格政府给予谨慎欢迎，表明其有一定的意愿讨论或将互惠的互联互通和基础设施项目。与之同时出现的另一个项目是“孟中印缅经济走廊”（BCIM），通过缅甸的曼德勒（Mandalay）和孟加拉国的达卡（Dhaka）连接中国的昆明和印度的加尔各答（Kolkata）。该走廊当时被视为一个独立项目（即非“一带一路”项目）。2013 年 12 月，新德里承诺印度将参与“孟中印缅经济走廊”。2014 年 2 月，辛格会见中国特别代表杨洁篪时公开欢迎“丝绸之路经济带”（BRICS Post，2014）。然而，他不会被“一带一路”倡议的海上部分，即“21 世纪海上丝绸之路”所吸引，但中国希望辛格也支持这一倡议（Singh，2014）。

尽管中国大使在印度竞选期间发表了一篇著名的报纸社论，公开呼吁印度支持“一带一路”，但是莫迪上台后没有改变这些立场（Wei，2014），2014 年 6 月下旬，在印度副总统哈米德·安萨里（Hamid Ansari）访华期间，中国再次寻求印度支持“21 世纪海上丝绸之路”，但印度方面礼貌地要求中国提供更多关于其计划的细节（Singh，2014）。这一要求遭到拒绝，两国发表的长篇联合声明没有提到“一带一路”倡议，只提到双方对“孟中印缅经济走廊”项目的共同承诺（MEA，2014c）。

印度拒绝接受“一带一路”倡议的事情发生在 2014 下半年双边关系明显趋冷的时候。正如康提·巴杰帕伊（Kanti Bajpai）所说（2017，第 80—81 页），在

① 习近平主席 2013 年 9 月初在哈萨克斯坦和一个月后在雅加达发表的两次公开演讲中概述了“一带一路”倡议（MFAPRC，2013a 和 2013b）。

习近平主席访问印度前夕，中国和印度对彼此采取了更强硬的立场。印度的做法是对与中国有分歧的国家进行一系列高层访问。莫迪于8月31日至9月3日访问了日本，时任印度外交部部长苏诗玛·斯瓦拉吉和时任总统普拉纳布·慕克吉（Pranab Mukherjee）前往越南。中国方面的表现更为明显。在习近平主席访问印度的前一周，中国人民解放军部队进入拉达克以及查谟和克什米尔的部分地区（这些地方是中国固有领土——译者），却遭到新德里的强烈回应。莫迪命令三个营的印度军队进入该地区，并在与中国领导人联合举行的记者招待会上公开批评中国人民解放军的行动，这对印度总理来说是一个不寻常的举动（Mallet，2014）。据报道，中国外交官意识到莫迪政府渴望获得外国直接投资，在中国领导人访问印度期间把价值1000亿美元的投资作为谈判筹码，这一数字在最终发表的联合声明中降至200亿美元（Chaudhuri，P.P.，2014）。

2015年4月，习近平主席对巴基斯坦进行国事访问，并公布了价值460亿美元的“中巴经济走廊”（CPEC）项目。[①]“中巴经济走廊”是“一带一路”倡议的核心组成部分（Houreld，2015）。不久后，印度宣称“中巴经济走廊”的规划路线中，公路和铁路将穿过被印度视为领土的克什米尔的一部分。中国领导人的声明为莫迪下个月的中国之行蒙上了阴影（Mohan，2015，第103页）。据报道，印度总理在北京对“中巴经济走廊”正式提出抗议，指出他对部分公路和铁路连接计划穿过有争议领土的担忧（Roche，2015）。在随后的几周里，新德里也开始公开将“一带一路”倡议与印度支持的其他中国主导的倡议，如亚洲基础设施投资银行（AIIB）和新开发银行（NDB）等金砖国家项目进行对比。例如，2015年7月，时任印度外交秘书苏杰生在新加坡发表的评论中表示，亚投行与新开发银行是通过多边谈判创建并由多边管理，而“一带一路”倡议是一项单边的“中国国家倡议”，旨在服务于其“国家利益”，而不是任何集体利益（Jaishankar，2015a）。

中国努力通过一系列对话和会议吸引印度学者和智库分析人士对“一带一路”倡议作出更积极的评估，但是新德里仍拒绝支持该倡议，并提出温和但明确的批评（Uberoi，2016，第27页）。莫迪、苏诗玛·斯瓦拉吉和苏杰生保持着外交礼节，但态度坚定，倡导南亚或印度洋地区更好的“互联互通”，但认为应通过

---

① 至2017年，“中巴经济走廊”的价值已达到640亿美元（Siddiqui，2017）。有关“中巴经济走廊”的有用简短评估，参见Small，2017。

"协商方式"而不是单方面决定推动，并主张互联互通倡议不应成为旨在限制相关国家自主性的"硬连接"（MEA，2016）。[①]2017年5月13日，即习近平主席出席首届"一带一路"高峰论坛并发表主旨演讲前夕，新德里发表了尖锐批评，表明印度对"中巴经济走廊"的担忧由来已久，并指出：

> ……互联互通倡议必须以普遍公认的国际准则、善政、法治、开放、透明和平等为基础。互联互通倡议必须遵循财政责任原则，避免给相关国家造成不可持续债务负担的项目；平衡的生态与环境保护及维护标准；透明的评估项目费用；以及技能与技术转让，以促进相关国家创造的资产得以长期运行和维护。（MEA，2017a）。

在印度看来，"一带一路"倡议没有遵守上述原则，而且印度认为中国拒绝就这一问题"进行有意义的对话"，发言人证实印度代表不会出席"一带一路"高峰论坛。

尽管中国方面不断展示友好姿态，但莫迪政府此后拒绝支持或参与"一带一路"倡议。印度在与包括日本和美国在内的志同道合伙伴的多次联合声明中重申其青睐的互联互通倡议的规则和规范（US Department of State，2018a）。此外，莫迪政府开始探索替代方案，与南亚国家达成双边协议，在"环孟加拉湾多领域经济技术合作"倡议等区域性论坛上进行磋商，或者与其他大国合作。这些项目包括莫迪和他的日本同行安倍晋三2016年11月在东京会面（Ministry of Foreign Affairs of Japan，2016）时勾画的"亚非增长走廊"（Asia-Africa Growth Corridor，AAGC）等项目，以及在重启的美日印澳"四方安全对话"（Quad）框架下制订的各项计划。

2017年5月，在古吉拉特邦首府甘地讷格尔举行的具有里程碑意义的印非首脑会议和非洲开发银行会议，更详细地勾勒了"亚非增长走廊"。该计划承诺提供"发展与合作项目、高质量的基础设施与机构联通、能力与技能提升以及民间合作伙伴关系"（RIS et al.，2017，第2页）。核心目标之一是改善港口基础设施，特别是使印度西海岸与东非沿岸国〔肯尼亚、坦桑尼亚、赞比亚、桑给巴尔（桑

① 关于2017年"一带一路"高峰论坛之前印度立场的有用评估，参见Madan，2016。

给巴尔是坦桑尼亚的组成部分，而非一个国家——译者）〕及印度洋岛国（马达加斯加、马尔代夫、毛里求斯和塞舌尔）之间的贸易蓬勃发展，也包括日本、东南亚国家（特别是缅甸、新加坡和泰国）及孟加拉国和蒙古国（Biswas，2018）。“亚非增长走廊”被视为长期以来的伙伴关系和合作项目的延伸，包括1964年由印度发起并具有广泛基础的国际技术和经济合作项目，以及2008年第一届印度－非洲论坛首脑会议启动的印非合作框架，该框架涵盖广泛的教育、卫生、能力建设、和平与治理倡议（Saran，2012）。“亚非增长走廊”被认为是将这些不同计划与印度的“东向行动”政策、日本在2016年5月G7峰会上勾勒的“扩展的高质量基础设施合作伙伴关系”（Expanded Partnership for Quality Infrastructure）及其更广泛的发展计划相结合的一种手段，后者最近重新包装为“自由与开放的印太”概念（Free and Open Indo-Pacific concept）。然而，大部分资金将来自日本，日本已承诺向“亚非增长走廊”提供2000亿美元，并辅以印度进出口银行的贷款（Pathak，2017）。

印度还参与了与澳大利亚和美国关于该地区其他基础设施项目的讨论，尽管是试探性的。互联互通是2017年6月莫迪与特朗普首次会晤（White House，2017）和2017年11月东亚峰会期间举行的重启“四方安全对话”马尼拉会议的议程内容（MEA，2017b）。2018年2月，报道称美日印澳四国将制订一项计划，帮助协调基础设施融资以及其他项目，如2018年3月在悉尼宣布的“东盟－澳大利亚基础设施合作”倡议（ASEAN-Australia Infrastructure Co-operation Initiative，AAICI）（Department of Prime Minister and Cabinet，2018）。

结论

印度教民族主义者长期认为对外贸易和外来投资存在危害，即它们显然对印度的经济社会发展和文化结构构成威胁。莫迪一再试图反驳这一观点，认为印度与世界其他地区特别是东亚、中东和东非，有丰富的经济和文化交流历史。莫迪在多个场合提及，古吉拉特邦的洛塔尔港（Lothal）是“世界上最早的海港之一”，印度人在整个印度洋沿岸和其他地区的货物运输和思想传播中发挥了重要作用（Modi，2015f）。他“再造”印度对外经济政策的尝试是基于这种与众不同、更积极和外向的叙事，而不是乌帕德亚亚和其他印度教民族主义名人青睐的防御性叙事（Chaulia，2016，第 84—86 页）。

然而，莫迪政府的政策反映了一种经济民族主义和重商主义世界观，这种世界观反映了对经济自由化及其可能后果的持续担忧、印度人民党内外强烈反对这种做法的政治力量、印度政府的体制弱点，以及重大的外部压力尤其是来自中国的压力。“莫迪经济学”展现了印度人民党和“国民志愿服务团”内的“自力更生”民族主义与国内外企业要求放松监管和放开对劳动力和土地使用的限制之间的不稳定妥协。它还意味着对区域内互联互通的广泛承诺，特别是在南亚和东南亚，以及不均衡的交付，但双边关系中的突发事件有时会破坏这种承诺，如 2015 年 9 月和 10 月破坏印度与尼泊尔关系的“封锁”。

该事件表明切断贸易路线可能给邻国带来痛苦，并使 2014 年莫迪的出访和宗教外交以及 2015 年 4 月尼泊尔大地震后印度的人道主义援助在尼泊尔建立起来的善意大打折扣。虽然“封锁”在名义上是非官方的，由居住在边境两侧的马德西人组织，以抗议尼泊尔拟议的宪法，但它再次显示了印度与其邻国之间的经济实力差距，并向尼泊尔和该地区其他地方持怀疑态度的观察者展示了改善互联互通的潜在缺陷。作为回应，尼泊尔向中国求援，寻求开辟过境路线，以避免对印度的依赖。2018 年 9 月，尼泊尔与中国签署一项协议，允许其将货物运往中国港口，在第三国销售（Nayak，2018）。同时，尼泊尔承诺参与中国的“一带一路”倡议，并获得公路、铁路和电力项目的资金作为回报。莫迪试图将印度重新定位为地区繁荣与互联互通的捍卫者，印度在努力弥补与邻国的裂痕。

第七章　国家权力与区域安全

莫迪政府上台后承诺通过“全政府”方式提供“全面的国家安全”，并对“恐怖主义、极端主义和犯罪”采取“零容忍”态度（BJP，2014a，第 37 页）。它承诺将“坚定地应对跨境恐怖主义”，实现军队现代化，并增加与国防有关的研发开支。它还宣称将加强核威慑，“详细研究印度的核战略，并对其进行修订和更新，以使其能够应对当前的挑战”（BJP，2014a，第 38—39 页）。这些承诺在国内和国际观察者中引发惶恐。一些分析人士对解决跨境恐怖主义的“坚定之手”，特别是对修改核战略承诺的影响表示担忧。[①] 他们担心莫迪可能会对巴基斯坦采取好战态度，他可能会做出不可预测甚至鲁莽的决策，从而破坏与伊斯兰堡特别是与北京的关系（Curtis，2014）。[②] 与其他领域类似，之前的印度政府在该领域制定政策和执行政策方面的延续性比变化性更明显。

在莫迪的领导下，印度在某些领域的内部安全方面确实取得了进展，特别是在管控印共（毛派）“纳萨尔”武装分子的威胁方面，这在辛格时期已经成为一个重要问题。同时，莫迪政府在抑制东北地区的分离主义暴力方面也取得了进展。在这两方面，扶贫计划、谈判解决，以及更好地管理印度漏洞百出的边界，特别是与孟加拉国的边界，都为实现这些目标而发挥了作用。[③] 在其他地区，特别是在克什米尔，莫迪政府努力应对动乱和叛乱，安全部队采取了强硬的策略，这引发国内外的批评（Jaffrelot，2017，第 28—29 页）。

---

① 参见 Burke，2014；Miglani and Chalmers，2014。

② 对于这些论点的有用纠正，参见 Grare，2014。

③ 关于反贫困的方案和印共毛派的暴力活动，特别是圣雄甘地国家农村就业保障计划的长期影响，见 Khanna and Zimmermann，2017。关于与纳加叛乱分子的和解以及与孟加拉国的边境协议的影响，见 Singh，M.A.，2016。

同样引发争议的是，莫迪政府试图通过比其前任更有力的军事行动来阻止以巴基斯坦为基地的恐怖分子在印度进行袭击。它以“外科手术式打击”回应2016年1月在帕坦科特（Pathankot）和2016年9月在乌里（Uri）发生的重大袭击——特种部队突袭巴基斯坦控制区，旨在摧毁所谓的训练营地。[①]2019年2月中旬，40多名准军事警察在“穆罕默德军”实施的自杀式爆炸中丧生后，莫迪政府再次提高了警惕。此后不久，莫迪政府下令跨过克什米尔地区的印巴“控制线”进行空袭，包括试图轰炸巴基斯坦境内巴拉科特（Balakot）的“穆罕默德军”营地，这引发了一次危机，直到一名被巴基斯坦军队俘虏的印度飞行员被送回印度才结束。

这些行动是否达到目的引发激烈争议。莫迪执政期间，在2016年的突袭行动前后，恐怖事件的数量有所波动。[②]在隔开印度和巴基斯坦管控的克什米尔地区的“控制线”附近，枪击和炮击事件并未减少。[③]2019年的空袭引发巴基斯坦的报复行动，导致混乱、不确定的结果，双方都声称获得了战略上的优势和道德高地（O’Donnell and Ghoshal，2019）。

同时，莫迪政府阐述了对其安全利益的广泛理解，并寻求发展保护和扩大安全利益的手段。尽管使用武力不是史无前例的，但这似乎表明莫迪政府已经摆脱了“战略克制”[④]。与辛格政府一样，莫迪政府将印度称为南亚和印度洋地区的“第一反应者”和“净安全提供者”（net security provider）（Mukherjee，2014）。值得讨论的是，莫迪政府在多大程度上设法提高了印度在这些方面的行动能力。印度在军事现代化进程方面仍然存在问题，特别是如何以现实的成本和使用没有不当行为嫌疑的程序，及时采购急需的主要新武器，包括从突击步枪和火炮到战斗机和直升机的各类武器（Joshi，S.，2018）。它还努力将其庞大但众所周知效率

---

① 关于这些打击，特别参见 Gokhale，2017a。

② 美国国务院汇编的数据显示，2015年印度的恐怖袭击数量略有增加（791起，2014年为764起），但死亡人数有所减少（289人，2014年为418人）（US Department of State，2016）。2016年，记录在案的袭击再次增加，至927起，死亡人数增至337人（US Department of State，2017），但2017年下降至860人，死亡人数略高，为380人（US Department of State，2018b）。

③ 哈皮蒙·雅各布（Happymon Jacob）指出，2017年是近年来控制线沿线违反2003年停火的次数最多的一年。根据印度的数据，总计约5500起，导致至少138名巴基斯坦士兵和28名印度士兵死亡（Jacob，2018，第xi－xii页）。另见 Behera，2016。

④ 关于这一概念，特别参见 Cohen and Dasgupta，2010。

低下的本土国防工业转变为能够在价格、时效性和质量方面提供军队所需的工业。[①] 因此，莫迪领导下的印度仍然依赖武器进口，尽管进口来源越来越多样化。[②] 虽然计划已久的核动力导弹潜艇已经下水，在扩大印度的核能力和建设防御性反弹道导弹系统方面也取得了进展，但新德里仍然坚持其近 20 年前提出的核理论（Narang，2018）。

如果莫迪政府所处的环境是良性的，那么它所面临的安全挑战就很难管理。实际上，情况并非如此。2012 年 11 月习近平当选为中共中央总书记，以及 2017 年 1 月唐纳德·特朗普当选为美国总统，都对印度有巨大冲击，新德里无法使印度免受这些因素对该国和该地区的影响。特朗普政府和他本人的不可预测性，同时寻求推动美印战略伙伴关系向前发展，并减轻中国力量和抱负的影响，增添了莫迪政府安全政策的复杂性。同时，在莫迪领导下，中国的主张和抱负成为印度最紧迫的国家安全问题，部分原因是中国的经济实力和军事实力强大，在南亚和其他地区的影响力越来越大。2017 年年中，印度在中国的洞朗地区差点儿与中国发生武装冲突，印度军队与中国人民解放军持续对峙了两个多月。尽管莫迪政府表现强硬。但这一事件也引发人们的质疑，即印度是否为爆发一场有限的边境战争做好了准备。

因此，为了探讨莫迪处理安全问题的方式，本章主要关注印度与中美两个大国的互动，它们一个是日益紧密的合作伙伴，另一个被广泛认为是该国的主要战略挑战者。本章认为，在国家、地区和国际安全问题方面，莫迪试图“再造”对外政策的雄心比追求尊重和繁荣小得多。这在一定程度上是由于印度教民族主义传统中缺乏明确的意识形态指导。简而言之，过去的印度民族主义思想家，如戈尔瓦卡和乌帕德亚亚，有很多关于确保印度不受他们认为的内部敌人影响的看法，却很少有关于确保印度不受外部潜在物理威胁的意见，而是集中在如何使印度恢复活力和抵抗外国文化影响的问题上。在缺乏此类思想指导的情况下，莫迪政府回归既定的概念和方法，其中一些继承自辛格政府。可以肯定的是，它有时比其前任更大胆、更自信。例如，莫迪政府为应对恐怖袭击而下令进行跨境袭

① 关于这一话题，参见 Cohen and Dasgupta，2010；Bitzinger，2018；Karnad，2018。

② 根据斯德哥尔摩国际和平研究所（SIPRI）的数据，2013—2017 年，印度是世界上最大的武器进口国，占所有国家武器进口的 12%。俄罗斯是印度最大的武器供应商（62%），其次是美国（15%）和以色列（11%）（Wezeman et al.，2018，第 6 页）。

击，但它围绕安全管理编织的叙事并不那么新颖，也不像它在其他领域所编织的那样具有明显的意识形态。与其他章节一样，本章首先探讨印度教民族主义意识形态的要素，仔细研究在管理国际（而不是国内）安全方面为何缺乏任何明确的建议。其次，探讨过去20年印度“战略空间”的扩张，以及支撑新德里的愿望和行为的概念与方法的演变，然后转向分析莫迪政府如何应对最大外部安全挑战来源——中国。再次，讨论2014年后美印战略伙伴关系的发展。有人认为，由于莫迪过去与华盛顿立法者的纠葛，以及特朗普的因素，这种伙伴关系在两位领导人的领导下可能不会蓬勃发展。最后，着眼于政府对地区安全的管理，特别是印度与巴基斯坦之间令人头痛的关系。

国家的权力

印度教民族主义关于权力和安全的思想显示出一种奇怪的担忧与矛盾的结合，因为它介于两种表面上指向不同方向的信念之间。[①]一方面，正如我们所看到的，它认为印度成为印度教民族主义者眼中的外国人（穆斯林和英国人）统治的主要原因，是印度教教徒让自己变得软弱和“没有男子气概”。[②]为了能够抵御进一步的入侵，他们必须像戈尔瓦卡所说的那样（1996，第435页），“成为大写的男人”。[③]这种想法可能会导致倡导一种政治现实主义，强调获得物质力量和对使用权力的非道德态度。戈尔瓦卡当然讨论过这种想法，他认为“冲突是当今人类的本质”，“强大是通往和平的真正途径”（1996，第257、262页）。乌帕德亚亚也表达了类似的观点，他一再主张印度需要摆脱尼赫鲁式的理想主义，获得包括核武器在内的军事力量，必要时还要打仗（Upadhyaya，1968，第50页）。

另一方面，印度教民族主义者认为，归根结底，最重要的不是体力，而是文化韧性。戈尔瓦卡坚称，“对印度母亲保持炽爱之情”，“只有这样才能充分发挥

① 本部分从拉胡尔·萨加尔（Rahul Sagar）于2009、2014和2015年就这一话题所做的开创性工作中获得启示。

② 恢复印度教的“男子汉气概”是一个共同的主题，这是“牛肉、二头肌和薄伽梵歌”的三个核心问题之一。参见Sharma，2003，第46页。

③ “塑造人”是戈尔瓦卡系列思想（1996，第389—488页）最后一部分的标题。正如我们所看到的，“国民志愿服务团”非常重视新兵的“性格培养”和体育教育。

我们人民不可战胜的力量……”（1996，第 338 页）。对他们来说，军事力量有一天会变得多余，因为全世界都会承认“永恒教法”的真理。戈尔瓦卡明确表示，获得权力是达到目的的手段，只是权宜之计，是为了让人们听到印度的声音：

> 让我们……认识到这样一个事实：要想获得真正的国家荣誉与和平，除了建立不可战胜的国家力量外，别无他法。只有这样，我们向世界宣扬的伟大原则才会有分量和威信。世界并不准备倾听弱者的哲学，无论它多么崇高。（Golwalkar，1996，第 270 页）

换句话说，印度人应该再次变得强大和更具“男子汉气”，但文化力量最终是实现“国民志愿服务团”所说的印度作为“世界导师”这一“终极荣耀”所需要的东西。戈尔瓦卡认为这是现实主义和理想主义的必要融合，他认为这是有必要的，因为如果印度要创造它注定要培育的世界，就必须在世界中生存和发展。但尽管如此，印度教民族主义思想家总体上倾向于忽视国际安全问题，除了拒绝甘地的“非暴力”之外，戈尔瓦卡还将其称为“低能”（1996，第 272 页）。相反，除了对印度过去被侵略者征服的情况进行系统的解释并说明其可能带来的教训之外，他们还倾向于关注那些他们认为对国家安全有更大和更紧迫威胁的内部事务，以及国家内部可以采取的解决这些问题的措施。

同时，印度教民族主义思想，特别是在“国民志愿服务团”内部，对国家及其角色的认识有深刻的矛盾。正如我们在第三章中所看到的，他们认为主权国家的本质是以社会契约理论为基础的欧洲人的发明，其目的是设计一个与充满竞争和战斗的现实世界不同的世界。莫汉·巴格瓦特说：“我们作为一个国家是基于文化和人民而存在，这是独特的，与植根于权力的民族国家概念完全不同。”（Bhagwat，2017）戈尔瓦卡和乌帕德亚亚都暗示，一旦印度教国家被确立为“世界导师”，永恒的“真正宗教”被所有人承认，就不需要国家了。因此，印度教民族主义者和他们的追随者很少花时间对国家政策进行系统的思考，他们认为既然目前的秩序是短暂的和附带的，就不需要这样做。

在“国民志愿服务团”负责人莫汉·巴格瓦特每年为印度教日历的“十胜节”（Vijayadashami）或“杜塞拉节”（Dussehra）所作的演讲中，上述信念都表现得很明显。例如，在 2014 年的讲话中，他以人们熟悉的关于印度命运的论点开场，将其通过“真理和非暴力”实现“幸福和美丽的世界”的“真正努力”与“那些以全球化的名义只关注自身群体的经济利益，以建立和平的名义想要扩大自己的帝国，以不扩散武器的名义迫使所有其他国家保持软弱和无助的势力”进行对比（Bhagwa，2014）。[①] 他注意到，印度人民党领导的新政府在国内外都做得很好，但很快转向另一个关键主题，即国家不团结，这需要从社会层面进行补救，而不是等待政府采取行动。许多国内外势力仍然活跃在印度，他们的唯一目的是“利用这个系统获取他们的小利益”，这些人包括圣战分子、非法移民和“毛派”。他认为，虽然国家可以采取措施打击他们，但社会也必须发挥其作用。巴格瓦特认为，“我们需要一个警觉的政府、强有力的国防政策和勇敢高效的国防部队，确保我们国家的安全”，“但我们同样需要一个由爱国、警觉和具有高尚道德品质的人组成的社会”（Bhagwat，2014）。

巴格瓦特在随后的讲话中更多地谈到国际关系和对外政策。例如，2015 年，他顺便抱怨巴基斯坦的“敌对行动”、中国的“扩张主义”、“不公平的国际外交”和外国发展模式的不公正，但主要集中在印度国内的社会问题和近年来“印度在世界的地位如何提高了许多倍”（Bhagwat，2015）。在中国和印度发生“洞朗对峙”事件后，他指出世界现在承认了印度的“实力”和“国际地位”，但他花了更多时间讨论克什米尔和据说是助长分裂的“反国家势力”，以及更多时间讨论社会和经济问题（Bhagwat，2017）。

只有在 2018 年的演讲中，巴格瓦特才详细解读国际关系和国家安全问题，这是 2019 年选举前的最后一次演讲，语气和内容上与之前的演讲大相径庭。他间接地赞扬了政府为确保印度边境安全所做的工作，以及政府为“通过向各国通报我们的安全关切并获得它们的支持和合作，将国际关系网缠绕在一起”所做的努力。他还赞扬了过去为应对该地区的威胁而采取的“大胆行动”。更重要的是，巴格瓦特集中讨论了军事问题，认为莫迪政府的军事现代化计划是“印度在世界范围内威望上升的原因之一”。然而，他批评了向武装部队成员及其家属提供“便利设施”，军事基地的安全问题，以及在“国防生产领域完全自力更生”方面进展缓慢。此外，他呼吁在扶贫方面取得更多进展，认为贫困导致了分裂和暴

① 这是巴格瓦特在莫迪执政时期发表的第一次“十胜节”讲话，也是第一次在国家广播公司 Doodarshan 电视上播出，引发印度人民党和“国民志愿服务团”的政治反对派的抗议（Press Trust of India，2014d）。

力，并特别指出了“毛派”以及所谓的“城市纳萨尔派”，即在媒体和大学中发现的所谓“毛派”纳萨尔主义的支持者。巴格瓦特直言不讳地指出，在这些领域和其他领域，“政府执行良好政策的行政敏感性、敏捷性、透明度和整体性，仍然没有达到预期……”（Bhagwat，2018）。

换句话说，巴格瓦特的论点说明了印度教民族主义者对国家安全的核心关注和内在矛盾。内部安全是首要关注的问题，要通过对可能导致社会分裂的力量作出强有力的反应，并结合道德提升和经济发展加以解决。国际关系特别是被理解为公共利益的国际安全，是一个边缘化的问题，是一个涉及骄傲、认可和声望的问题。正如我们将在下文所看到的，莫迪政府的做法倾向于这种优先次序以及外交与安全政策的概念。例如，莫迪政府试图“再造”印度的安全政策，在处理与中国的关系中反映了这种印度教民族主义世界观的因素，尽管它也显示出比包括巴格瓦特在内的印度教民族主义思想家们更积极应对国家和国际安全挑战的迹象。

拓宽视野

三个愿望定义了莫迪政府的安全政策：成为“领导力量”（leading power）、作为海上“净安全提供者”，以及实现总理所说的“地区共同安全与增长”。至少在戈尔瓦卡和巴格瓦特的论述中，这些都与印度教民族主义思想没有明显的联系。第一个愿望即印度作为领导国的想法起源于 2015 年初至 2018 年初任莫迪政府外交秘书的苏杰生。第二个愿望源于华盛顿，奥巴马政府的国防部部长罗伯特·盖茨在一次演讲中将他对印度在印度洋地区的地位的理解描述为“净安全提供者”，而不是一个只关心捍卫自己的公民、利益和价值观的国家（Mukherjee，2014，第 1 页），这种说法被辛格政府及其后继者接受（Singh，A.，2013）。最后一个愿望是莫迪自己创造的，涉及他对单词的独特玩法和对缩写的喜爱，首次出现在莫迪 2015 年 3 月在毛里求斯发表的里程碑式的演讲中（Modi，2015f）。

这三个概念都反映了人们对印度的战略空间及其在其中扮演角色的理解。20 年前，正如沙桑克·乔希（2015a，第 6 页）所观察到的那样，人们普遍认为这个空间从亚丁到马六甲，向北延伸到中亚。这涵盖一个很大的区域，包括南亚和印度洋沿岸，此后它的范围更大了，包括非洲之角、西亚（即西方所说的中东）、东非、中亚和东亚（Brewster，2018，第500—510页）。显然，印度的利益以及保护和扩展这些利益的能力在这个空间的各地区是不同的，在古代战略家考底利耶（kautilya）所说的“国家圈”（raja-mandala）的核心圈中竞争更为强烈，而在向外围移动时则不那么强烈（Kautilya，2000）。但新德里的战略伙伴关系，特别是与澳大利亚、日本、新加坡、越南和美国的安全合作关系，以及与以色列和沙特阿拉伯等国的关系，都有助于改变其优先事项和能力。[①]2014年，莫迪在一次高级军官会议上甚至谈到印度将成为“全球安全”的“锚”，而不仅仅是其所在地区的一个参与者，无论其定义如何（Modi，2014g）。

在战略地理观念发生转变的同时，印度也改变了对自身角色的理解。在辛格和莫迪的领导下，印度接受了作为“净安全提供者”的核心思想，即在危机或紧急情况下成为“第一反应者”。其武装部队不仅被理解为印度领土、公民和利益的捍卫者，而且被理解为南亚和印度洋地区的人道主义援助和灾难救济的提供者。2004年，印度空军和海军不仅向印度东海岸以及安达曼和尼科巴群岛的“节礼日”（Boxing Day）海啸受害者提供援助，而且向马尔代夫和斯里兰卡提供援助。在2008年5月纳尔吉斯飓风对缅甸大部分地区造成破坏后，印度军队也采取了类似的行动（Mohan，2014b，第7—9页）。在莫迪的领导下，2015年4月，印度军队再次动员起来，在尼泊尔发生地震后提供援助，部署了大型C-17“环球霸王”运输机和许多直升机，并拨款10亿多美元用于重建（Chand，2017）。

在南亚之外，也出现了对印度更广泛作用的新理解。20世纪90年代中期以来，印度加入东盟地区论坛，随后成为东亚峰会的成员。印度融入东亚机构的举措隐含着这样的含义，即印度可以成为一种平衡崛起的中国的力量。从军事意义上说，印度并不是一种平衡力量，但人们希望它能很快成为具有足够影响力的政治和经济领袖，以确保北京不会主导该地区（Almonte，1997）。在印度核试验后举行的“塔尔博特－辛格对话”期间及之后，华盛顿对新德里的接触也是基于类似的想法。2005年，布什政府已经确定，帮助印度成为“世界大国”的愿望是一个关键的对外政策目标（Tellis，2015，第490页）。2012年出现的“印太”概念，及其此后在澳大利亚、日本和美国的战略思维中的演变，也改变了人们对印度可

① 关于战略伙伴关系在印太地区当代国际关系中的实践，参见Envall and Hall，2016。

能发挥的作用的理解。[①]

在莫迪的领导下，这些以及其他想法塑造了新德里的自我认知。苏杰生提出印度是一个“领导力量”的概念，这回应了关于印度角色和能力不断扩展的理解。在“更大自信”和莫迪“充满活力的外交”的推动下，这一概念意味着印度“愿意承担更大的全球责任”，特别是在人道主义援助和救灾、维和、海洋治安和“积极参与重要的全球谈判”等领域（Jaishankar，2015b）。它还将印度置于所谓“基于规则的秩序”的更广泛背景下，这成为美国、澳大利亚和日本确保印太地区安全的核心方法。从 2014 年 9 月起，各种版本的“基于规则的秩序”悄然出现在印度外交部发布的一系列官方声明中，首先是莫迪访问华盛顿期间发表的印美“愿景声明”（MEA，2014d）。[②]

“地区共同安全与增长”概念是莫迪 2015 年 3 月在毛里求斯提出的。该概念采用了“基于规则的秩序”理念，并将其纳入一个关于印度的海洋历史、古代文明联系和他的“新印度”的经济雄心的更广泛的故事之中。它也建立在辛格政府的努力之上，与包括澳大利亚和印度尼西亚在内的其他地区大国合作，重振“印度洋地区论坛”，包括“环印度洋地区合作联盟”（2013 年更名为“环印度洋联盟”）和印度洋海军研讨会（创建于 2008 年）。它认识到海运贸易对印度的重要性，以及不仅需要更好地与区域国家接触，还需要根据 2003 年瓦杰帕伊提出的所谓“萨加马拉倡议”（Sagarmala initiative）升级印度的港口设施（Chaturvedy，2017，第 167—171 页）。然而，总体而言，它并没有提供任何特别新颖的想法。

莫迪在 2018 年 6 月 1 日香格里拉对话会上的主旨演讲也没有提出新想法。这次活动为他提供了一个机会，向来自印太地区的政策制定者和分析人士详细阐述他对地区安全的愿景，但他的演讲令人失望。演讲的重点很狭窄，主要针对东南亚听众，向东盟成员国保证它们在地区安全架构中被夸大的“中心性”。演讲着眼于中国，强调需要确保该地区所有国家保持“自由和无畏的选择”。它暗示，这可以通过确保一个“强大的多极世界秩序”来实现。莫迪一反常态地提到印度

① 关于“印太”概念的出现和演变，参见 Medcalf，2013。

② 声明的相关部分是：“我们将支持一个开放和包容的基于规则的全球秩序……”

保持“战略自主”的重要性，他通常避免使用这个词。[①]他警告说世界有可能回到“大国竞争时代”，并说印度主张建立伙伴关系和合作，而非结盟和遏制。但同时，这次演讲明确了莫迪希望印度坚持的价值观，指出它寻求“促进民主和基于规则的国际秩序，其中所有国家，无论大小，都享有平等和主权”（MEA，2018c）。

香格里拉演说用现在熟悉的印地语和梵文术语略加掩饰，莫迪呼吁尊重、对话、合作、和平和繁荣。但是，区域秩序的基本愿景以及印度在其中的地位，并非来自任何印度教民族主义意识形态。相反，正如莫迪政府对国际安全和安全政策的整体理解一样，它大量借鉴了其前任和其他国家，尤其是华盛顿的做法。

运动与惯性

要成为“净安全提供者”，新多极秩序中的“一极”，或“领导力量”，需要资源和关于如何使用它们及如何获得更多所需资源的强大战略。有迹象表明，莫迪政府执政早期已经明白这一点。引用国家安全顾问阿吉特·多瓦尔的话说，印度需要停止低调行事，并致力于收集资源以进行更有效的竞争（Pant，2015，第110页）。政府努力提供所需的东西。例如，尽管政府一再暗示设立国防参谋长一职将改变武装部队的指挥结构，但这并没有发生（Joshi，2015b）。莫迪政府还提出建立一系列联合司令部的想法，即由一名军官掌管三军的资源，或者负责特定战区，类似于2001年建立的安达曼和尼科巴司令部，或者负责关键领域的联合行动，如网络安全或特种作战。[②]莫迪政府还提出了国家安全战略的想法，草案显然也写好了，但从未公布（Gokhale，2018）。核战略也未经修订（Narang，2018）。支持武装部队和获取装备的官僚程序发生了变化，但正如2014—2017年担任副国家安全顾问的阿温德·古普塔（Arvind Gupta）所言：“迄今为止，这些努

① 在香格里拉对话会之前，莫迪很少使用这个词，因为它与上届政府以及更广泛的当代尼赫鲁思想密切相关；参见Ganguly，2017。很可能是印度外交部部长顾凯杰（V. K. Gokhale）将其写入演讲稿（或允许将其写入演讲稿），他拥有对演讲稿的最终官员发言权而不是政治发言权。感谢拉贾·莫汉（C. Raja Mohan）分享了他对这些问题的见解。

② 安达曼和尼科巴司令部是印度第一个三军司令部，将该地区的陆军、空军和海军资产置于单一总司令的指挥之下。关于许多人认为需要更广泛改革的观点，参见Kanwal，2016；Gupta，2018；Kanwal and Kohli，2018。

力并非全力以赴，只取得了部分成功。”（Gupta，2018，第 354—355 页）

此外，莫迪政府没有显著增加印度的国防预算，事实上，至 2018 年中期，知情的观察家们认为军队面临“严重的资源紧缺”（Joshi，M.，2018，第 1 页）。在莫迪执政期间，国防预算占国内生产总值的比例实际上有所下降，从 2013—2014 年的略高于 2% 下降至 2018—2019 年的约 1.5%（Bedi，2018）。尽管一位高级官员告诉议会委员会，超过 2/3 的设备是“老式的”（Joshi, M., 2018，第 2 页），但亟须的现代化依然进展缓慢。此外，政府尤其难以控制人员成本。2018—2019 年，人员费用占国防预算的 58%，高于 2010—2011 年的 44%（Joshi，M.，2018，第 4 页）。莫迪政府致力于为武装部队的现役和退役成员实施所谓的“一个等级，一种养老金”的安排，但面临着大量的额外负债。2018—2019 年度，养老金预算增长到超过分配给购置新设备的总额（Pubby，2018）。仅此一项，就使得武装部队难以获得和引进现代步枪、坦克、大炮、飞机、船舶和其他急需的物资。

更糟糕的是，莫迪政府搞砸了一系列国防采购交易，最重要的是采购 126 架新的多用途战斗机。尽管有一个严格的程序推荐符合要求且是空军需要的产品（法国“阵风”战机），但是当关于由谁和在哪里生产的谈判陷入僵局时，莫迪在法国总统弗朗索瓦·奥朗德访问期间决定只订购 36 架法国制造的飞机，而不是印度制造的飞机（Bitzinger，2015，第 536、548 页）。在为空军和海军购买急需的直升机以及新的火炮系统方面，莫迪政府取得了更多进展，尽管是以零散的方式购买。2015 年 9 月，莫迪政府成功敲定了期待已久的被前政府搁置的交易，以 31 亿美元的价格从美国购买“奇努克”直升机和“阿帕奇”直升机（Gokhale，2017b，第 161 页）。2018 年 8 月，印度以 18 亿美元从美国购买 24 架 MH-60R 直升机，并开启了购买 100 多架的程序，但这远不能满足一些人认为海军需要 200 多架此类飞机的需求（Gady, 2018）。[①] 然而，更大的交易是在 2016 年国防采购程序中推出的政府“战略伙伴关系”计划的支持下达成的，该计划要求外国实体同意在印度制造元件并向其当地合作伙伴转让技术（MoD，2018）。

总的来说，莫迪政府在军队现代化和印度国防工业改革方面遇到了困难。例如，尽管有监管规则方面的变化和政治意愿，莫迪政府仍在努力吸引外资投资于国防制造业。2018 年 3 月的报道称，在 2014 年 5 月至 2017 年 12 月期间，约

① 关于对直升机的可能需求，特别参见 Joshi，M.，2018，第 7 页。

540 亿美元的外国直接投资总额中，只有约 16 万美元流向国防部门（Banerjee，2018）。[①] 例如，花了整整 30 年的时间开发的“光辉”（Tejas）轻型战斗机终于在 2016 年投入使用，但生产它的国有印度斯坦航空公司（HAL），在 2017—2018 年甚至未能完成每年生产 8 架飞机的计划，只交付了所需的 200 架中的 6 架（Singh，R.，2018）。莫迪政府在其他领域取得了一些成功，特别是“歼敌者”号核动力潜艇入役和第二艘“阿里格特”号核潜艇的下水，但总体而言，其军事现代化发展不平衡且进展缓慢。

更新战略伙伴关系

在某种程度上，莫迪政府在处理印美关系方面明显更加成功。2014 年后，战略伙伴关系得到扩大和深化，即使唐纳德·特朗普于 2017 年 1 月将一种截然不同、反复无常、公开交易的风格带入白宫也没有改变这一趋势。这种伙伴关系最初出现在 21 世纪初，由双方在印度核试验后作出的重大承诺所催化，包括比尔·克林顿明确谴责巴基斯坦 1999 年卡吉尔战争的挑衅，瓦杰帕伊在 2000 年 9 月发表的两国“天然盟友”的著名声明，以及后者承诺在“9·11”事件后对美国提供物质支持（Bajpai，2005，第 3578 页）。克林顿时期的“塔尔博特 – 辛格对话”有助于消除双方的猜疑，反恐合作、布什政府的意识形态承诺，以及对中国未来对该地区影响的担忧，为双方建立伙伴关系奠定了基础。2001 年 11 月，瓦杰帕伊和布什宣布他们致力于完成“美印关系的质变过程，以追求他们在亚洲和其他地区的许多共同目标”（White House，2001）。

美印随后进行了两年的密集谈判，2004 年 1 月宣布了“战略伙伴关系的后续步骤”（NSSP）。它有效消除了美国对印度 30 年的制裁和对其获得民用核技术的限制，以换取新德里承诺不将其用于武器计划（Tellis，2005，第 4—5 页）。通过“战略伙伴关系的后续步骤”和随后的民用核协议，印度获得对其作为事实上的核武器国家地位的承认，以及为其太空和导弹计划获取技术提供了途径。“战略伙伴关系的后续步骤”还为 2005 年 7 月签署的十年期《防务框架协议》打开了大门，使新德里能够更好地获得美国的军事技术。各种系统的主要军火交易随之而

① 有关莫迪政府中国防部门改革的有用说明，另见 Smith，2016。

来，包括一艘美国海军退役的“特伦顿”号两栖舰（2007 年）、P-8“猎户座”海上侦察机（2009 年）、C-130J“大力士”运输机（2009 年）、C-17“环球霸王Ⅲ”重型运输机（2009 年）和 AH-64“阿帕奇”攻击直升机（2010 年）（Cohen and Dasgupta，2011，第 24 页）。

然而，这种势头在 21 世纪第一个十年末期消失了。双方对与一些第三方关系的管理，包括印度与伊朗的关系以及华盛顿与伊斯兰堡的关系，引发了不满。2008 年 7 月，美印核协议的批准几乎使曼莫汉·辛格的政府倒台，印度左派对该协议表示关注，尤其对战略伙伴关系持不欢迎态度。国际金融危机的爆发和巴拉克·奥巴马上台使事情变得更加严重，两者都削弱了印度对其新伙伴的信心，因为华盛顿正在与经济衰退作斗争，试图重启与北京的关系，并提出中美 G2 的构想，这是新德里长期以来担忧的事情。2009 年，美印伙伴关系受到一系列打击。4 月，印度宣布不会购买美国为满足印度多用途战斗机需求而提供的任何一款飞机。6 个月后，印度议会通过了《核损害民事责任法》，使美国公司（以及其他公司）难以竞标建造核反应堆的合同。12 月，印度在哥本哈根与中国站在一起，破坏了由奥巴马促成的气候协议。第二年，新德里对华盛顿所谓的“亚太再平衡”战略（原为“转向”，涉及美国对亚太地区的战略调整）作出了矛盾的反应。[①] 此后，两国在其他方面出现了分歧，特别是在 2011 年利比亚危机的管理上，新德里大声批评了北约领导的针对卡扎菲政权的军事行动。[②]

莫迪的当选并没有给两国关系带来直接的改变，只是让人觉得有可能重新开始（Pant and Joshi，2017，第 137 页）。然而，直到 2014 年 9 月与奥巴马的峰会上，这一点才变得清晰。除了他们阐述的总体“愿景声明”外，双方同意将《防务框架协议》延长 10 年，这是辛格政府一直不愿意做的事情。他们还承诺“重振”双边政治军事对话，恢复 2012 年开始的“美印国防技术与贸易倡议”（DTTI）以促进工业合作，并升级三国海军参加的马拉巴尔演习。[③] 美国还承诺帮助印度建立新的国防大学（White House，2014）。不久之后，莫迪通过推特向奥巴马发出

① 关于对“再平衡”的设计师之一的支持性描述，参见 Campbell，2016。

② 关于印度和利比亚决定的文献很多，参见 Hall，2013；Virk，2013。

③ DTTI 是一个政府间论坛，用于解决阻碍深入合作的官僚问题。然而，在辛格政府的领导下，推动 DTTI 按预期工作方面的进展甚微（Pant and Joshi，2017，第 136 页）。马拉巴尔演习还包括日本海军。

了极具象征意义的邀请，使其在 2015 年 1 月 26 日印度共和国日庆祝活动中成为第一位担任嘉宾的美国总统。[①] 当奥巴马抵达新德里时，受到标志性的“莫迪拥抱”欢迎。两国在奥巴马访问期间发表了一份内容广泛的“联合愿景声明”，预示着一些进一步的交易，特别是在国防研究和技术领域。随后双方达成协议，成立一个工作组，探索航母和喷气发动机技术的合作途径（US Embassy，New Delhi，2015）。

2016 年，也就是奥巴马总统任期的最后一年，美印伙伴关系进一步扩大。时任美国国防部部长阿什顿·卡特（Ashton Carter）4 月访问印度时，两国同意建立海上安全对话机制。8 月，莫迪政府最终同意签署一项新德里长期拖延的军事后勤协议。[②] 联合军事演习得到加强，印度空军参加了在内华达州举行的“红旗”联合演习，印度海军参加了年度“环太平洋”演习。年底，美国国会正式批准将印度指定为“主要防务伙伴”，这是一个特殊的类别，允许印度以与条约盟友类似的水平和速度获得美国的军事技术。[③] 当阿什顿·卡特 12 月再次回到新德里时，印度宣布从美国购买价值为 7 亿美元的 M777 榴弹炮（Unnithan，2016a）。

2016 年 11 月，唐纳德·特朗普当选让印度像其他国家一样感到惊讶和担忧，但这没有使两国关系脱轨。特朗普政纲中的关键部分，特别是重新平衡贸易和限制移民的承诺，可能与印度的利益背道而驰。虽然早期的电话交谈据说很礼貌，但在 2017 年 6 月莫迪与特朗普首次会面之前，人们对可能取得的成果感到惶恐不安且期望有限。随后发表的联合声明确实承诺要深化防务和安全关系（White House，2017），五角大楼同时宣布，美国希望向印度出售 MQ-9 非武装海上监视型号无人机（Schaus，2017）。尽管特朗普花了一些时间提名新的驻印度大使，但华盛顿确实加强了与新德里的防务外交。时任美国国防部部长詹姆斯·马蒂斯于 2017 年 9 月会见了莫迪和他的新任国防部部长尼尔玛拉·西塔拉曼。在公开评论中，马蒂斯特别强调了他所说的美印之间的“战略趋同”，以及他们对维护“基于规则的秩序”的共同承诺（Cronk，2017）。

尽管有迹象表明，特朗普对印度的对美贸易顺差感到不满，威胁说可能会因

---

① 奥巴马并不是第一个被邀请的人，这项荣誉属于比尔·克林顿，但他在 1994 年未能出席，因为他无法改变国情咨文的日期。

② 所谓的物流交换协议备忘录已经讨论了十多年（Pant and Joshi，2017，第 141 页）。

③ 这项协议是 2016 年 6 月莫迪访问华盛顿时宣布的，但需要议会通过。

购买俄罗斯防空系统的交易和与伊朗的持续贸易对新德里实施制裁，一些印度教民族主义者对美国的影响力产生严重疑虑，以及特朗普在外交上的失误，包括嘲笑莫迪的婚姻状况，但是莫迪的政府还是接受了这些意见。[①] 在上述问题中，针对购买俄罗斯武器的潜在制裁是最严重的问题，也最能揭示两国战略伙伴关系的状况。新德里迫切需要升级其防空系统，它认为久经考验的俄罗斯 S–400 系统符合其要求。2016 年 10 月，莫迪政府在果阿举行的金砖国家领导人峰会期间同意了一项原则性协议。2017 年 7 月，美国国会通过了针对伊朗、朝鲜和俄罗斯的《通过制裁打击美国对手法案》，尽管公众对此持保留意见，但特朗普还是签署了该法案。2018 年 10 月，印度继续推进 S–400 交易，签署了 54 亿美元的合同，但这是在华盛顿默示保证不实施制裁之后，这显然是为了换取印度考虑购买美国战机的承诺（Singh，S.，2018）。事实上，在特朗普担任总统期间，莫迪的政治盟友，特别是拉姆·马达夫，一直热衷于向美国保证新德里的良好意图，特别是当它与莫斯科或北京达成交易时（Press Trust of India，2018）。

这种对彼此关切的敏感程度是对莫迪领导下的战略伙伴关系稳固性的检验，也是对莫迪政府将继承的意识形态注入印度对外政策之努力的局限性的检验。就传统而言，印度教民族主义者在对美国的深刻不信任中摇摆不定，因为他们怀疑美国的文化影响和美国的生活方式。正如戈尔瓦卡和乌帕德亚亚所表明的那样，他们主张与华盛顿建立权宜之计的联盟，以应对更大的威胁，特别是中国的共产主义。巴拉特·卡南德（Bharat Karnad）在进行大量非专业心理分析的过程中推测，莫迪对美国的个人崇拜压倒了这些偏好（Karnad，2018，第 73、96、101 页）。合理的观点是，尽管印度政府与奥巴马政府缺乏意识形态上的密切关系，且特朗普政府明显反复无常，但是美国五角大楼推动的持续而巧妙的接触，加上印度对中国给其带来挑战的日益关注，促使莫迪政府加强与美国的关系。[②]

第二个因素也有助于解释莫迪政府深化印度与部分其他国家战略伙伴关系的举动，特别是与澳大利亚、新加坡、越南和日本，以及与印度尼西亚、菲律宾建

---

① 关于特朗普和贸易问题，参见 Chaulia，2018；关于总统的非外交性评论，参见 Gowan，2018。

② Pant 和 Joshi（2017，第 143—145 页）也认为，莫迪本人对这一转变至关重要，但他们认为，他只是对美国支持印度崛起的重要性持更开放的态度。他们还注意到，中国推动印度“追随”美国（他们的话）。

立更紧密的防务和安全关系。[①] 此外，这也有助于解释为什么印度决定同意在 2017 年 11 月与美国、澳大利亚和日本一起恢复“四方安全对话”。[②]

应对中国

至 2014 年莫迪上台时，印度大多数政治精英已得出结论，认为中国给印度带来了最严重和最紧迫的潜在安全挑战。在国大党及其在学术界和智库的支持者中，那种认为中国和印度有大量的重叠利益，可以共同实现这些利益，并重新塑造全球治理结构与“软”平衡美国的力量的观念，已经失去青睐。像“中印大同”（Chindia）这种建立在对双方合作方式的乐观假设之上的概念（Ramesh，2005），已经被淘汰。例如，政策研究中心（Centre for Policy Research，CPR）2012 年发布的一份重要报告《“不结盟”2.0》中，一系列“建制派”主要思想家所表达的观点是，中国是“直接影响印度地缘政治空间的一个大国”，它对印度和更广泛地区的意图并不明确。“建制派”建议印度继续与美国和其他地区大国建立伙伴关系，并提高其军事能力和网络防御能力，以避免中国采取直接威胁印度利益和安全的方式行事（Khilnani et al.，2013，第 13 页）。

辛格政府至少在一定程度上遵循了这种做法。如上所述，从 21 世纪头十年中期开始，印度与美国、日本、越南、新加坡和其他国家建立了战略伙伴关系，并参与了“四方安全对话”的第一次启动。在辛格的第二个任期，新德里在 2009 年之后变得更加谨慎，尤其是在与华盛顿建立安全和防务关系方面进展缓慢。部分原因在于对与美国进行更紧密的接触是否明智持怀疑态度，因为美国似乎在相对衰退。也有一部分原因是担心如果新德里与华盛顿及其盟友走得太近，可能会被认为与北京对立。这种官方的焦虑在非官方文献《“不结盟”2.0》中得到了很好的体现。作者指出：“如果中国认为印度不可逆转地致力于加入反华遏制圈，它可能最终会对印度采取公开的敌对和消极政策，而不是努力让印度走上更独立的道路。”（Khilnani et al.，2013，第 14 页）

---

① 其中最重要的是与日本和新加坡的伙伴关系，参见 Ghosh，2018；Mohan，2015b。

② 2017 年 11 月 12 日，在马尼拉东亚峰会期间举行了重启的、不太具挑衅性的“四方安全对话”第一次会议。

很明显，莫迪政府从一开始就认为这种想法过于胆小。[①] 他试图表明，印度的外交和安全政策选择不会受到北京的限制，也不会因为担心北京会采取这样或那样的行动而感到不安。这是他邀请台湾和“西藏流亡政府”代表参加其就职典礼所传递的信息。另一方面，印度关注中国的意图，如果其利益受到威胁，印度将单独或与其他国家一起采取行动，这是莫迪 2014 年 8 月访问日本时传达的信息。当时他警告那些奉行他所称的“扩张主义政策”的国家，最好回到“发展的道路上来”（Gokhale，2017a，第 120 页）。总的来说，莫迪政府旨在表明，印度有使中国的计算复杂化的选择，且它关注中国的行为。然而，这一切都不排斥两国发展良好关系，只要双方理解彼此的立场，北京也会注意到新德里的利益。

发出这些信号后，莫迪与习近平进行了接触，努力重启两国关系，通过两次双边峰会和金砖国家峰会等小型会议建立与中国领导人的个人关系，并吸引来自中国的外来投资。然而，中国的反应并非完全积极。习近平主席在 2014 年 9 月中旬对古吉拉特邦的访问是一次耗费巨大的行程，但最终的投资承诺不及预期，在会晤之前流传的承诺高达 1000 亿美元的故事与实际摆在桌面上的 200 亿美元不一致。会晤讨论了印度与中国不断扩大的贸易逆差，但在解决问题方面没有取得什么进展。最令人担忧的是，印军在中国领土上与中国军队对峙事件[②]，导致莫迪在与习近平主席共同出席新闻发布会时公开批评，这偏离了过去的外交实践（Bajpai，2017，第 81 页）。

这种做法为莫迪领导下的中印关系定下了基调，因为他试图“站出来”对抗中国（Gokhale，2017a，第 111—140 页）。中国加强了与巴基斯坦的友好关系，尤其是习近平主席 2015 年 4 月访问伊斯兰堡期间宣布建设中巴经济走廊。中国阻止了印度在国际上的一系列行动，包括印度加入“核供应国集团”（NSG），以及让联合国将巴基斯坦激进人员列为恐怖分子。然而，双边关系中最严重的危机发生在不丹。2017 年 6—8 月，中印军队发生对峙。这场对峙引发中国外交部和国防部对印度行为的批评，以及中国官方媒体对印度的谴责。[③]

莫迪政府处理“洞朗危机”的方式符合其 2014 年中后期确立的一般模式（Bajpai，2017）。它公开批评中国的行为，增加在当地的军队，并将其他重要的

---

① 有用的相关讨论，参见 Bajpai，2017；Panda，2016。

② 有关知情的印度分析人士对该事件的描述，参见 Gokhale，2017a，第 125—131 页。

③ 有关这些事件的有用分析，参见 Bajpai，2018；Ganguly，2018；Ganguly and Scobell，2018。

军事资产部署在靠近中印边境或可以打击中国军队的位置。但是，它也继续试图与中国达成某种协议，以缓解紧张局势，并建立一种意味着中国尊重印度地位、关切和利益的和平相处模式（Small，2018）。为此，莫迪于2018年4月底前往武汉与习近平举行非正式会晤。根据会后发表的联合声明，莫迪“从战略高度和长远角度审视印中关系的发展”（MEA，2018d）。实际上，双方同意暂停对方可能认为有问题的行为，因为莫迪进入了2019年连任的漫长竞选期，中国则试图管理来自特朗普政府在贸易和安全问题上的压力。

在此背景下，莫迪政府还试图加强对中国的防御能力并增强威慑能力。它推进远程导弹计划，包括开发具有核打击能力的“烈火-5”（Agni-V）洲际导弹与弹道导弹核潜艇。“烈火-5”导弹于2012年首次进行测试，射程可达到北京。印度继续推进海军现代化建设，以增强应对中国潜艇的能力，中国潜艇于2013年12月底开始进入印度洋。然而，莫迪政府在其他领域举步维艰。最明显的是，它没能找到资金组建辛格政府在2013年承诺的“山地打击部队”（Dutta，2018）。这导致人们指责莫迪政府缺乏应对中国压力的意愿和力量，以及连贯的战略（Karnad，2018，第173页）。

劝说与“惩罚”巴基斯坦

莫迪处理来自巴基斯坦的各种安全挑战方面的记录同样是喜忧参半。在2014年选举前，莫迪发誓将追随瓦杰帕伊的脚步，促进克什米尔地区的经济发展，解决当地人的不安，避免动乱，并与巴基斯坦进行对话（Tremblay and Kapur，2017，第190—195页）。执政初期，莫迪出人意料地主动开展对巴外交，邀请时任巴基斯坦总理纳瓦兹·谢里夫到新德里参加其就职宣誓仪式，并做出与谢里夫握手的姿态。但印巴关系随后没有取得什么进展。印控克什米尔的分离主义者“赫里亚特运动”（Hurriyat）与巴基斯坦驻印度高级专员的会晤，使莫迪政府取消了两国外交秘书苏贾塔·辛格与阿齐兹·艾哈迈德·乔杜里（Aizaz Ahmad Chaudhry）原定于2014年8月举行的会谈。此后，印度的态度一度变得强硬，指控巴基斯坦支持恐怖主义，试图对其施加国际压力。这一威胁在莫迪2014年9月底联合国大会上的首次讲话中占据重要位置（Modi，2014b），这预示着印度将重新推进近20年前提出的《关于国际恐怖主义的全面公约》（Sasikumar，2010）。然而，2015年初，印度表示它已准备好再次谈判，在7月的上海合作组织峰会上，印巴同意在当年晚些时候举行国家安全顾问会议（Bajpai，2017，第74页）。随后发生了两起跨境恐怖袭击事件，以及关于是否将克什米尔问题纳入会谈的争议，印巴国家安全顾问会议被取消。

正如巴杰帕伊（2017，第72页）所说，这种“合作－背叛周期”一直持续到2016年9月。2015年12月底，莫迪亲自与谢里夫接触，对拉合尔进行了临时访问，祝谢里夫生日快乐，还安排了另一次外交秘书会谈，但2016年1月2日印度旁遮普邦帕坦科特发生的恐怖袭击使这一努力付诸东流。[①] 莫迪政府在联合国和其他地方就恐怖主义问题加大孤立巴基斯坦的力度，成功地让包括与伊斯兰堡关系密切的沙特阿拉伯和阿拉伯联合酋长国等中东国家，在与印度的联合声明中谴责巴基斯坦对恐怖主义的支持（Bajpai，2017，第76—79页）。2016年9月18日，印控克什米尔的乌里又发生了一起袭击事件，导致19名印度安全部队成员和4名恐怖分子丧生，使任何进一步的外交活动都失去了意义。11天后，印度突击队进行了一次被新德里称为“外科手术式打击”的突袭，跨越“控制线”进入巴基斯坦控制的克什米尔，摧毁了一系列营地，造成人数不详的死亡。[②] 同时，新德里在联合国人权理事会谴责了伊斯兰堡所谓的支持恐怖主义和其对待少数民族的行为（Press Trust of India，2016）。

这种僵局一直持续到莫迪的第一任期结束。2016年，印度安全部队杀害了属于“真主穆斯林游击队”（Hizbul Mujahideen）的22岁当地武装分子布尔汉·瓦尼后，引发印控克什米尔地区的严重动荡，但这无助于解决问题，新德里的强硬反应也没有起到有益作用。骚乱导致数十人死亡，上百人受伤，其中一些是由于印度警察和武装部队使用了“弹丸”枪。然而，这吸引了对新德里来说不受欢迎的国际组织和人权倡导者的关注，破坏了印度将其行为与巴基斯坦的行为进行对比的意图（Office of the United Nations High Commissioner for Human Rights，2018）。

就像对待中国一样，莫迪政府试图改变印度对巴基斯坦的态度，但结果喜忧参半。正如我们在前一章中所看到的，伊斯兰堡有意无意地阻碍了其利用南亚区

---

① 涉嫌“穆罕默德军”武装分子对帕坦科空军基地的袭击导致约10名印度人员和几名恐怖分子死亡。

② 与莫迪政府关系密切的Gokhale声称，巴基斯坦的“无线电聊天”表明80名左右的武装分子在袭击中死亡（2017a，第46页）。

域合作联盟作为实现地区进一步整合手段的尝试，导致其诉诸次区域机制。伊斯兰堡也通过“中巴经济走廊”，将中国的经济力量带到了另一个南亚战场。与激进组织的持续关系让莫迪试图在言辞上和外交上孤立巴基斯坦，尤其是那句令人难忘的“印度出口软件，巴基斯坦出口恐怖主义”（Tremblay and Kapur，2017，第 185 页），但这只是部分成功。虽然新德里确实成功地使南亚和中东的对话者公开反对恐怖主义，但这些声明的实际效果值得商榷。同样，2016 年 9 月和 2019 年 2 月袭击的威慑效果（如果有的话）也不明确，尽管莫迪政府试图从中获取政治资本。①

结论

可以肯定的是，2016 年的“外科手术式打击”和 2019 年的空袭在莫迪的印度教民族主义选民中产生了积极反响，并在相当程度上与更广泛的群体产生了共鸣。第一次行动得到“国民志愿服务团”和其他组织的大力赞扬，莫汉·巴格瓦特称“我们心中所期待的事情已经发生了”（Ramachandran，2016），认为这次袭击是“坚定而恰当的回应”（Bhagwat，2016）。莫迪政府希望尽可能地从乌里打击行动中获得政治资本，2018 年举行了被称为“英勇日”（Parakram Parv）的三天庆祝活动，以纪念“外科手术式袭击日”，这显然刺激了武装部队中的一些人（Sagar，P. R.，2018）。他们制作了一部讲述这一行动的大片，在 2019 年大选前夕的“普尔瓦马爆炸案”发生前上映。随后的空袭强化了莫迪政府对恐怖主义和巴基斯坦的强硬立场。

这些做法没有改变批评者的看法，即与“繁荣”（Samriddhi）一样，莫迪政府在追求安全（Suraksha）的过程中，一直在努力确立一个将目的与手段联系起来的清晰计划，并竭力实现其目标。②然而，印度教民族主义思想在这一领域存在固有的弱点和明显的矛盾，莫迪政府没有公布大战略，更没有明确将愿望与印度教民族主义议程联系起来（Sridharan，2017，第 60 页）。相反，莫迪政府改变了一些政策语言，引入成为“领导力量”和“地区共同安全与增长”等概念，并

① 有关 2016 年袭击前发布的一些问题的有用讨论，参见 Perkovich and Dalton，2015。

② 例如，参见 Ganguly，2017；Karnad，2018；Tharoor，2018。

改变了一些外交环境，但并没有提出一套以明确的原则为基础的全新和充分发展的方法。它加倍强调与美国的战略伙伴关系，对中国采取更强硬的态度，至少在“洞朗对峙”之前是这样，并在与巴基斯坦的接触和惩罚之间摇摆不定。在此背景下，它努力推动军队现代化和国防工业改革。在这两种情况下，除了最初的一系列活动外，如清理大量积压的采购项目（Gokhale，2017a，第 161 页）以及宏大的意向声明外，显然缺乏后续行动。

人们很容易认为，莫迪政府在国家安全方面喜忧参半的记录是其意识形态发挥作用的结果，即印度教民族主义思想中对获取和使用军事力量的潜在矛盾心理。一些人确实提出了类似的论点（Karnad，2018），而莫迪关于外交和安全政策的重要讲话，如他 2017 年在莱西纳和一年半后在“香格里拉对话会”中的讲话，都会让人得出这种结论。这些讲话主要针对国际听众，强调全球化与互联互通、发展与文化传播、构建“包容性”安全架构和基于尊重进行对话的必要性（MEA，2017a；MEA，2018c）。但是，莫迪政府在彻底改革需要完善的制度这一巨大挑战面前举步维艰，主要挑战包括需要优先考虑国内外政策中的某些其他领域，并缺乏实现所需的变革的必要资源。它的投入少得令人惊讶，2019—2020 年预算中的国防预算下降至 GDP 的 1.5%，未能实现重大改革，如任命国防参谋长，也没有成功改革迫切需要变革的国防工业。因此，可以说印度面临着中国和巴基斯坦的压力，以及来自印太地区潜在伙伴国的怀疑声音的批评，这些国家热衷于贬低印度成为其承诺的“净安全提供者”的能力。

第八章　结　论

莫迪 2014 年上台后，本不必在对外政策上过多投入，如花在国外访问和峰会上的时间，以及试图将其改写成一个印度教民族主义的词语所花费的时间。莫迪政府面临着相当大的国内挑战，它从上届政府那里继承的国际关系方针，虽然可能不是最优的，但至少是有用的。莫迪为何投入稀缺资源试图“再造”印度对外政策，需要进一步解释。①

这种做法并未导致印度战略发生重大转变，从而使他“再造”对外政策的努力更加令人费解。正如支持莫迪的分析家们所建议的那样（Tremblay and Kapur，2017，第 vii、viii 页），莫迪可能有一个“转型议程”，甚至是一个“易变的、动态的多向联盟认知脚本”，但目前尚不清楚印度管理关键关系和挑战的基本方法是否发生了变化。我认为，拉杰什·巴斯鲁尔所说的“基本要素”（2017）并没有被改变。印度继续优先考虑国内经济发展。正如它自 21 世纪初以来所做的那样，面对中国日益增长的实力，印度与美国走得更近，它在接触和反击之间进行了权衡。印度加深了与各国的战略伙伴关系，逐渐加强了与地区机制的接触。它继续追求“软实力”和地位，同时努力追求“硬实力”和筹码。可以肯定的是，莫迪对巴基斯坦表现出更强硬的态度，但他的政府无法将战术上的胜利转化为持久的收益。

那么，为什么莫迪试图“再造”印度的对外政策，为什么这个计划没有实现让印度成为“和平的力量、稳定的因素和地区与全球繁荣的引擎”之目标？我认为，这些问题的答案是相互关联的。“再造”的动力来自意识形态的信念和选举的算计，这种算计有助于实现选举红利，尤其是 2019 年的选举。但由于意识形

---

① 截至 2018 年底，莫迪的旅行花费了印度纳税人约 2.8 亿美元（Marlow，2018）。

态、聚焦选举的国内政治以及负责管理印度对外政策的部门的固有弱点，莫迪政府没有成功实现其承诺的转型。

莫迪及其政治盟友追求他们的“再造”，至少部分原因是他们中的一些人相信，印度教民族主义政治思想为国内外的政策制定提供了比尼赫鲁思想更好的基础，而后者塑造了印度的最初成立。在一定程度上，莫迪和他的盟友显然相信，用印度教民族主义语言“再造”印度的对外政策并使印度外交充满活力和个性化，将使其在选举中获得优势。他们认为，“再造”对外政策使莫迪得以将自己塑造成巴格瓦特和马达夫等主要支持者所描绘的“变革型领袖”，甚至可以与尼赫鲁相提并论，拥有自己独特的政治和外交哲学（Chhibber and Verma，2018，第139页）。① 它旨在强化（实际上也相当成功地强化了）莫迪作为民族自豪感复兴化身的理念。②

然而，“再造”对外政策在建立印度的实力和影响力方面收效甚微。印度对外政策学者通常认为，总理在决策和政策实施过程中占据主导地位，这使在任者能够相对容易地实现至少某些雄心壮志。贾扬塔努贾·班迪奥帕迪亚亚（Jayantanuja Bandyopadhyaya）所说的“个性因素”（1991，第283—344页）在解释决策和政策方向中也常占据重要地位，当总理们意志坚定且处于有利的政治地位时尤其如此。然而，在莫迪的例子中，有证据表明，尽管他有意识形态装备、精力和对政府的集中控制，但他在第一个任期并未成功实现他所说的所有目标，即“再造”印度对外政策的基础、目标和方法。

我认为，这一失败表明印度民族主义政治思想的局限性，也表明莫迪政府的特点，以及当代印度在外交和安全政策制定机构中普遍缺乏能力。它表明使用印度教民族主义思想，即“整体人文主义”和相关方法，作为政策基础的内在问题。它还表明莫迪政府风格的弱点，这些弱点在其他地方也存在，涵盖决策中缺乏程

① 关于“莫迪主义”的各种赞同性解释，参见 Chaulia，2016；Ganguly et al.，2016；Tremblay and Kapur，2017。

② 莫迪并不是唯一一个寻求这种角色的人。雷杰普·塔伊普·埃尔多安、弗拉基米尔·普京甚至唐纳德·J. 特朗普等民族主义民粹主义者也利用外交政策获取国内政治优势，孤立对手，提高信誉或动员基础，将自己塑造成国家价值观和自豪感的捍卫者。关于莫迪领导下的人民党应被视为民粹主义政党的观点，参见 Kenny，2017；McDonnell and Cabrera，2019；Plagemann and Destradi，2019。关于更广泛的民粹主义者和外交政策，参见 Carpenter，2017；Drezner，2017；Leslie，2017；Verbeek and Zaslove，2017；Karnad，2018，第1—36页。

序和协商及缺乏对执行的关注。这突出了印度国家内部更深层次的问题，如果莫迪想实现他的“再造”目标，他必须在第二任期面对这些问题。

对外政策与国内政治

莫迪在执政初期的个人外交中表现出活力。他支持与美国的战略伙伴关系，加强管理与中国的关系，以及理解迅速改善南亚地区互联互通和经济一体化的需求，这让人感到莫迪政府将奉行一种更务实、更少意识形态的对外政策。如果说存在“莫迪主义”，那么包括本书作者在内的许多分析人士在2014年和2015年得出的结论是，这显然是向某种现实主义的政策转变，同时注重高效且有效的实施。①

我在本书中曾指出，这个结论是草率的。我已表明，莫迪政府的对外政策比其最初的行为所显示的更具印度教民族主义意识形态。印度优先追求“软实力”及其方式，反映了印度右翼根深蒂固的观点，即印度注定要扮演一个“世界导师”的角色，通过其古老的智慧带来和平和启示。印度的贸易与投资政策，乃至更广泛的经济战略，都与长期以来的印度教民族主义偏好一致，且与人们对进一步自由化和对外开放可能给印度社会与文化带来有害影响的深层担忧密切相关。我认为，即便在莫迪政府的安全政策中，也暴露了印度教民族主义意识形态关于追求和使用“硬实力”的一些固有的矛盾心理，以及众所周知的国家能力不足。正如曼加里·查特吉·米勒（Manjari Chatterjee Miller）和凯特·沙利文·德·埃斯特拉达（Kate Sullivan de Estrada）所说（2017，第29页），莫迪政府的政策显然“受到意识形态和制度化理念的束缚”，因为它在某些实施领域采取了实用主义。

同时，莫迪及其政治盟友也通过用印度教民族主义习语和概念化语言“再造”印度对外政策而得以实现。用“尊严”（samman）、“对话”（samvad）、“合作”（sahayog）、“和平”（shanti）和“繁荣”（samriddhi）表述对外政策，并使用大多数外国人不熟悉的印地语和梵语词汇，如莫迪在“香格里拉对话会”上的演讲（MEA，2018c）。这是利用对外政策和总理外交加强其政府对国内印度选民和海外印度人民党支持者吸引力的更广泛努力的一部分。这种信息传递的主要目标在

① 参见 Hall，2015；Mohan，2015；Panda，2016；Pant，2015。

国内，而非国际。事实上，如果说莫迪政府与辛格政府有什么重大区别的话，那就是它关于对外政策对国内选举政治的潜在价值的认识。莫迪政府自觉而有意地将对外政策政治化，尽管这在印度政治中并非首次出现。与贾瓦哈拉尔·尼赫鲁、英迪拉·甘地和阿塔尔·比哈里·瓦杰帕伊一样，莫迪试图树立自己在世界舞台上受人尊敬的形象，以此提高自己在印度选民和国内外潜在捐助者心中的地位。他旨在创建这样一种印象：如果他作为印度的代表受到世界领导人的赞扬和倾听，那么印度本身也必须挺直腰板，普通印度人应该为这一成就感到自豪。

恢复“尊严”对于这一努力至关重要。印度人民党明确了这一点。该党2015年关于对外政策的决议称，“我们的国家雄心”，“就是让印度崛起为一个强大的、受人尊敬的世界强国”。决议指出，在国大党领导的上一届政府“失去的十年”中，“新德里在推进其对外政策目标方面表现明显不足，同时在国际舞台上经常显得边缘化”。其对外政策“倾向于拖累国家”，而不是作为自豪感的来源和实现印度发展和天命的工具（BJP，2015）。印度人民党尤其是莫迪对选民的承诺，是它将恢复印度应有的地位。他们暗示，一旦实现了这一目标，战略伙伴和投资者就会蜂拥而至，竞争对手也会迎合其利益。最重要的是，它将使印度人再次昂首挺胸，并继续选举一个给他们带来这种机会的领导人和政府。

莫迪狂热的环球访问、峰会以及与世界领导人、科技企业家和好莱坞演员合影，都是为了这个目的。这种高调的个人外交，有时被解释为自负的自我放纵[①]，这使莫迪能够塑造一个新的自己，作为一个政治家而不仅仅是一个缺乏丰富国际事务经验的政客。这也为他提供了机会，声称其行动已经决定性地改变了外国对印度的看法。莫迪在2018年8月的独立日演讲中称，“在这个经济全球化时代，整个世界都带着浓厚的兴趣、希望和期待，关注印度的每一个发展，无论其大小”：

> 曾经，世界评论印度的官僚作风，但现在他们谈论的是红地毯。我们在“经商便利度”排名中已位居第100位。今天，整个世界都在自豪地看着这一成就。曾经，世界将印度视为一个“政策瘫痪”和“改革拖延”的国家，旧的剪报证实了这种观点。今天，世界对印度的看法已经改变，他们谈到我们

① 例如，Karnad，2017；Tharoor，2018。当然，我不否认“自我”在这种行为中发挥了作用。

> 对改革、执行和转型的关注。……曾经，世界将印度列为“脆弱五国”之一。他们担心印度正在拉低世界经济，但现在他们的语气已经改变，因为印度已经成为数万亿美元的投资目的地。（Modi，2018c）

莫迪称，在其他领域，人们对印度的看法也大相径庭。他认为：“印度在国际场合的地位已经大大提高。”他坚称：“印度在塑造话语权方面发挥着关键作用”，“并为这些组织提供领导”。他还称：“印度为那些关注环境问题和全球变暖的人提供了一线希望。”尤其是：

> 今天，世界上每个国家都热衷于欢迎任何踏上其土地的印度人。他们看印度人时，眼中呈现一种新的感觉。印度护照的力量已经成倍增加。这给每个印度人灌输了新的自信、新的能量和带着新希望前进的决心。（Modi，2018c）

无论这些说法能否得到证实，都直接说明莫迪“再造”对外政策的关键动机，表明恢复印度人“尊严”的愿望，莫迪和更广泛的印度人民党被视为这些信息的传递者。这一点在 2019 年竞选期间表现得非常明显。在距投票还有一年的时间，莫迪政府似乎面临重大损失，一些人并非没有道理地猜测它可能会败选，或者在更多联盟伙伴的支持下勉强维持下去（Vaishnav，2018）。2016 年底的经济受到“废钞令”的打击，农产品价格低迷，未能创造新的就业机会，“印度制造”对工业产出的推动作用不大，并面临着潜在的银行业危机，形势不容乐观（Soz，2019，第 131—206 页）。由拉胡尔·甘地领导的国大党正取得一些进展，强调莫迪 2014 年承诺的“好日子”与他的政府所交付的成果之间差距明显，并指责总理的不当行为和无能，特别是购买法国“阵风”战斗机的问题。《今日印度》2018 年 8 月发布的“民族情绪”民调显示，拉胡尔的个人声望不断提高，莫迪政府以多数票继续执政的机会在减少（Virk，2018）。

莫迪政府的选举前景在 2019 年初有所好转，最初是由于总理本人开展了具有特色的强有力的竞选活动。2 月 14 日发生的“普尔瓦马恐怖袭击”事件，以及莫迪决定越过克什米尔“控制线”对巴基斯坦进行空袭，为他的竞选提供了所需的动力。此后，他及其政治盟友将竞争转移到谁最值得信赖来管理印度国家安全的问题上。印度人民党将自己重塑为“看门人”（chowkidars），认为反对党在应对恐怖主义方面过于软弱，并暗示莫迪是唯一有能力应对国家面临的包括来自境内和境外的各种威胁的领导人。[①] 与 2014 年形成鲜明对比的是，印度人民党的宣言以讨论国家安全政策而非经济或社会问题开篇（BJP，2019b）。尽可能多的政治资本被从报复性空袭和几周后突如其来的反卫星导弹试验中挤出，总理甚至在一个场合呼吁首次投票的选民将他们的选票献给巴拉科特，这是印度空军轰炸的“穆罕默德军”营地所在地（Press Trust of India，2019）。在另一次演讲中，有争议的印度教民族主义者北方邦首席部长约吉·阿迪亚纳斯（Yogi Adityanath）甚至违反选举委员会的规定，把武装部队称为“莫迪的军队”（Modi ki Sena）（Bhaumik，2019）。

出于国内政治目的，以这种方式使用外交和安全政策，当然是不无先例的。尼赫鲁用它来维持他作为政治家的形象，英迪拉·甘地利用人们对美国干涉印度的担忧巩固其权力。正如康提·巴杰帕伊所说，瓦杰帕伊政府在 1998 年 5 月上台后仅数周就进行了核试验，其决策过程中的一个因素是希望解决印度选民认为当时的总理是一个“软弱无能的领导人”这一问题（Bajpai，2009，第 40 页）。[②] 在决定进行核试验时，政治生存是一个考虑因素，此外还有其他因素，包括认为核武器将给印度带来“权力和地位”（Bajpai，2009，第 38 页）。瓦杰帕伊认为，下令进行核试验并在试验后自愿暂停核试验，可以“将他塑造成一个强大的、民族主义的、理性的领导人”，所有这些都在同一时间发生（Bajpai，2005，第 46 页）。结果，这一策略奏效了，瓦杰帕伊以一种新的姿态出现，被视为“民族英雄”，同时也是一种尼赫鲁式的哲学王（Bajpai，2005，第 52 页）。

当然，2014 年莫迪不需要给人留下强大的印象，他已经是众所周知的、令人恐惧的、有时甚至被人唾骂的强硬派和煽动家。相反，他需要软化自己在国外的形象，并在国内重新塑造形象。正如他在担任古吉拉特邦首席部长的后半期所做的那样，在 2002 年之后，他不遗余力地将自己重新塑造成一个具有包容性的“发展人”，而不是一个分裂的社区主义者。在他成为总理之后，他再次着手改变自己的形象。这一次，莫迪试图成为外国观众眼中的印度价值观和继承智慧的化身，也希望成为国内观众眼中超越正常政治纷争的政治家（Sen，2016）。推广瑜

① 为了强调“‘再造’国家形象”，印度人民党发布了一则华而不实的在线竞选广告，名为《我也是一名守望者》（BJP，2019a）；另见 Kawade，2019。

② 另见 Karnad，2005，第 392—393 页。

伽和与休·杰克曼等名人同台表演是前一种策略的组成部分，也是倡导“四海一家”和环境意识等概念的要素。参加峰会并与世界领导人的拥抱，以及与外国领导人肩并肩在世界舞台上行走，是后者的要素。

像其他民主国家的选民一样，没有确凿的证据表明印度选民纯粹甚至主要根据对外政策或国际问题来选择自己的代表。[①] 同样清楚的是，至少从 2019 年的竞选活动来看，莫迪及其政治盟友相信，如果公众认为对外政策掌握在合适的人手中，印度在世界上受到尊重，这些印象将对他们有利。当然，2015 年下半年，当公众舆论对莫迪的出访产生怀疑且民调可能反弹时，他们迅速改变了行为。此后，他的环球旅行步伐放缓（Gupta，2015）。总的来说，如果民意调查是可信的，那么把对外政策作为提高莫迪对选民吸引力的一种手段的想法似乎是有根据的。2015 年 2 月，《今日印度》的一项民调发现，受访者将“改善印度的国际形象”列为总理上任第一年的最大成就（Mail Today Bureau，2015）。2016 年 8 月，同一媒体的调查报告显示，57% 的受访者认为印度的外交关系在莫迪政府的领导下表现得更好。事实上，正如《今日印度》所报道的那样，莫迪政府“声称的成功似乎主要是总理倡导的强有力的对外政策”（Unnithan，2016b）。更令人印象深刻的是，2018 年 5 月，《印度时报》的民调结果发现，近 63% 的受访者将莫迪的对外政策评为“非常好”，17% 评为“好”，只有约 16% 评为“差”（*Times of India*，2018）。这些公众的看法究竟如何转化为选举结果的并不清楚，但它们表明莫迪“再造”对外政策的尝试至少在一个领域取得了预期效果，即在国内公众舆论中塑造了对总理的积极看法，并创建了一种印度在其领导下在国际社会表现不俗的印象。

意识形态与制度缺陷

衡量对外政策成功与否当然没有明确的标准，但很难说莫迪“再造”印度国际关系的尝试实现了所有或大部分目标。尽管一些富有同情心和聪明才智的分析家试图总结出“莫迪主义”，但莫迪政府并没有公开阐述任何类型的国家战略，

---

① 尤其见 Kapur，2009。

更没有将目的和手段与它声称的印度民族主义意识形态明确联系起来。[①] 它没有发布外交或安全政策白皮书，或任何类似的文件。[②] 正如卡纳德（Karnad，2018，第 54 页）和其他人所言，莫迪的声明中被视为战略思维的内容通常含糊不清，毫无帮助。有证据表明，当面临不同的挑战时，莫迪和他的核心团队从印度教传统中挑出并选择了一系列思想，这符合印度人民党长期以来的做法。印度人民党内部试图以印度教民族主义思想为基础，为对外政策阐述一个连贯、综合的愿景，如马达夫的“潘查姆利特”那样，但莫迪或他的高级部长们没有以明确和一致的方式接受它。马达夫的观点和莫迪 2018 年 6 月在“香格里拉对话会”上的演讲中表达的观点最多是有相似之处，但由于一些术语和概念被删减和改变，它们与其他重要声明中使用的概念并不一致（MEA，2017a）。

莫迪的“再造”尝试表明，用源自印度教民族主义政治思想的语言和对外政策概念取代主要继承自尼赫鲁的语言和概念极具挑战性，甚至是不可能的，因为它具有内在缺陷。由于局限于相对较少的文献，尤其是萨瓦尔卡的《印度教特性》、戈尔瓦卡的《思想集成》和乌帕德亚亚的《整体人文主义》，并涉及广泛主题的文本，印度教民族主义传统缺乏对大量政治问题的具体指导。正如我们所看到的，部分原因在于它断然拒绝将现代政治视为一种实践，拒绝现代政治的制度、规则和规范，而倾向于将其视为一种所谓的非政治的、自生自灭的社会秩序，并以某种方式通过“教法”和“整体人文主义”进行管理。印度教民族主义传统也缺乏将政治哲学转化为政策的知识分子，尽管印度人民党和“国民志愿服务团”已经采取措施创建了像“希亚姆·普拉萨德·慕克吉博士研究基金会”或“印度基金会”这样的智库，但成果的产出往往依赖于外部人才，而不是本土人才。[③] 因此，包括莫迪的印度人民党在内的印度教右翼仍然（并将继续）像萨加尔（2018）所说的那样，在智力上“营养不良”，缺乏能够产生稳定的新政策的印度

---

① 尽管我并不完全同意，但卡纳德（Karnad）很好地阐述了这一观点。参见 Karnad，2018，第 17—21 页。

② 我已经注意到，2018 年有传言称可能制定国家安全战略，但没有出现文件；参见 Gokhale，2018。

③ 以 SPMRF 赞助的关于莫迪战略的出版物为例（Ganguly et al.，2016）。参与章节撰写的作者中有一半以上（23 人中有 13 人）是外国人，只有两人（“印度基金会”主任沙克蒂·辛哈和 SPMRF 研究员穆库尔·阿舍尔）与印度教民族主义智库有关联。在这一点上，我非常感谢莫迪政府的一位外交官。

教民族主义精神食粮。

在莫迪政府内部，其高度集权甚至是个人化的性质使问题变得更加复杂。总理主导所有重大的外交和安全政策决定，例如：2015 年 5 月印度与孟加拉国边界的解决，这涉及印度人民党逆转先前反对达成协议的立场；2016 年 1 月从法国购买 36 架“阵风”战机的协议；2016 年 9 月，利用“外科手术式打击”惩罚巴基斯坦涉嫌支持恐怖分子和武装分子；2018 年 9 月与美国签署安全军事通信协议；2019 年 2 月的空袭和一个月后备受争议的反卫星导弹试验。人们普遍认为，莫迪和总理办公室对外交部部长和外交部进行了排挤和降级，将他们的工作重点重新放在领事问题和经济外交上。[①] 有人认为，印度外交部并没有像它从前那样，参与为莫迪的外国访问作准备，或为确保兑现承诺而进行后续工作（Tharoor，2018，第 396—397 页）。我们也注意到，莫迪如何利用非官方渠道开展准外交任务和对话，依靠马达夫这样的个人或“维韦卡南达国际基金会”等非政府机构，甚至是“生活的艺术基金会”。

决策的集中化与莫迪在古吉拉特邦的做法是一致的，但这是有代价的。就像一些人所说的那样，他把部长们变成了下属和不重要的人，负责执行指令而不是参与政策制定，这使他失去了潜在的有用建议和其他观点（Manor，2015，第 738—739 页）。这种倾向，再加上想把政府的成功归功于自己的愿望，阻碍了政策的及时有效执行。依靠一小部分官员，而不是像一些领导人那样接触更广泛的专家和分析家，也产生了与当时类似的问题（Karnad，2018，第 26—27 页）。令人震惊的是，莫迪政府甚至很少利用像国家安全顾问委员会（NSAB）这样的官方机构，更不用说非政府组织了。国家安全顾问委员会是国家安全委员会的下属机构。据报道，在莫迪执政的第一年，国家安全顾问委员会只召开了一次会议。2015 年 1 月，国家安全顾问委员会的成员资格到期了。它最终于 2018 年 7 月重组时，只有四名成员，包括三名前高级官员，只有一名来自政府之外（Kartha，2018）。[②]

当然，莫迪的权力集中在一定程度上是因为他对其部长和新德里官僚机构的

① 关于这一点，特别参见 Ganguly，2017，第 142 页；Plagemann and Destradi，2019，第 13 页。

② 2018 年 7 月公布的国家安全局成员包括前驻俄罗斯大使 P. S. Raghavan、前原始官员 A. B. Mathur、退役的 S. L. Narasimhan 中将和古吉拉特邦国立法律大学的 Bimal N. Patel 教授。此前，国家安全局有 17 名成员。

技能和承诺以及他们实现其议程的意愿持保留态度，其中有些保留态度是相当合理的。印度无疑缺乏“国家能力”（Ganguly and Thompson，2017），这影响了莫迪“再造”对外政策的能力。政府似乎没有能力给国家的国防工业带来实质性的变化，这是因为政策制定得不当，缺乏明确的变革激励，尤其是主导这一领域的国有企业。印度政府在调动资源实现政策目标方面面临的另一个挑战是，它无法迅速有效地实施承诺的互联互通项目，将印度的欠发达地区与邻国连接起来。

当然，莫迪“再造”印度对外政策的尝试也没有遇到有益的国际环境。2014年莫迪上台后，中国的和平崛起使莫迪政府感到中印关系更难处理，他试图采取一系列先发制人的行动，特别是在两国的边境地区，从而试图保持和维护其影响力与利益。特朗普上台带来了额外压力，特别是对印侨事务和印美贸易的压力，尽管这也为印度获得武器和安全合作带来更多可能，并平息了对印度人权和宗教自由问题的批评。在巴基斯坦，文人政府和军人政权之间，以及传统主义者和伊斯兰主义者之间持续不断的争斗，这使印度与巴基斯坦打交道充满挑战，且往往得不到回报。在这种背景下，经济不稳定、技术变革和油价波动意味着很难在政府设想的领域吸引到想要的投资、提供急需的就业机会和维持更高的增长率。

尽管如此，莫迪试图“再造”对外政策的重要方面并没有受到外部压力的影响，而是受到了内部矛盾的影响。许多人认为，在莫迪执政期间，印度的群体性暴力事件激增，据称他对此类事件的谴责和处理都很迟缓，这使实现印度作为“世界导师”的天命和让他人相信“四海一家”的基本真理的努力显得很不容易。在许多人看来，袭击穆斯林和达利特人，打着“回家”（wapsi）的旗号让穆斯林和基督徒“重新皈依”印度教，殴打据称参与“爱情圣战”让印度教年轻女孩改信伊斯兰教的年轻人，以及焚烧基督教教堂，都削弱了宗教宽容与和谐共存的信念。[①] 由“世界印度教教徒大会”和北方邦首席部长约吉·阿迪亚纳斯等强硬的印度教沙文主义政治家领导，在阿约迪亚建造罗摩神庙的运动重新兴起，2018年下半年加快了步伐，这也产生了类似的影响（BBC,2018）。[②] 莫迪政府试图通过法院和使用情报部门控制批评和异议，特别是外国非政府组织的批评和异议，以及努力通过包括大学在内的教育系统扩大其意识形态的影响，也是如此（Chacko，

---

① 例如，United States Commission on International Religious Freedom，2016；Human Rights Watch，2017。

② 更广泛的文献，参见 Crabtree，2017。

2018）。

这些不作为和乱作为必然影响任何“再造”印度对外政策的计划，这些政策在很大程度上依赖于建立并使用“软实力”，当然，前提是该计划主要针对外部世界。正如我所论证的，这不是莫迪的唯一，甚至是主要目的。他的努力，他的远行，以及他热衷于在世界领导人面前出现，主要是以国内外的印度人为目标，恢复印度人的骄傲和印度人的信心，并固化莫迪和印度人民党作为他们所承诺的“新印度”的象征。

参考文献

Abhyankar, R. M. (2018) *Indian Diplomacy: Beyond Strategic Autonomy*, New Delhi: Oxford University Press.

Acharya, A. (2015) "India's 'Look East' Policy", in Malone, D., Mohan, C. R. and Raghavan, S. (eds) *The Oxford Handbook of Indian Foreign Policy*, Oxford: Oxford University Press, 452–465.

Adeney, K. and Sáez, L. (eds) (2005) *Coalition Politics and Hindu Nationalism*, London and New York: Routledge.

Advani, L. K. (2010) *My Country, My Life*, New Delhi: Rupa.

AIUMB (All India Ulama and Mashaikh Board) (2017) *Vision*.

Alden, C. and Vieira, M. A. (2005) "The New Diplomacy of the South: South Africa, Brazil, India and Trilateralism", *Third World Quarterly* 26 (7): 1077–1095.

Aldrich, J. H., Gelpi, C., Feaver, P., Reifler, J. and Sharp, K. T. (2006) "Foreign Policy and the Electoral Connection", *Annual Review of Political Science* 9: 477–502.

al Jazeera (2016) "Transcript: Ram Madhav on Hindu nationalism", 7 June.

Almonte, J. T. (1997) "Ensuring Security the 'ASEAN Way'", *Survival* 39(4): 80–92.

Andersen, W. K. (1983) "The Domestic Roots of Indian Foreign Policy", *Asian Affairs: An American Review* 10(3): 45–53.

Andersen, W. K. and Damle, S. D. (2018) *The RSS: A View to the Inside*, New Delhi: Penguin Viking.

Appadorai, A. (1969) *Essays in Politics and International Relations*, Bombay: Asia Publishing House.

Art of Living (2016) *The World Culture Festival.*

Asian Development Bank (2018) *Updating and Enhancement of the BIMSTEC Transport Infrastructure and Logistics Study: Final Report*, July.

Ayres, A. (2015) "How Americans See India as a Power", *Forbes*, September.

Ayres, A. (2018) *Our Time Has Come: How India Is Making Its Place in the World*, New York: Oxford University Press.

Bajpaee, C. (2016) "Modi, India and the Emerging Global Economic Order", *Journal of Asian Public Policy* 9(2): 198–210.

Bajpai, K. (2005) "Where are India and the US Heading?", *Economic and Political Weekly* 40(32): 3577–3581.

Bajpai, K. (2009) "The BJP and the Bomb", in S. D. Sagan (ed.) *Inside Nuclear South Asia*, Stanford, CA: Stanford University Press, 25–67.

Bajpai, K. (2014) "Indian Grand Strategy: Six Schools of Thought", in K. Bajpai, S. Basit and V. Krishnappa (eds) *India's Grand Strategy: History, Theory, Cases*, London, New York and New Delhi: Routledge, 127–164.

Bajpai, K. (2017) "Narendra Modi's Pakistan and China policy: Assertive Bilateral Diplomacy, Active Coalition Diplomacy", *International Affairs* 93(1): 69–92.

Bajpai, K. (2018) "Modi's China Policy and the Road to Confrontation", *Pacific Affairs* 91(2): 245–260.

Bakshi, S. S. N. (2018) *Deendayal Upadhyaya: Life of an Ideologue Politician*, New Delhi: Rupa.

Bana, N. and Yhome, K. (2017) "The Road to Mekong: The India-Myanmar-Thailand Trilateral Highway Project", *ORF Issue Brief*, February.

Bandyopadhyaya, J. (1982) *North over South: A Non-Western Perspective of International Relations*, New Delhi and Madras: South Asian Publishers.

Bandyopadhyaya, J. (1991) *The Making of India's Foreign Policy: Determinants, Institutions, Processes and Personalities*, revised edn, Calcutta: Allied Publishers.

Banerjee, A. (2018) "FDI in Defence Since 2014 Mere Rs 1.17 cr", *The Tribune*, 8 March.

Baru, S. (2015) *The Accidental Prime Minister: The Making and Unmaking of*

Manmohan Singh, New Delhi: Penguin.

Baru, S. (2016) *1991: How P. V. Narasimha Rao Made History*, New Delhi: Aleph.

Basrur, R. (2017) “Modi’s foreign policy fundamentals: trajectory unchanged”, *International Affairs* 93 (1): 7–26.

Basrur, R. (2018) “Modi, *Hindutva* and Foreign Policy”, *International Studies Perspectives* 20 (1): 7–11.

Basu, D. and Misra, K. (2015) “BJP’s Youth Vote Dividend”, *Economic and Political Weekly* 50 (3): 69–73.

Baxi, U. (2002) “The Second Gujarat Catastrophe”, *Economic and Political Weekly* 37 (34): 3519–3531.

BBC (2018) “India’s Ayodhya Site: Masses Gather as Hindu-Muslim Dispute Simmers”, 25 November.

Beckerlegge, G. (2003) “Saffron and Seva: the Rashtriya Swayamsevak Sangh’s Appropriation of Swami Vivekananda”, in Copley, A. (ed.) *Hinduism in Public and Private: Reform, Hindutva, Gender and Sampraday,* New Delhi: Oxford University Press, 31–65.

Bedi, K., Singh, J. and Swamy, S. (2014) *Moditva: The Idea Behind the Man*, Ahmedabad: Navbharat.

Bedi, R. (2018) “India’s Defence Budget Rises Marginally”, *Janes*, 1 February.

Behera, N. C. (2016) “The Kashmir Conflict: Multiple Fault Lines”, *Journal of Asian Security and International Affairs* 3(1): 41–63.

Bevir, M. (1994) “The West Turns Eastward: Madame Blavatsky and the Transformation of the Occult Tradition”, *Journal of the American Academy of Religion* 62 (3): 747–767.

Bhagavan, M. (2013) *India and the Quest for One World: The Peacemakers*, New York: Palgrave.

Bhagwat, M. (2014) “Full Text of Speech by RSS Sarasanghchalak Mohan Bhagwat on Vijaya Dashmi – 2014, Nagpur”, *Samvada*, 3 October.

Bhagwat, M. (2015) “Full Text of Speech by RSS Sarasanghachalak Mohan Bhagwat’s #RSSVijayadashami Speech – 2015”, *Samvada*, 22 October.

Bhagwat, M. (2016) "Full Speech of Sarsanghachalak Dr. Mohan Bhagwat Ji at Vijaya Dashami Utsav, Reshimbagh Nagpur", *Vishwa Samvad Kendra Bharat*, 11 October.

Bhagwat, M. (2017) "Summary of the address of Sarsanghchalak Dr Mohan Bhagwat Ji on the Occasion of Vijayadashami Utsav – 2017", *Vishwa Samvad Kendra Bharat*, 1 October.

Bhagwat, M. (2018) "Mohan Bhagwat Vijayadashami 2018 Speech FULL TEXT: RSS Chief Discusses 2019 Elections, Ramjanmabhoomi and 'Urban Naxals'", *FirstPost*, 18 October.

Bhatnagar, A. and Passi, R. (eds) (2016) *Neighbourhood First: Navigating Ties under Modi*, London: Global Policy and Observer Research Foundation.

Bhatt, C. (2001) *Hindu Nationalism: Origins, Ideologies and Modern Myths*, Oxford and New York: Berg.

Bhattacharya, T. (2018) "The Curious Case of Prime Minister Narendra Modi's Degree", *National Herald*, 16 June.

Bhattacherjee, K. (2016) "Overseas Indian Affairs Ministry, MEA Merged", *The Hindu*, 7 January.

Bhattercherjee, K. (2018) "PIOs Make a 'Mini-World Parliament'", *The Hindu*, 9 January.

Bhaumik, A. (2019) "EC Rejects Yogi's Explanation for 'Modi ki Sena' Remark", *Deccan Herald*, 6 April.

Biswas, A. (2018) "Will More Countries Join Indo-Japanese 'Asia Africa Growth corridor'?", *Dhaka Tribune*, 22 February.

Bitzinger, R. A. (2015) "Comparing Defense Industry Reforms in China and India", *Asian Politics and Policy* 7(4): 531–553.

Bitzinger, R. A. (2018) "India's Defence Industrial Base: Decay and Reform", in S. Ganguly, N. Blarel and M. S. Pardesi (eds) *The Oxford Handbook of India's National Security*, New Delhi: Oxford University Press, 132–148.

BJP (Bharatiya Janata Party) (2014a) *Ek Bharat, Shreshtha Bharat: Sabka Saath, Sabka Vikas* – Election Manifesto 2014, New Delhi: BJP.

BJP (2014b) “BJP Delegation to Visit China to Study Their Political Structure”, November.

BJP (2014c) “Modi’s Gujarat Model: the Vision India Awaits”.

BJP (2015) “Resolution on Foreign Policy Passed in BJP National Executive Meeting at Bengaluru (Karnataka)”, 3 April.

BJP (2019a) *Main Bhi Chowkidar*, 15 March.

BJP (2019b) *Sankalpit Bharat, Sashakt Bharat: BJP Manifesto 2019.*

Blarel, N. and van Willigen, N. (2017) “Coalitions and Foreign-Policy-Making: Insights from the Global South”, *European Political Science* 16(4): 502–514.

Blom Hansen, T. (1999) *The Saffron Wave: Democracy and Hindu Nationalism in Modern India*, Princeton and Oxford: Princeton University Press.

Blom Hansen, T. (2001) “The Ethics of Hindutva and the Spirit of Capitalism”, in T. B. Hansen and C. Jaffrelot (eds), *The BJP and the Compulsions of Politics in India*, 2nd edn, New Delhi: Oxford University Press, 291–314.

Blom Hansen, T. and Jaffrelot, C. (eds) (2001) *The BJP and the Compulsions of Politics in India*, 2nd edn, New Delhi: Oxford University Press.

Bloomfield, A. (2015) “India and the Libyan crisis: Flirting with the Responsibility to Protect, Retreating to the Sovereignty Norm”, *Contemporary Security Policy* 36(1): 27–55.

Bloomfield, A. (2017) *India and the Responsibility to Protect*, New York and London: Routledge.

Bobbio, T. (2012) “Making Gujarat Vibrant: Hindutva, Development and the Rise of Subnationalism in India”, *Third World Quarterly* 33(4): 657–672.

Bommakanti, K. (2017) “India’s Evolving Views on Responsibility to Protect (R2P) and Humanitarian Interventions: the Significance of Legitimacy”, *Rising Powers Quarterly* 2(3): 99–123.

Brecher, M. (1968) *India and World Politics: Krishna Menon’s View of the World*, New York and Washington: Frederick A. Praeger.

Brecher, M. (2011) *Nehru: A Political Biography*, New Delhi: Oxford University Press.

Brewster, D. (2018) "The Expansion of India's Security Sphere", in S. Ganguly, N. Blarel and M. S. Pardesi (eds) *The Oxford Handbook of India's National Security*, New Delhi: Oxford University Press, 495–514.

BRICS Post (2013) "China, India Conclude 'Very Positive' Talks", 12 February.

Brown, J. M. (2003) *Nehru: A Political Life*, New Haven and London: Yale University Press.

Burke, J. (2014) "Indian Election Alarm as BJP Raises Prospect of Nuclear Weapons Rethink", *The Guardian* (UK), 7 April.

Burns, J. F. (1998) "India Sets 3 Nuclear Blasts, Defying a Worldwide Ban; Tests Bring a Sharp Outcry", *New York Times*, 12 May.

Burns, J. M. (1978) *Leadership*, New York: Harper and Row.

Campbell, K. M. (2016) *The Pivot: The Future of American Statecraft in Asia*, New York: Twelve.

Carpenter, T. G. (2017) "The Populist Surge and the Rebirth of Foreign Policy Nationalism", *SAIS Review of International Affairs* 37(1): 33–46.

Chacko, P. (2018) "The Right Turn in India: Authoritarianism, Populism and Neoliberalisation", *Journal of Contemporary Asia* 48(4): 541–565.

Chacko, P. (2019) "Marketizing *Hindutva*: the State, Society, and Markets in Hindu Nationalism", *Modern Asian Studies* 53(2): 377–410.

Chacko, P. and Mayer, P. (2014) "The Modi *lahar* (wave) in the 2014 Indian National Election: a Critical Realignment?", *Australian Journal of Political Science* 49(3): 518–528.

Chakraborty, S. (2018) "India Jumps 23 Spots to 77 in World Bank's Ease-of-doing-business Rankings", *Business Standard*, 1 November.

Chakravorty, S., Kapur, D. and Singh, N. (2016) *The Other One Percent: Indians in America*, New York: Oxford University Press.

Challagalla, S. (2018) "The diaspora and India's growth story", *ORF Issue Brief* 232, March.

Chand, B. (2017) "Disaster Relief as a Political Tool: Analysing Indian and Chinese Responses after the Nepal Earthquakes", *Strategic Analysis* 41(6): 535–545.

Chandra, S. (2014) “The Style and Substance of Modi’s Foreign Policy”, *Indian Foreign Affairs Journal* 9(3): 213–218.

Chatterjee Miller, M. (2013a) “India’s Feeble Foreign Policy”, *Foreign Affairs* 92(3): 14–19.

Chatterjee Miller, M. (2013b) *Wronged by Empire: Post-Imperial Ideology and Foreign Policy in India and China*, Stanford, CA: Stanford University Press.

Chatterjee Miller, M. and Sullivan de Estrada, K. (2017) “Pragmatism in Indian Foreign Policy: How Ideas Constrain Modi”, *International Affairs* 93(1): 27–50.

Chaturvedy, R. R. (2017) “The Indian Ocean Policy of the Modi Government”, in S. Singh (ed.) *Modi and the World: (Re)Constructing Indian Foreign Policy*, Singapore: World Scientific, 163–184.

Chaudhary, A. and Pandya, D. (2017) “India Builds Highway to Thailand to Counter China’s Silk Road”, *Bloomberg*, 9 August.

Chaudhuri, *P. P.* (2014) “$100bn to $20bn: What Missing Billions say about Sino-India Ties”, *Hindustan Times*, 19 September.

Chaudhuri, R. (2014) *Forged in Crisis: India and the United States since 1947*, London: C. Hurst and Co.

Chaudhuri, R. (2018) “The Making of an ‘all Weather Friendship’ Pakistan, China and the History of a Border Agreement: 1949–1963”, *International History Review* 40(1): 41–64.

Chaulia, S. (2016) *Modi Doctrine: The Foreign Policy of India’s Prime Minister*, New Delhi: Bloomsbury.

Chaulia, S. (2018) “India is the Latest Front in Trump’s Endless Trade War”, *Foreign Policy*, 21 June.

Chhibber, *P.* K. and Jassal, N. (2017) “India in 2017: the BJP, Economic Reform, and Contentious Politics”, *Asian Survey* 58(1): 86–99.

Chhibber, *P.* K. and Verma, R. (2018) *Ideology and Identity: The Changing Party Systems of India*, New York: Oxford University Press.

Chiriyankandath, J. (2004) “Realigning India: Indian Foreign Policy after the Cold War”, *The Round Table: The Commonwealth Journal of International Affairs* 93(374):

199–211.

Cohen, S. P. (2001) *India: Emerging Power*, Washington, DC: Brookings Institution Press.

Cohen, S. P. and Dasgupta, S. (2010) *Arming without Aiming: India's Military Modernization*, Washington, DC: Brookings Institution Press.

Cohen, S. P. and Dasgupta, S. (2011) "Arms Sales for India: How Military Trade Could Energize US-Indian Relations", *Foreign Affairs* 90 (2): 22–26.

Cook, M. and B. Das (2019) "RCEP's Strategic Opportunity", *ISEAS Yusof Ishak Institute Perspective* 76, 16 October.

Corbridge, S. and Harriss, J. (2000) *Reinventing India: Liberalization, Hindu Nationalism and Popular Democracy*, Cambridge: Polity.

Cornago, N. (2010) "On the Normalization of Sub-State Diplomacy", *The Hague Journal of Diplomacy* 5(1–2): 11–36.

Cox, B. and Philpott, D. (2003) "Faith-Based Diplomacy: An Ancient Idea Newly Emergent", *The Brandywine Review of Faith & International Affairs* 1(2): 31–40.

Crabtree, J. (2017) "'If They Kill Even One Hindu, We Will Kill 100!'", *The Diplomat*, 30 March.

Crocker, W. (2008) *Nehru: A Contemporary's Estimate*, Noida: RandomHouse India.

Cronk, T. M. (2017) "Mattis: Meeting with Indian Defense Minister Comes at Time of Strategic Convergence", US Department of Defense, 26 September.

Curtis, L. (2014) "India and Pakistan under Modi", The Heritage Foundation, 2 April.

Dalrymple, W. (2014) "Narendra Modi: Man of the Masses", *New Statesman*, 12 May 2014.

Das, M. N. (1961) *The Political Philosophy of Jawaharlal Nehru*, London: George Allen and Unwin.

Dasgupta, C. (2014) "Nehru, Patel and China", *Strategic Analysis* 38(5): 717–724.

Das Gupta, M. (2018) "Bureaucrats Wary of Lateral Entry in govt Service as Deadline for Applications looms", *Hindustan Times*, 30 June.

Dashi, D. K. (2017) “Imphal-Moreh Highway Expansion Likely to Get Cabinet Nod”, *Times of India*, 11 July.

Datta-Ray, D. K. (2015) *The Making of Indian Diplomacy: A Critique of Eurocentrism*, New Delhi: Oxford University Press.

Deccan Chronicle (2014) “Flashback Friday: Old Pictures of PM Modi’s US Visit”, 25 September.

Deccan Herald (2014) “Nehru Was First to Declare Himself ‘Pradhan Sevak’, Says Siddaramaiah”, 15 November.

Deccan Herald (2015) “Modi to Use ‘Mosque Diplomacy’ in UAE”, 14 August.

Department of Commerce (2018) *Annual Report 2017–18: India’s Trade Back on Track*.

Department of Prime Minister and Cabinet (2018) “Joint Statement of the ASEAN-Australia Special Summit: The Sydney Declaration”, 18 March.

Dhume, S. (2019) “India’s Government Considers a ‘Muslim Ban’”, *The Wall Street Journal*, 18 April.

Dinnie, K. (2015) *Nation Branding: Concepts, Issues, Practice*, London and New York: Routledge.

Dixit, J. N. (2004) *Makers of India’s Foreign Policy: Raja Ram Mohan Roy to Yashwant Sinha*, New Delhi: HarperCollins.

Donthi, P. (2017) “Undercover: Ajit Doval in theory and practice”, *The Caravan: A Journal of Politics and Culture*, 1 September.

Drezner, D. W. (2017) “The Angry Populist as Foreign Policy Leader: Real Change or Just Hot Air?”, *The Fletcher Forum of World Affairs* 41(2): 23–43.

Dutta, S. (2018) “Indian Army puts Mountain Strike Corps Aimed at China in Cold Storage”, *The Print*, 12 July.

Duttagupta, I. (2018) “How the Matrix of Remittances is Changing for Indians”, *Economic Times*, 1 July.

The Economist (2015) “High Visibility”, 21 May.

Edwardes, M. (1965) “Illusion and Reality in India’s Foreign Policy”, *International Affairs* 41(1): 48–58.

Envall, H. D. P. (2014) “Japan’s India Engagement: From Different Worlds to Strategic Partners”, in Hall, I. (2014) *The Engagement of India: Strategies and Responses*, Washington, DC: Georgetown University Press, 39–59.

Envall, H. D. P. and Hall, I. (2016) “Asian Strategic Partnerships: New Practices and Regional Security Governance”, *Asian Politics and Policy* 8(1): 87–105.

Fair, C. C. (2007) “India and Iran: New Delhi’s Balancing Act”, *The Washington Quarterly* 30(3): 145–159.

Fernandes, V. (2014) *Modi: Making of a Prime Minister: Leadership, Governance and Performance*, Delhi: Orient.

Flåten, L. T. (2017) “Spreading Hindutva through Education: Still a Priority for the BJP?”, *India Review* 16(4): 377–400.

Flemes, D. (2009) “India–Brazil–South Africa (IBSA) in the New Global Order: Interests, Strategies and Values of the Emerging Coalition”, *International Studies* 46(4): 401–421.

Friedlander, P. (2016) “Hinduism and Politics”, in Haynes, J. (ed.), *The Routledge Handbook of Religion and Politics*, 2nd edn, New York and London: Routledge, 70–82.

Gady, F. S. (2018) “India’s Defense Ministry Approves Procurement of 135 Helicopters for Navy”, *The Diplomat*, 28 August.

Gahilote, P. (2015) “All the PM’s Men and Women”, *Outlook*, 28 September.

Gahilote, P. and Sengupta, U. (2014) “The Pracharak Is Going Places”, *Outlook India*, 8 December.

Ganguly, A., Chauthaiwale, V. and Sinha, V.K. (eds) (2016) *The Modi Doctrine: New Paradigms in Indian Foreign Policy*, revised edn, New Delhi: Wisdom Tree.

Ganguly, S. (1994) “The Role of the Prime Minister in the Making of Foreign and Defense Policy in India”, in J Manor (ed.), *From Nehru to the Nineties: The Chief Executive in India*, London: Hurst and Company, 138–160.

Ganguly, S. (1999) “India’s Pathway to Pokhran II: the Prospects and Sources of New Delhi’s Nuclear Weapons Program”, *International Security* 23(4): 148–177.

Ganguly, S. (2002) *Conflict Unending: India-Pakistan Tensions since 1947*, New York: Columbia University Press.

Ganguly, S. (2004) “India and China: Border Issues, Domestic Integration, and International Security”, in *F.* R. Frankel and H. Harding (eds), *The India-China Relationship: What the United States Needs to Know*, New York: Columbia University Press and Woodrow Wilson Center Press, 103–133.

Ganguly, S. (2014) “What Will Narendra Modi’s Foreign Policy Be Like?”, *BBC News*, 21 May.

Ganguly, S. (2016) “India’s Emerging Security Policy”, *Brown Journal of World Affairs* 23(1): 253–266.

Ganguly, S. (2017) “Has Modi Truly Changed India’s Foreign Policy?”, *The Washington Quarterly* 40(2): 131–143.

Ganguly, S. (2018) “India and China: On a Collision Course?”, *Pacific Affairs* 91(2): 231–244.

Ganguly, S, Blarel, N. and Pardesi, M. S. (eds) (2018) *The Oxford Handbook of India's National Security*, New Delhi: Oxford University Press.

Ganguly, S. and Pardesi, M. S. (2013) “Explaining Sixty Years of Indian Foreign Policy”, *India Review* 8(1): 4–19.

Ganguly, S. and Scobell, A. (2018) “The Himalayan impasse: Sino-Indian Rivalry in the Wake of Doklam”, *The Washington Quarterly* 41(3): 177–190.

Ganguly, S. and Thompson, W. (2017) *Ascending India and Its State Capacity*, New Haven: Yale University Press.

Garver, J. W. (2001) *Protracted Contest: Sino-Indian Rivalry in the Twentieth Century*, Seattle and London: University of Washington Press.

George, *V.* K. (2014) “A Hindutva variant of Neo-Liberalism”, *The Hindu*, 4 April.

George, *V.* K. (2018) “The ‘Acharya envoys’ Who Propagate Indian Culture”, *The Hindu*, 11 March.

Ghatak, M. and Roy, S. (2014) “Did Gujarat’s Growth Rate Accelerate under Modi?”, *Economic and Political Weekly* 44(15): 12–15.

Ghosh, A. (2016) “PMO Pushes for 360-Degree Feedback on Top Officials”, *Indian Express*, 29 June.

Ghosh, J. Chandrasekhar, C. *P.* and Patnaik, *P.* (2017) *Demonetisation Decoded: A*

Critique of India's Currency Experiment, New Delhi: Routledge India.

Ghosh, M. (2018) "The Indian Perspective on the Security Partnership with Japan", in W. Vosse and P. Midford (eds) *Japan's New Security Partnerships: Beyond the Security Alliance*, Manchester: Manchester University Press.

Ghosh, P. S. (1994) "Foreign Policy and Electoral Politics in India: Inconsequential Connection", *Asian Survey* 34(9): 807–817.

Globescan (2017) "Sharp Drop in World Views of US, UK: Global Poll", 7 April.

Glum, J. (2017) "Presents for the President: Modi's Lincoln-Themed Gift Tells Trump to Believe in People's 'Basic Goodness'", News*week*, 27 June.

Goel, V. (2015) "Narendra Modi, Indian Premier, Courts Silicon Valley to Try to Ease Nation's Poverty", *New York Times*, 27 September.

Gokhale, N. (2017a) *Securing India the Modi Way: Pathankot, Surgical Strikes and More*, New Delhi: Bloomsbury.

Gokhale, N. (2017b) "Ministry of Defence on the Cusp of Change: Needs Efficient Follow up", in Debroy, B. and Malik, A. (eds) *India @70, Modi @3.5: Capturing India's Transformation under Narendra Modi*, New Delhi: Wisdom Tree, 157–162.

Gokhale, N. (2018) "Indian National Security Strategy Crystallising at a Fast Pace", *Bharat Shakti*, 16 August.

Golwalkar, M. S. (1996) *Bunch of Thoughts*, 3rd edn, Bangalore: Sahitya Sindhu Prakashana.

Gopalan, S. T. (2016) "Withering Regulation? An Interim Review of Modi Government's Labour Reforms", *Journal of Asian Public Policy* 9(2): 170–184.

Gordon, S. and Henningham, S. (eds) (1995) "India looks East: An Emerging Power and its Asia-Pacific Neighbours", *Canberra Papers on Strategy and Defence* 111, Canberra: Strategic and Defence Studies Centre, The Australian National University.

Gowan, A. (2018) "Trump Joked He Could Play Matchmaker for India's Prime Minister, Report Says", *The Washington Post*, 13 August.

Graham, B. (1990) *Hindu Nationalism and Indian Politics: The Origins and Development of the Bharatiya Jana Sangh*, Cambridge: Cambridge University Press.

Grare, F. (2014) "India-Pakistan Relations: Does Modi Matter?", *The Washington*

Quarterly 37(4): 101–114.

Grare, *F.* (2016) *India Turns East: International Engagement and US-China Rivalry*, London: C. Hurst and Co.

Guha, R. (2014) “How the Congress Lost the Diaspora”, *Hindustan Times*, September.

Gujral, I. K. (2011) *Matters of Discretion: An Autobiography*, New Delhi: Hay House.

Gupta, A. (2018) *How India Manages Its National Security*, New Delhi: Penguin.

Gupta, B. S. (1997) “India in the Twenty-First Century”, *International Affairs* 73(2): 297–314.

Gupta, G. (2008) “‘Welcome’ SMS Was All It Took to Get Tata: Modi”, *Indian Express*, 13 October.

Gupta, S. (2015) “PM Narendra Modi to Cut Down Foreign Trips in 2016”, *Hindustan Times*, 31 December.

Gupta, S. (2019) “India’s Trade Engagement: The More Things Change, the More They Remain the Same”, *International Studies Perspectives* 20(1): 14–19.

Hagerty, D. (1991) “India’s Regional Security Doctrine”, *Asian Survey* 31(4): 351–363.

Haidar, S. (2015) “Jaishankar Takes Charge as Foreign Secretary”, *The Hindu*, January.

Hall, I. “India’s New Public Diplomacy: Soft Power and the Limits of Government Action”, *Asian Survey* 42(6): 1089–1110.

Hall, I (2013) “Tilting at Windmills? The Indian Debate on Responsibility to Protect after UNSC 1973”, *Global Responsibility to Protect* 5(1): 84–108.

Hall, I. (2015a) “Is a ‘Modi Doctrine’ Emerging in Indian Foreign Policy?”, *Australian Journal of International Affairs* 69(3): 247–252.

Hall, I. (2015b) “Normative Power India?”, in J. Gaskarth (ed.), *China, India and the Future of International Society*, Lanham, MD: Rowman and Littlefield, 89–104.

Hall, I. (2016a) “Multialignment and Indian foreign policy under Narendra Modi”, *The Round Table: The Commonwealth Journal of International Affairs* 105(3): 271–286.

Hall, I. (2016b) "The Persistence of Nehruvianism in Indian Strategic Culture", in A. J. Tellis, A. Szalwinski and M. Weiss (eds) *Strategic Asia 2016–17: Understanding Strategic Cultures in the Asia-Pacific*, Seattle and Washington, DC: National Bureau of Asian Research, 141–168.

Hall, I. (2017a) "Not Promoting, not Exporting: India's Democracy Assistance", *Rising Powers Quarterly* 2(3): 51–69.

Hall, I. (2017b) "Narendra Modi and India's Normative Power", *International Affairs* 93(1): 113–131.

Hall, I. (2018) "India's National Security: A Liberal Account", in S. Ganguly, N. Blarel and M. S. Pardesi (eds) *The Oxford Handbook of India's National Security*, New Delhi: Oxford University Press, 42–59.

Hall, I. (2019) "Narendra Modi's New Religious Diplomacy", *International Studies Perspectives* 20(1): 11–14.

Hall, I. and Smith, *F.* (2013) "The Struggle for Soft Power in Asia: Public Diplomacy and Regional Competition", *Asian Security* 9(1): 1–18.

Hazarika, O. B. (2014) "Evolving Dynamics of Federalism and Foreign Policy: Engagement of Indian States in External Affairs", *Indian Foreign Affairs Journal* 9(1): 33–45.

Heath, O. (2015) "The BJP's Return to Power: Mobilisation, Conversion and Vote Swing in the 2014 Indian Elections", *Contemporary South Asia* 23(2): 123–135.

Hopewell, K. (2016) *Breaking the WTO: How Emerging Powers Disrupted the Neoliberal Project*, Stanford, CA: Stanford University Press.

Houreld, K. (2015) "China and Pakistan Launch Economic Corridor Plan Worth $46 billion", *Reuters*, 20 April.

HT Correspondent (2019) "Full Text of PM Modi's Exclusive Interview", *Hindustan Times*, 6 April.

Human Rights Watch (2017) "India: 'cow protection' spurs vigilante violence", 27 April.

Hurrell, A. and Sengupta, S. (2012) "Emerging powers, North–South relations and global climate politics", *International Affairs* 88(3): 463–484.

India TV News Desk (2013) “RSS Sets Four Hindutva Conditions for Supporting Modi as PM”, *India TV*, 10 September.

Indian Express (2012) “We Are not the HR Manager for the BJP. Everyone Has to Run Their Own Organisation”, 9 September.

International Energy Agency (2018) “Renewables 2018: Market analysis and forecast from 2018 to 2023”.

Ireland, J. (2014) “How Narendra Modi turned Parliament House into a Rock Star’s Stage”, *Sydney Morning Herald*, 19 November.

Jacob, H. (2018) *The Line of Control*, New Delhi: Penguin Viking. Jacob, J. and Giri, A. (2016) “Saarc Summit Collapses after India and Three other Members Pull out”, *Hindustan Times*, 29 September.

Jacob, J. T. (2015) “Thinking East Asia, Acting Local: Constraints, Challenges, and Contradictions in Indian Public Diplomacy”, in J. Melissen and Y. Sohn (eds), *Understanding Public Diplomacy in East Asia: Middle Powers in a Troubled Region*, New York: Palgrave, 155–178.

Jaffrelot, C. (1996) *The Hindu Nationalist Movement in India,* New York: Columbia University Press.

Jaffrelot, C. (2007) “The 2002 pogrom in Gujarat: The Post 9/11 Face of Hindu Nationalist anti-Muslim Violence”, in J. R. Hinnells and R. King (eds) *Religion and Violence in South Asia: Theory and Practice*, London and New York: Routledge, 164–182.

Jaffrelot, C. (2008) “Gujarat: the Meaning of Modi’s Victory”, *Economic and Political Weekly* 43(15): 13–14.

Jaffrelot, C. (2012) “Gujarat 2002: What Justice for the Victims? The Supreme Court, the SIT, the Police and the State Judiciary”, *Economic and Political Weekly* 47(8): 77–89.

Jaffrelot, C. (2013) “Gujarat Elections: the Sub-Text of Modi’s ‘Hattrick’ – High Tech Populism and the ‘Neo-Middle Class’”, *Studies in Indian Politics* 1(1): 79–95.

Jaffrelot, C. (2015a) “The Modi-centric BJP 2014 Election Campaign: New Techniques and Old Tactics”, *Contemporary South Asia* 23(2): 151–166.

Jaffrelot, C. (2015b) "What 'Gujarat model'? – Growth without Development – and with Socio-Political Polarisation", *South Asia: Journal of South Asian Studies* 38(4): 820–838.

Jaffrelot, C. (2015c) "Narendra Modi and the Power of Television in Gujarat", *Television and New Media* 16(4): 346–353.

Jaffrelot, C. (2016) "Narendra Modi between Hindutva and Subnationalism: The Gujarati *asmita* of a Hindu Hriday Samrat", *India Review* 15(2): 196–217.

Jaffrelot, C. (2017) "India in 2016: Assessing Modi Mid-Term", *Asian Survey* 57(1): 21–32.

Jaffrelot, C. and Singh Sidhu, W. *P.* (2013) "From Plurilateralism to Multilateralism? G20, IBSA, BRICS, and BASIC", in Singh Sidhu, W. P., Mehta, *P.* B. and Jones, B. (eds) (2013) *Shaping the Emerging World: India and the Multilateral Order*, Washington, DC: Brookings, 319–340.

Jaffrelot, C. and Tillin, L. (2017) "Populism in India", in C. Rovira Kaltwasser, *P.* A. Taggart, *P.* Ochoa Espejo and *P.* Ostiguy (eds), *The Oxford Handbook of Populism*, Oxford: Oxford University Press, 179–194.

Jaganathan, M. M. and Kurtz, G. (2014) "Singing the Tune of Sovereignty? India and the Responsibility to Protect", *Conflict, Security & Development* 14(4): 461–487.

Jagannathan, R. (2016) "Who Is the Real Narendra Modi: a 'Communal czar' or an 'Inclusive Icon'?", in *Making Sense of Modi's India*, New Delhi: HarperCollins, 80–88.

Jain, *P.* C. (ed.) (1992) *India's Economic Crisis: Diagnosis and Treatment*, New Delhi: Concept Publishing.

Jain, S. (2016) "For Sri Sri Event, Union Government Gave Rs. 2.25-Crore Grant", *NDTV*, 11 March.

Jaishankar, D. (2014) "Eeny, Meeny, Miney, Modi: Does India's Prime Minister Actually Have a Foreign Policy?", *Foreign Policy*, 19 May.

Jaishankar, S. (2015a) Comments after "India, the United States and China" Fullerton Lecture (International Institute for Strategic Studies), 19 July.

Jaishankar, S. (2015b) "India, the United States and China", Fullerton Lecture (International Institute for Strategic Studies), 19 July.

Jeffrey, R. (2015) “The Rise and Rise of Narendra Modi”, *Inside Story*, 10 June.

Jha, P. (2015) “India’s Most Influential Think-Tanks”, *Hindustan Times*, August.

Jha, P. (2017) *How the BJP Wins: Inside India's Greatest Election Machine*, New Delhi: Juggernaut.

Johnston, A. I. (2008) *Social States: China in International Institutions, 1980–2000*, Princeton, NJ and Oxford: Princeton University Press.

Johnston, D. (ed.) (2003) *Faith-based Diplomacy: Trumping Realpolitik*, Oxford: Oxford University Press.

Joseph, J. (2016) *A Feast of Vultures: The Hidden Business of Democracy in India*, New Delhi: Harper Collins.

Joshi, M. (2018) *Scraping the Bottom of the Barrel: Budgets, Organisation and Leadership in the Indian Defence System*, ORF Special Report 74, August.

Joshi, S. (2015a) *Indian Power Projection: Ambition, Arms and Influence*, Whitehall Paper 85, London: Royal United Services Institute.

Joshi, S. (2015b) “Indian Defence Policy”, *RUSI Commentary*, 11 May.

Joshi, S. (2018) “Indian Military Modernization”, in S. Ganguly, N. Blarel and M. S. Pardesi (eds) *The Oxford Handbook of India's National Security*, New Delhi: Oxford University Press, 389–416.

Kamath, M. V. and Randeri, K. (2013) *The Man of the Moment: Narendra Modi*, New Delhi: Times Group Books.

Kang, B. (2004) “RSS Eyes Change, Seeks to Involve Young Blood, Modern Ideology”, *India Today*, 20 December.

Kang, B. (2018) “How PM Modi’s ‘Party of Muslims’ Remark Exposes Congress Never-Ending Identity Crisis”, *News 18*, 17 July.

Kanungo, P. (2003) *RSS's Tryst with Politics: From Hedgewar to Sudarshan*, New Delhi: Manohar.

Kanungo, P. and Farooqui, A. (2008) “Tracking Moditva: An Analysis of the 2007 Gujarat Elections Campaign”, *Contemporary Perspectives* 2(2): 222–245.

Kant, A. (2009) *Branding India: An Incredible Story*, New Delhi: HarperCollins.

Kanwal, G (ed) (2016) *The New Arthashastra: A Security Strategy for India*, New

Delhi: HarperCollins.

Kanwal, G. and Kohli, N. (eds) (2018) *Defence Reforms: A National Imperative*, New Delhi: Institute for Defence Studies and Analyses and Pentagon Press.

Kapur, D. (2009) "Public Opinion and Indian Foreign Policy", *India Review* 8(3): 286–305.

Kapur, D. (2015) "Public Opinion", in D. M. Malone, C. R. Mohan and S. Raghavan (eds), *The Oxford Handbook of Indian Foreign Policy*, Oxford: Oxford University Press, 298–311.

Kapur, D. and Vaishnav, M. (2018) "Introduction", in D. Kapur and M. Vaishnav (eds) *Costs of Democracy: Political Finance in India*, New Delhi: Oxford University Press, 1–14.

Kapur, S. *P.* and Ganguly, S. (2007) "The Transformation of US-India Relations: an Explanation for the Rapprochement and Prospects for the Future", *Asian Survey* 47(4): 642–656.

Karmakar, R. (2014) "Modi Advises China to Shed its 'Expansionist' Attitude", *Hindustan Times*, 23 February.

Karnad, B. (2005) *Nuclear Weapons and Indian Security: The Realist Foundations of Strategy*, 2nd edn, New Delhi: Macmillan.

Karnad, B. (2015) *Why India Is not a Great Power (yet)*, New Delhi: Penguin Viking.

Karnad, B. (2018) *Staggering Forward: Narendra Modi and India's Global Ambition*, New Delhi: Penguin Viking.

Kartha, T. (2018) "The rejig of India's National Security Architecture Has Been a Long Time Coming", *The Wire*, 17 October.

Kawade, A. (2019) "What Are the Political Implications of Narendra Modi's #MainBhiChowkidar Campaign?", *Economic and Political Weekly* 54(20), 15 May.

Kautilya (2000) *The Arthashastra*, New Delhi: Penguin India.

Kazmin, A. (2015) "India's Narendra Modi Stumbles on Land Reform", *Financial Times*, 10 August.

Kennedy, A. B. (2011) "India's Nuclear Odyssey: Implicit Umbrellas, Diplomatic

Disappointments, and the Bomb", *International Security* 36(2): 120–153.

Kennedy, A. B. (2015) "Nehru's Foreign Policy: Realism and Idealism Conjoined", in D. M. Malone, C. R. Mohan and S. Raghavan (eds), *The Oxford Handbook of Indian Foreign Policy*, Oxford: Oxford University Press, 92–103.

Kenny, P. (2017) *Populism and Patronage: Why Populists Win Elections in India, Asia, and Beyond*, Oxford: Oxford University Press.

Khanna, G. and Zimmermann, L. (2017) "Guns and butter? Fighting Violence with the Promise of Development", *Journal of Development Economics* 124: 120–141.

Khanna, P. and Mohan, C. R. (2006) "Getting Asia right", *Policy Review*.

Khilnani, S. (2012) *The Idea of India*, new edn, New Delhi: Penguin.

Khilnani, S., Kumar, R. Bhanu Mehta, P., Menon, P., Nilekani, N., Raghavan, S. Saran, S. and Varadarajan, S. (2013) *NonAlignment 2.0: A Foreign and Strategic Policy for India in the 21st Century*, New Delhi: Centre for Policy Research.

Kochanek, S. A. (1996) "Liberalisation and Business Lobbying in India", *Journal of Commonwealth and Comparative Politics* 34(3): 155–173.

Kohli, A. (1990) *Democracy and Discontent: India's Growing Crisis of Governability*, Cambridge: Cambridge University Press.

Kohli, N. S. (2019) "TsuNamo 2.0: How BJP Won a Landslide, and the Big Messages Coming out of Its Resounding Victory", *Times of India*, 28 May.

Krasner, S. (1985) *Structural Conflict: The Third World against Global Liberalism*, Berkeley and Los Angeles, CA: University of California Press.

Kripalani, A. J. B. (1959) "For Principled Neutrality: A New Appraisal of Indian Foreign Policy", *Foreign Affairs* 38: 46–60.

Krishna, S. (1994) "Cartographic Anxiety: Mapping the Body Politic in India", *Alternatives: Global, Local, Political* 19: 507–521.

Krishnan, A. (2014) "China Wants India to play Key Role in 'Silk Road' Plan", *The Hindu*, 10 August.

Kugiel, P. (2017) *India's Soft Power: A New Foreign Policy Strategy*, London and New York: Routledge.

Kulkarni, S. (2016) "India under Modi: Will the Turning Point Be Followed by a

Point of Return?", in *Making Sense of Modi's India*, New Delhi: HarperCollins, 120–137.

Kumar, R. (2015) "The Private Sector", in in D. Malone, C. R. Mohan and Raghavan (eds) *The Oxford Handbook of Indian Foreign Policy*, Oxford: Oxford University Press, 247–258.

Kumar, R. (2016) "Role of Business in India's Foreign Policy", *India Review* 15(1): 98–111.

Kumar, S. (2002) "Gujarat Assembly Elections 2002", *Economic and Political Weekly* 38(4): 270–275.

Kux, D. (1992) *India and the United States: Estranged Democracies, 1947– 1991*, Washington, DC: National Defense University Press.

Langa, M. (2015) "Gautam Adani, PM Modi's Constant Companion on Overseas Trips", *Hindustan Times*, 16 April.

Leslie, J. G. (2017) "Netanyahu's Populism: An Overlooked Explanation for Israeli Foreign Policy", *SAIS Review* 37(1): 75–82.

Leveillant, M. (2017) "Diplomacy as Diaspora Management: The Case of India and the Gulf States", *Asie Visions* 95, November.

Lucas, G. (2014) "Narendra Modi's Foreign Policy Challenges", *Deutsche Welle*, 26 May.

Madan, T. (2014) "A Modi Foreign Policy: The Knowns and Unknowns", Brookings Institution, 16 May.

Madan, T. (2015) "Officialdom: South Block and Beyond", in D. Malone, C. R. Mohan and S. Raghavan (eds) *The Oxford Handbook of Indian Foreign Policy*, Oxford: Oxford University Press, 232–246.

Madan, T. (2016) "What India Thinks about China's One Belt, One Road initiative (But Does not Explicitly Say)", *Order from Chaos* blog, Brookings Institution, 14 March.

Madhav, R. (2011) "Chinese Aggression – Indian Response", India Foundation online.

Madhav, R. (2014a) *Uneasy Neighbours: India and China after 50 Years of the*

War, New Delhi: Har Anand.

Madhav, R. (2014b) “Moving beyond the Panchsheel Deception”, *Indian Express*, 28 June.

Madhav, R. (2017) “Address at the BRICS Political Parties Forum”, 15 June.

Madhukalya, A. (2019) “PM Speech Asking Voters to Dedicate Ballot to Balakot not violation: EC”, *Hindustan Times*, 2 May.

Mail Today Bureau (2015) “India Today-Cicero Mood of the Nation Poll: 300 Days after Storming into Delhi Durbar, PM Modi’s Popularity Has Slid Due to Ghar Wapsi”, *India Today*, 14 February.

Maini, T. S. (2015) “The Center Is not All: How India’s States Are Luring Foreign Investors”, *Global Asia* 10(2): 94–99.

Malik, J. M. (1991) “India’s Response to the Gulf Crisis: Implications for Indian Foreign Policy”, *Asian Survey* 31(9): 847–861.

Mallet, *V.* (2014) “China-India Border Stand-off Overshadows Xi Jinping’s Deals”, *Financial Times*, 19 September.

Malone, D. M. (2011) *Does the Elephant Dance? Contemporary Indian Foreign Policy*, Oxford: Oxford University Press.

Malone, D., Mohan, C. R and Raghavan, S. (eds) (2015) *The Oxford Handbook of Indian Foreign Policy*, Oxford: Oxford University Press.

Mankoff, J. (2015) “Russia’s Asia Pivot: Confrontation or Cooperation?” *Asia Policy* 19: 65–88.

Mann, J. (2014) “Why Narendra Modi Was Banned from the US”, *The Wall Street Journal*, 2 May.

Manor, J. (2015) “A Precarious Enterprise? Multiple Antagonisms During Year One of the Modi Government”, *South Asia: Journal of South Asian Studies* 38(4): 736–754.

Mansingh, S. (2015) “Indira Gandhi’s Foreign Policy: Hard Realism?”, in D. Malone, C. R. Mohan and S. Raghavan (eds) *The Oxford Handbook of Indian Foreign Policy*, Oxford: Oxford University Press, 104–116.

Mantri, R. and Gupta, H. (2013) “Narendra Modi as the anti- Nehru”, *LiveMint*, 2 September.

Marino, A. (2014) *Narendra Modi: A Political Biography*, New Delhi: HarperCollins.

Markey, D. (2009) "Developing India's Foreign Policy 'Software'", *Asia Policy* 8: 75–96.

Marlow, I. (2018) "Modi's trips around the World Cost Indian Taxpayers $280 Million", *Bloomberg*, 13 December.

Mattoo, A. and Jacob H. (eds) *Shaping India's Foreign Policy: People, Politics and Places*, New Delhi: Har Anand.

Maxwell, N. (2015) *India's China War*, revised and updated edn, New Delhi and Dehradun: Natraj Publishers.

Mazumdar, A. and Statz, E. (2015) "Democracy Promotion in India's Foreign Policy: Emerging Trends and Developments", *Asian Affairs: An American Review* 42(2): 77–98.

Mazumdar, A. (2018) "India's Soft Power under the Modi Administration: Buddhism, Diaspora and Yoga", *Asian Affairs* 49(3): 468–491.

McCarthy, J. (2015) "In India, Obama speeches spark debate on religious tolerance", *National Public Radio*, 6 February.

McDonnell, D. and Cabrera, L. (2019) "The Right-Wing Populism of India's Bharatiya Janata Party (and Why Comparativists Should Care)", *Democratization* 26(3): 484–509.

McGarr, P. (2013) *The Cold War in South Asia: Britain, the United States and the Indian Subcontinent, 1945–1965*, Cambridge: Cambridge University Press.

MEA (Ministry of External Affairs) (2008) *Annual Report 2007–08.*

MEA (2009) *Annual Report 2008–09.*

MEA (2014a) "Detailed Demands for Grants 2014–15", 1 August.

MEA (2014b) *Breakthrough Diplomacy: New Vision, New Vigour*, 11 December.

MEA (2014c) "Joint Statement between the Republic of India and the People's Republic of China on Building a Closer Developmental Partnership", 19 September.

MEA (2014d) "Vision Statement for the US-India Strategic Partnership – 'Chalein saath saath: Forward Together We Go'", 29 September.

MEA (2015a) “US-India Joint Strategic Vision for the Asia-Pacific and Indian Ocean Region”, 25 January.

MEA (2015b) “Remarks by Foreign Secretary at the release of Dr C. Raja Mohan’s book ‘Modi’s World-Expanding India’s Sphere of Influence’(July 17, 2015)”, 18 July.

MEA (2015c) “IISS Fullerton Lecture by Dr S. Jaishankar, Foreign Secretary in Singapore”, 20 July.

MEA (2016) “Speech by Foreign Secretary at Raisina Dialogue in New Delhi”, 2 March.

MEA (2017a) “Inaugural Address by Prime Minister at Second Raisina Dialogue, New Delhi”, 17 January.

MEA (2017b) “Official Spokesperson’s Response to a Query on Participation of India in OBOR/BRI Forum”, 13 May.

MEA (2017c) “India-Australia-Japan-US consultations on Indo-Pacific (November 12, 2017)”.

MEA (2018a) Overseas Citizenship of India Scheme.

MEA (2018b) “Detailed Demands for Grants 2014–15”, 13 April.

MEA (2018c) “Prime Minister’s Keynote Address at Shangri La Dialogue”, 1 June.

MEA (2018d) “India-China Informal Summit at Wuhan”, 28 April

Medcalf, R. (2013) “The Indo-Pacific: What’s in a Name?”, *The American Interest* 9(2): 58–66.

Mehra, P. (2019) *The Lost Decade, 2008–2018: How India’s Growth Story Devolved into Growth Without a Story*, Gurgaon: Penguin.

Mehta, J. S. (2010) *The Tryst Betrayed: Reflections on Diplomacy and Development*, New Delhi: Penguin Viking.

Mehta, N. (2006) “Modi and the Camera: The Politics of Television in the 2002 Gujarat Riots”, *South Asia: Journal of South Asian Studies* 29(3): 395–414.

Mehta, P. B. (2009) “Still under Nehru’s Shadow? The Absence of Foreign Policy Frameworks in India”, *India Review* 8(3): 209–233.

Menon, A. (2015) “Rise of Ram Madhav: Modi’s Outreach Man”, *DailyO*, June.

Menon, R. (2014) *Modi Demystified: The Making of a Prime Minister*, New Delhi:

HarperCollins.

Miglani, S. and Chalmers, J. (2014) "BJP Puts "no First Use" Nuclear Policy in Doubt", *Reuters*, 7 April.

Ministry of Commerce and Industry (2015) Foreign Trade Policy, 1st April, 2015–31st March, 2020.

MFAPRC (Ministry of Foreign Affairs of the People's Republic of China) (2013a) "President Xi Jinping Delivers Important Speech and Proposes to Build a Silk Road Economic Belt with Central Asian Countries", 7 September.

MFAPRC (2013b) "Xi Jinping: Let the Sense of Community of Common Destiny Take Deep Root in Neighbouring Countries", 25 October.

Ministry of Foreign Affairs of Japan (2016) "Japan-India Joint Statement," 11 November.

Mishra, A. (2012) "India's Non-Liberal Democracy and the Discourse of Democracy Promotion", *South Asian Survey* 19(1): 33–59.

Mishra, A. R. (2015) "NDA Govt Scraps Plan to Set up Saarc Development Bank", *LiveMint*, 3 February.

Mishra, S. (2017) "Modi and America: Great Expectations and Enduring Constraints", in S. Singh, (ed.) *Modi and the World: (Re)Constructing Indian Foreign Policy*, Singapore: World Scientific, 43–68.

Mistry, D. (2014) *The US-India Nuclear Agreement: Diplomacy and Domestic Politics*, New Delhi: Cambridge University Press.

Mitra, S. K. (2009) "Nuclear, Engaged, and Non-Aligned: Contradiction and Coherence in India's Foreign Policy", *India Quarterly* 65(1): 15–35.

Mitta, M. (2014) *The Fiction of Fact-Finding: Modi and Godhra*, New Delhi: HarperCollins.

MoD (Ministry of Defence) (2018) Defence Procurement Procedure.

Modi, N. (2011) *Convenient Action: Gujarat's Response to the Challenge of Climate Change*, New Delhi: Macmillan.

Modi, N. (2014a) "Full Text: Prime Minister Narendra Modi's Speech on 68th Independence Day", *Indian Express*, 16 August.

Modi, N. (2014b) “Address to the 69th Session of the General Assembly”, September.

Modi, N. (2014c) “I Assure All Our NRIs that India Will Never Let You down: Narendra Modi Speaks at Pravasi Bharatiya Divas 2014”, 9 January.

Modi, N. (2014d) “PM’s Address to Indian Community at Allphones Arena, Sydney”, 17 November.

Modi, N. (2014e) “Red carpet, not red tape”, 10 May.

Modi, N. (2014f) “Text of Prime Minister’s Speech at 2014 SAARC Summit in Nepal”, 26 November.

Modi, N. (2014g) “PM’s Address at the Combined Commanders Conference”, 17 October.

Modi, N. (2015a) *Jyotipunj*, New Delhi: Prabhat Prakashan.

Modi, N. (2015b) “PM to IAS Probationers”, 16 February.

Modi, N. (2015c) “Prime Minister Narendra Modi: Full Speech in Toronto, Canada”, 15 April.

Modi, N. (2015d) “PM Modi’s Address at ‘Samvad’”.

Modi, N. (2015e) “India Doesn’t Want Favours from the World, India Wants Equality”: PM Modi at Wembley, 13 November.

Modi, N. (2015f) “Text of the PM’s Remarks on the Commissioning of the Coast Ship Barracuda”, 12 March.

Modi, N. (2016a) “World Culture Festival Is a Kumbh Mela of Culture: PM Modi”, 11 March.

Modi, N. (2016b) “Sufism Is the Voice of Peace, Co-existence, Compassion and Equality; a Call to Universal Brotherhood: PM Modi”, 17 March.

Modi, N. (2018a) “Our Aim Is to Generate 175GW of Renewable Energy by 2022: PM Modi”, 11 March.

Modi, N. (2018b) “Every Indian Is Working to Realize the Vision of a “New India”: PM Modi in Muscat”, 11 February.

Modi, N. (2018c) “Impatient to Take the Country to New Heights: PM Modi on Independence Day”, 15 August.

Modi, N. and Obama, B. H. (2014) “A renewed US-India Partnership for the 21st century”, *The Washington Post*, 30 September.

Mohammed, N. (2018) “Once FDI-averse, Modi Opens Doors at a Time When Global Investment Flows Are Shrinking”, *The Wire*, 11 January.

Mohan, A. (2014) “Ram Madhav: Modi’s Ambassador at Large”, *Business Standard*, 29 November.

Mohan, C. R. (2003) *Crossing the Rubicon: The Shaping of India’s New Foreign Policy*, New York: Palgrave.

Mohan, C. R. (2005) “Rethinking India’s Grand Strategy”, in N. S. Sisodia and C. U. Bhaskar (eds), *Emerging India: Security and Foreign Policy Perspectives*, New Delhi: Institute for Defence Studies and Analyses and Promilla and Co., 32–42.

Mohan, C. R. (2007) “Balancing interests and values: India’s struggle with democracy promotion”, *The Washington Quarterly* 30(3): 99–115.

Mohan, C. R. (2013) “The Changing Dynamics of India’s Multilateralism”, in Singh Sidhu, W. P., Mehta, *P.* B. and Jones, B. (eds) *Shaping the Emerging World: India and the Multilateral Order*, Washington, DC: Brookings, 25–42.

Mohan, C. R. (2014a) “Modi and the Middle East: Towards a Link West Policy”, *Indian Express*, 21 August.

Mohan, C. R. (2014b) “Indian Military Diplomacy: Humanitarian Assistance and Disaster Relief”, *ISAS Working Paper* 185, March.

Mohan, C. R. (2015a) *Modi’s World: Expanding India’s Sphere of Influence*, New Delhi: HarperCollins.

Mohan, C. R. (2015b) “Restoring the Eastern Anchor: India’s Strategic Partnership with Singapore”, in A. Mukherjee (ed.) *The Merlion and the Ashoka: Singapore-India Strategic Ties*, Singapore: World Scientific, 23–43.

Mohan, C. R. and Chauhan, R. (2015) “Focus on the diaspora”, *Seminar*, 665.

Monsonis, G. (2010) “India’s Strategic Autonomy and Rapprochement with the US”, *Strategic Analysis* 34(4): 611–624.

MRTH (Ministry of Road Transport and Highways) (2018) “BBIN Motor Vehicles Agreement Regains Momentum”, 15 January.

Mukerji, S. (2017) “Land Acquisition in Contemporary India: the Growth Agenda, Legislation, and Resistance”, *Indian Journal of Public Administration* 63(1): 85–103.

Mukherjee, A. (2014) “India as a Net Security Provider: Concept and Impediments”, RSIS Policy Brief, August.

Mukhopadhyay, N. (2013) *Narendra Modi: The Man, The Times*, New Delhi: Tranquebar.

Mukhopadhyay, N. (2017) “Past Continuous: What Lies behind BJP’s Deification of Deen Dayal Upadhyaya”, *The Wire*, 26 September.

Mullen, R. D. (2015) “India’s Soft Power”, in D. Malone, C. R. Mohan and S. Raghavan (eds) (2015) *The Oxford Handbook of Indian Foreign Policy*, Oxford: Oxford University Press, 188–201.

Muni, S. D. (2009) *India’s Foreign Policy: The Democracy Dimension*, New Delhi: Foundation.

Muni, S. D. (2017) “Modi’s ‘neighbourhood first’ policy”, in S. Singh (ed.) *Modi and the World: (Re)Constructing Indian Foreign Policy*, Singapore: World Scientific, 117–138.

Murphy, C. N. (1983) “What the Third World Wants: An Interpretation of the Development and Meaning of the New International Economic Order Ideology”, *International Studies Quarterly* 27(1): 55–76.

Nag, K. (2013) *The NaMo Story: A Political Life*, New Delhi: Roli Books. Nag, K. (2014) *The Saffron Tide: The Rise of the BJP*, New Delhi: Rainlight. Nag, K. (2016) “The One-man Government in New Delhi”, *Economic and Political Weekly* 51(52).

Nag, K. (2017) *Atal Bihari Vajpayee: A Man for All Seasons*, New Delhi: Rupa.

Naidu, M. *V.* (2018) “Key Note Address by Shri M. Venkaiah Naidu, Honourable Vice President of India at the Valedictory Session of the First ever PIO Parliamentarians Conference, in New Delhi”, 9 January.

Nair, R. (2016) “India Has a New Law on Bankruptcy”, *LiveMint*, 12 May.

Nandy, A. (2002) “Obituary of a culture”, *Seminar* 513.

Narang, *V.* (2018) “India’s Nuclear Strategy Twenty Years Later: From Reluctance to Maturation”, *India Review* 17(1): 159–179.

Narlikar, A. (2017) "India's Role in Global Governance: A Modification?", *International Affairs* 93(1): 93–112.

Nayak, N. R. (2018) "Nepal-China Transit Agreement: An Evaluation", *IDSA Issue Brief*, 27 September.

Nayyar, D. (2018) "India's Asian Trade Strategy", in S. Armstrong and Westland (eds) *Asian Economic Integration in an Age of Global Uncertainty*, Canberra: Australian National University Press, 217–234.

Nehru, J. (1961) *India's Foreign Policy: Selected Speeches*, September 1946-April 1961, New Delhi: Government of India.

Nussbaum, M. C. (2007) *The Clash Within: Democracy, Religious Violence and India's Future*, Cambridge, Mass: Harvard University Press.

Nye, J. S. (1990a) *Bound to Lead: The Changing Nature of American Power*, New York: Basic Books.

Nye, J. S. (1990b) "Soft power", *Foreign Policy* 80: 153–171.

Nye, J. S. (2004) *Soft Power: The Means to Success in World Politics*, New York: PublicAffairs.

O'Donnell, *F.* and Ghoshal, D. (2019) "Commitment traps make Kashmir De-escalation Tricky", *East Asia Forum* online, 3 March.

Office of the United Nations High Commissioner for Human Rights (2018) *Report on the Situation of Human Rights in Kashmir: Developments in the Indian State of Jammu and Kashmir from June 2016 to April 2018, and General Human Rights Concerns in Azad Jammu and Kashmir and Gilgit-Baltistan*, 14 June.

Ogden, C. (2014) *Hindu Nationalism and the Evolution of Contemporary Indian Security: Portents of Power*, New Delhi: Oxford University Press.

Ogden, C. (2018) "Tone Shift: India's Dominant Foreign Policy Aims under Modi", *Indian Politics and Policy* 1(1): 2–23.

Ollapally, D. M. (2001) "Mixed Motives in India's Search for Nuclear Status", *Asian Survey* 41(6): 925–942.

Ollapally, D. M. and Rajagopalan, R. (2012) "India: Foreign Policy Perspectives of an Ambiguous Power", in H. R. Nau and D. M. Ollapally (eds) *Worldviews of Aspiring*

Powers: Domestic Foreign Policy Debates in China, India, Iran, Japan, and Russia, New York: Oxford University Press, 73–113.

Pal, D. (2014) “Decoding Modi’s Foreign Policy”, *Foreign Policy*, 6 March.

Palit, A. (2015) “Economics in Narendra Modi’s Foreign Policy”, Asie Visions 77, Paris and Brussels: Institut français des relations internationals.

Palit, P. S. (2017) *Analysing China’s Soft Power Strategy and Comparative Indian Initiatives*, New Delhi: Sage.

Paliwal, A. (2017) *My Enemy’s Enemy: India in Afghanistan from the Soviet Invasion to the US*, London: Hurst and Co.

Panagariya, A. (2008) *India: The Emerging Giant*, New York: Oxford University Press.

Panda, A. (2013) “Narendra Modi’s Foreign Policy”, *The Diplomat*, 5 November.

Panda, A. (2014) “Narendra Modi Gets Tough on China”, *The Diplomat*, 25 February.

Panda, J. (2016) “Narendra Modi’s China Policy: Between Pragmatism and Power Parity”, *Journal of Asian Public Policy* 9(2): 185–197.

Pant, H. V. (2011) *The US-India Nuclear Pact: Policy, Process, and Great Power Politics*, New Delhi: Oxford University Press.

Pant, H. V. (2012) “The Pakistan thorn in China-India-US Relations”, *The Washington Quarterly* 35(1): 83–95.

Pant, H. V. (2014) “Modi’s Muscle Team: Flexing a New National Security?”, *Foreign Policy*, 24 June.

Pant, H. V. (2015) “Is India Developing a Strategy for Power?”, *The Washington Quarterly* 38(4): 99–113.

Pant, H. V. (2019) *India Foreign Policy: The Modi Era*, New Delhi: Har Anand.

Pant, H. V. and Joshi, Y. (2017) “Indo-US Relations under Modi: The Strategic Logic underlying the Embrace”, *International Affairs* 93(1): 133–146.

Parashar, U. (2014) “PM Narendra Modi visits Pashupatinath Temple, Offers 2,500 kg of Sandalwood”, *Hindustan Times*, 4 August.

Pardesi, M. S. (2017) “Modi’s China Policy – Change or Continuity”, in S. Singh, (ed.) *Modi and the World: (Re)Constructing Indian Foreign Policy*, Singapore: World Scientific, 3–24.

Parthasarathy, M. (2000) "India, US Natural Allies: Vajpayee", *The Hindu*, September.

Pathak, M. (2017) India-Japan Partnership to Play Key Role in Asia–Africa Corridor," *LiveMint*, 25 May.

Patnaik, P. (2015) "From the planning commission to the NITI Aayog", *Economic and Political Weekly* 50(4): 10–12.

Paul, T. V. (1998) "The systemic bases of India's challenge to the global nuclear order", *The Nonproliferation Review* 6(1): 1–11.

Paul, T.V. (2007) "The US-India Nuclear Accord: Implications for the Nonproliferation Regime", *International Journal* 62(4): 845–865.

Perkovich, G. (2004) "The Nuclear and Security Balance", in F. R. Frankel and H. Harding (eds), *The India-China Relationship: What the United States Needs to Know*, New York: Columbia University Press and Woodrow Wilson Center Press, 178–218.

Perkovich, G. and Dalton, T. (2015) "Modi's Strategic Choice: Hw to Respond to Terrorism from Pakistan", *The Washington Quarterly* 38(1): 23–45.

Pethiyagoda, K. (2017) "Supporting Indian Workers in the Gulf: What Delhi Can Do", *Brookings*, 21 November.

Piccone, T. (2016) *Five Rising Democracies and the Fate of the International Liberal Order*, Washington, DC: Brookings Institution Press.

Plagemann, J. and Destradi, S. (2015) "Soft Sovereignty, Rising Powers, and Subnational Foreign Policy-Making: the case of India", *Globalizations* 12(5): 728–743.

Plagemann, J. and Destradi, S. (2019) "Populism and Foreign Policy: The Case of India", *Foreign Policy Analysis* 15: 283–301.

Power, P. (1964) "Indian Foreign Policy: The Age of Nehru", *Review of Politics* 26(2): 257–286.

Prakash, P. and Ahuja, J. (2019) "Rahul Gandhi in Wayanad and Amethi: What's There to Lose?", *The Diplomat*, 5 April.

Press Information Bureau (2015) "Review of Foreign Direct Investment (FDI)

Policy on investments by Non-Resident Indians (NRIs), Persons of Indian Origin (PIOs) and Overseas Citizens of India (OCIs)", 25 May.

Price, L. (2015) *The Modi Effect: Inside Narendra Modi's Campaign to Transform India*, London: Hodder and Stoughton.

Press Trust of India (2014a) "I'm Your 'pradhan sewak': Modi Tells Nation", *The Hindu*, 15 August.

Press Trust of India (2014b) "BJP President Amit Shah Dissolves All the National Cells", *DNA India*, 3 November.

Press Trust of India (2014c) "'Want India to Break into Top 50 Nations on Ease of Doing Business': PM", *NDTV*, 19 November.

Press Trust of India (2014d) "Opposition Targets Govt over Bhagwat's Speech on Doordarshan", *The Hindu*, 3 October.

Press Trust of India (2015a) "Senior Chinese Communist Party Official Meets BJP President Amit Shah", *NDTV*, 15 February.

Press Trust of India (2015b) "We Need a Vision of 'Made by India': Swadeshi Jagran Manch", *Economic Times*, 25 December.

Press Trust of India (2015c) "RSS-Affiliated Outfit Holds Protest against Land Bill", *IndiaTV*, 6 May.

Press Trust of India (2016) "India Slams Pakistan at UN Rights Council after Uri Attack, Rakes up Human Rights Violations in Balochistan", *India Today*, 20 September.

Press Trust of India (2018a) "International Solar Alliance: $1 trillion Needed to Achieve 1TW Solar pPower Capacity by 2030, Says Emmanuel Macron", *Economic Times*, 11 March.

Press Trust of India (2018b) "Ram Madhav: US India Bilateral Relationship Independent of Its Ties with Russia and China", *Indian Express*, 22 May.

Pubby, M. (2018) "Pensions Overtake Modernisation, Modest 7.8 % Hike in Defence Budget", *The Print*, 1 February.

Puri, H. S. (2017) *India's Trade Policy Dilemma and the Role of Domestic Reform*, Washington, DC: Carnegie Endowment for International Peace.

Purie, A. (2006) "Davos 2006: India showcases Contemporary Face at World

Economic Forum", *India Today*, 13 February.

Radice, W. (1999) *Swami Vivekananda and the Modernisation of Hinduism*, New Delhi: Oxford University Press.

Raghavan, P. (2015) "Establishing the Ministry of External Affairs", in D. M. Malone, C. R. Mohan and S. Raghavan (eds) *The Oxford Handbook of Indian Foreign Policy*, Oxford: Oxford University Press, 80–91.

Raghavan, S. (2010) *War and Peace in Modern India*, New York: Palgrave.

Raghavan, S. (2013) *1971: A Global History of the Creation of Bangladesh*, Ranikhet: Permanent Black.

Rajagopalan, S. (2014) "'Grand Strategic Thought' in the Ramayana and the Mahabharata", in K. Bajpai, S. Basir and V. Krishnappa (eds) *India's Grand Strategy: History, Theory, Cases*, New Delhi: Routledge, 31–62.

Rajendram, D. (2014) *India's new Asia-Pacific strategy: Modi acts East*, Sydney: Lowy Institute.

Ramachandaran, S. (2015) "Religion in Diplomacy Makes South Block Uneasy", *DNA India*, 16 September.

Ramchandran, S. K. (2018) "I&B Ministry and MEA at Odds over All India Radio External Service", *Hindustan Times*, 6 August.

Ramaseshan, R. (2014) "Key Posts for Shah Boys", *The Telegraph*, 4 November.

Ramesh, J. (2005) *Making Sense of Chindia: Reflections on China and India*, New Delhi: India Research Press.

Ramesh, J. (2018) *Intertwined Lives: P.N. Haksar and Indira Gandhi*, New Delhi: Simon and Schuster.

Rana, A. P. (1976) *The Imperatives of Nonalignment: A Conceptual Study of India's Foreign Policy Strategy in the Nehru Period*, Delhi: Macmillan.

Rana, K. S. (2009) "India's Diaspora Diplomacy", *Hague Journal of Diplomacy* 4(3): 361–372.

Ranjan, P. (2018) "What's So Neoliberal about Narendra Modi's India Anyway?", *The Wire*, 28 July.

Rej, A. and Sagar, R. (2019) The BJP and Indian Grand Strategy, in M. Vaishnav (ed), *Return to the BJP in Power: Indian Democracy and Religious Nationalism*, Washington DC: Carnegie Endowment for International Peace.

Riedel, B. (2015) *JFK's Forgotten Crisis: Tibet, the CIA, and the Sino-Indian War*, Washington, DC: Brookings.

RIS / ERIA / IDE (Research and Information System for Developing Countries, Economic Research Institute for ASEAN and East Asia and Institute of Developing Economies) (2017) *Asia Africa Growth Corridor: Partnership for Sustainable and Innovative Development: A Vision Document.*

Roche, E. (2015) "India Protests China's Plans for $46 Billion PoK Investments", *LiveMint*, 14 May.

Roggenveen, S. (2015) "Jaishankar: India Become a Leading Power", *The Interpreter*, 17 March.

Rolland, R. (［1930］2002) *The Life of Vivekananda: The Universal Gospel*, trans. Macolm-Smith, E. F., Hollywood, CA: Vedanta.

Rothacher, J. U. (2016) "The Ambivalent Influence of the Domestic Industries on India's Meandering Foreign Economic Policies", *India Review* 15(1): 61–97.

Roy, K. (2012) *Hinduism and the Ethics of Warfare in South Asia: From Antiquity to the Present*, Cambridge: Cambridge University Press.

Roy, S. (2014a) "Focus on Issues, not Protocol, Modi Tells Young Diplomats", *Indian Express*, 13 June.

Roy, S. (2014b) "Prettiest Gita of Them All? PM Modi's khadi Covered Gift to Obama Was Extra Special", *FirstPost*, 1 October.

RSS (Rastriya Swayamsevak Sangh) (2018) "Mohanji Bhagwat at World Hindu Congress", 8 September.

Sagar, *P.* R. (2018) "Military not Happy with Modi Govt's "Surgical Strike" Celebrations", *The Week*, 28 September.

Sagar, R. (2009) "State of Mind: What Kind of Power Will India Become?", *International Affairs* 85(4): 801–816.

Sagar, R. (2014) "'Jiski lathi, uski bains': The Hindu Nationalist View of International Politics", in K. Bajpai, S. Basit and *V.* Krishnappa (eds) *India's Grand*

Strategy: History, Theory, Cases, London, New York and New Delhi: Routledge, 234–257.

Sagar, R. (2015) "Before Midnight: Views on International Relations, 1857–1947", in Malone, D., Mohan, C. R. and Raghavan, S. (eds) *The Oxford Handbook of Indian Foreign Policy*, Oxford: Oxford University Press, 65–79.

Sagar, R. (2018) "A Malnourished Bismarck Astride the Indo-Pacific", *LiveMint*, 5 April.

Sagar, R. and Panda, A. (2015) "Pledges and Pious Wishes: The Constituent Assembly Debates and the Myth of a 'Nehruvian Consensus'", *India Review* 14(2): 203–220.

Saran, S. (2012) India and Africa: Development Partnership, Discussion Paper # 180, New Delhi: RIS.

Sardesai, R. (2015) *2014: The Election that Changed India*, New Delhi: Penguin.

SASEC/ADB (South Asia Subregional Economic Cooperation, with the Asian Development Bank) (2016), *South Asia Sub-Regional Economic Cooperation Operational Plan*.

Sasikumar, K. (2007) "India's emergence as a 'responsible' nuclear power", *International Journal* 62(4): 825–844.

Sasikumar, K. (2010) "State Agency in the Time of the Global War on Terror: India and the Counter-Terrorism Regime", *Review of International Studies* 36(3): 615–638.

Savarkar, *V.* D. (n.d.) *Hindu Rashtra Darshan*, Poona: Maharashtra Prantik Hindusabha.

Savarkar, *V.* D. (writing as "An Indian Nationalist") (1909) *The Indian War of Independence of 1857*, London: no publisher.

Savarkar, V. D. (writing as "A Maratha") (1923) *Hindutva*, Nagpur: *V. V.* Kelkar.

Schaffer, T. C. (2009) *India and the United States in the 21st Century: Reinventing Partnership*, Washington, DC: The CSIS Press.

Schaffer, H. and Schaffer, T. C. (2013) "India: Modi's International Profile", *Brookings*, 12 December.

Schaffer, T. C. and Schaffer, H. B. (2016) *India at the Global High Table: The*

Quest for Regional Primacy and Strategic Autonomy, Washington, DC: Brookings.

Schaus, J. (2017) “US offer of Sea Guardian Drones to India Signals Converging Strategic Interests”, *Hindustan Times*, 5 July.

S. C. S. [pseudonym] (1959) “Indian reactions to the crisis in Tibet”, *The World Today* 15(6): 236–246.

Sen, R. (2016) “Narendra Modi’s Makeover and the Politics of Symbolism”, *Journal of Asian Public Policy* 9(2): 98–111.

Shah, G. (2001) “The BJP’s Riddle in Gujarat: Caste, Factionalism and Hindutva”, in T. B. Hansen and C. Jaffrelot (eds) *The BJP and the Compulsions of Politics in India*, 2nd edn, New Delhi: Oxford University Press, 243–266.

Shani, O. (2007) *Communalism, Caste and Hindu Nationalism: The Violence in Gujarat*, Cambridge: Cambridge University Press.

Sharda, R. (2018) *RSS 360°: Demystifying Rashtriya Swayamsevak Sangh*, New Delhi: Bloomsbury.

Sharma, J. (n.d.) *Economic Philosophy of Deendayal Upadhyaya*, New Delhi: BJP.

Sharma, J. (2003) *Hindutva: Exploring the Idea of Hindu Nationalism*, New Delhi: Penguin.

Sharma, J. (2007) *Terrifying Vision: M. S. Golwalkar, the RSS, and India*, New Delhi: Viking.

Sharma, J. (2013) *A Restatement of Religion: Swami Vivekananda and the Making of Hindu Nationalism*, New Haven and London: Yale University Press.

Sharma, J. N. (2009) *The Political Thought of Pandit Deendayal Upadhyaya*, Encyclopaedia of Eminent Thinkers 23, New Delhi: Concept Publishing Company.

Siddiqui, S. (2017) “CPEC Investment Pushed from $46b to $62b”, *The Express Tribune* (Pakistan), 12 April.

Sikri, *V.* (2017) “Soft Power as a Strategic Asset”, in Debroy, B. and Malik, A. (eds) *India @70, Modi @3.5: Capturing India’s Transformation under Narendra Modi*, New Delhi: Wisdom Tree, 183–194.

Singh, A. (2014) “China’s Maritime Silk Route: Implications for India”, *IDSA Comment*, Institute for Defence Studies and Analyses, New Delhi, 16 July.

Singh, B. (1965) "Pundits and Panchsheela: Indian Intellectuals and Their Foreign Policy", *Background* 9(2): 127–136.

Singh, J. (1995) "An Indian Perspective", in Gordon, S. and Henningham, S. (eds) *India Looks East: An Emerging Power and its Asia-Pacific Neighbours*, Canberra Papers on Strategy and Defence 111, Canberra: Strategic and Defence Studies Centre, The Australian National University, 45–57.

Singh, J. (1998) "Against Nuclear Apartheid", *Foreign Affairs* 77(5): 41–52. Singh, J. (2007) *In Service of Emergent India: A Call to Honor*, Bloomington and Indianapolis, IN: Indiana University Press.

Singh, J. (2013) *India at Risk: Mistakes, Misconceptions, and Misadventures of Security Policy*, New Delhi: Rainlight Rupa.

Singh, M. (2013) "PM's Speech at the Foundation Stone Laying Ceremony for the Indian National Defence University at Gurgaon", Press Information Bureau, Government of India, 23 May.

Singh, M. A. (2016) "Narendra Modi and Northeast India: Development, Insurgency and Illegal Migration", *Journal of Asian Public Policy* 9(2): 112–127.

Singh, R. (2018) "Air Force Struggles to Create Tejas Fleet as HAL Misses Delivery Targets", *Hindustan Times*, 16 March.

Singh, S. (2017) "Introduction", in S. Singh, (ed.) *Modi and the World: (Re) Constructing Indian Foreign Policy*, Singapore: World Scientific, xv– xxiv.

Singh, S. (2018) "Washington Lets Delhi Know: Buy Our F-16s, Can Give Russia Deal Waiver", *Indian Express*, 20 October.

Singh, T. (2013) "Gandhi and Modi: Foreign Policy Enigmas", *The Diplomat*, 16 October.

Singh, U. (2017) *Political Violence in Ancient India*, Cambridge, Mass: Harvard University Press.

Singh Puri, H. (2016) *Perilous Interventions: The Security Council and the Politics of Chaos*, New Delhi: HarperCollins.

Singh Sidhu, W. P., Mehta, P. B. and Jones, B. (eds) (2013) *Shaping the Emerging World: India and the Multilateral Order*, Washington, DC: Brookings.

Sitapati, V. (2016) *Half Lion: How P. V. Narasimha Rao Transformed India*, New Delhi: Penguin Viking.

Small, A. (2017) “First Movement: Pakistan and the Belt and Road Initiative”, *Asia Policy* 24 (2017): 80–87.

Small, A. (2018) “Fair Winds, Heavy Burdens: The Limitations of India’s Turn East”, *Asia Policy* 25(2): 150–153.

Smith, J. M. (2016) “Waking the Beast: India’s Defense Reforms under Modi”, *The Diplomat*, 16 December.

Soz, S. A. (2019) *The Great Disappointment: How Narendra Modi Squandered a Unique Opportunity to Transform the Indian Economy*, Gurgaon: Penguin Random House.

Spodek, H. (2010) “In the Hindutva Laboratory: Pogroms and Programs in Gujarat, 2002”, *Modern Asian Studies* 44(2): 349–399.

Sridharan, E. (2014) “Behind Modi’s victory”, *Journal of Democracy* 25(4): 20–33.

Sridharan, E. (2017) “Where is India Headed? Possible Future Directions in Indian Foreign Policy”, *International Affairs* 93(1): 51–68.

Sridharan, K. (2003) “Federalism and Foreign Relations: The Nascent role of the Indian States”, *Asian Studies Review* 27(4): 463–489.

Staniland, P. (2010) “Foreign policy Making in India in the Pre-liberalization and Coalition Era: Unit Level Variables as Determinants”, in A. Mattoo and H. Jacob (eds) *Shaping India’s Foreign Policy: People, Politics and Places*, New Delhi: Har Anand, 255–274.

Staniland, P. and Narang, V. (2015) “State and Politics”, in D. Malone, C. R. Mohan and S. Raghavan (eds) *The Oxford Handbook of Indian Foreign Policy*, Oxford: Oxford University Press, 205–218.

Stobdan, P. (2016) “Asia’s Buddhist Connectivity and India’s Role”, *IDSA Issue Brief*, 19 February.

Suhrud, T. (2008) “Modi and Gujarati ‘asmita’”, *Economic and Political Weekly* 43(1): 11–13.

Suri, N. (2011) “Public Diplomacy in India’s Foreign Policy”, *Strategic Analysis*

35(2): 297–303.

Swamy, S. (2007) *Hindus under Siege: The Way Out*, New Delhi: Har-Anand.

Swamy, S. (2013) *Virat Hindu Identity: Concept and Its Power*, New Delhi: Har-Anand.

Talbott, S. (2004) *Engaging India: Diplomacy, Democracy, and the Bomb*, Washington, DC: Brookings.

Tandon, A. (2016) "Transforming the Unbound Elephant to the Lovable Asian Hulk: Why is Modi Leveraging India's Soft Power?", *The Round Table: The Commonwealth Journal of International Affairs* 105(1): 57–65.

Tapasyananda, S. (1990) "Swami Vivekananda's theory of Indian nationalism", in S. Vivekananda, *The Nationalistic and Religious Lectures of Swami Vivekananda*, Calcutta: Advaita Ashrama, v–xv.

Tavares, R. (2016) *Paradiplomacy: Cities and States as Global Players*, New York: Oxford University Press.

Taylor, I. (2009) "'The South Will Rise again'? New Alliances and Global Governance: The India-Brazil-South Africa Dialogue Forum", *Politikon* 36(1): 45–58.

Tellis, A. J. (2001) *India's Emerging Nuclear Posture: Between Recessed Deterrent and Ready Arsenal*, Santa Monica, CA: RAND.

Tellis, A. J. (2005) *India as a New Global Power: An Action Agenda for the United States*, New Delhi: Carnegie Endowment for International Peace and India Research Press.

Tellis, A. J. (2008) "The Merits of Dehyphenation: Explaining US Success in Engaging India and Pakistan", *The Washington Quarterly* 31(4): 21–42.

Tellis, A. J. (2015) "US-India Relations: The Struggle for an Enduring Partnership", in D. Malone, C. R. Mohan and S. Raghavan (eds) *The Oxford Handbook of Indian Foreign Policy*, Oxford: Oxford University Press, 481–494.

Tharoor, S. (2003) *Nehru: The Invention of India*, New York: Arcade. Tharoor, S. (2012) *Pax Indica: India and the World of the 21st Century*, New Delhi: Allen Lane.

Tharoor, S. (2018) The *Paradoxical Prime Minister: Narendra Modi and His India*, New Delhi: Aleph.

Thussu, D. K. (2016) *Communicating India's Soft Power: Buddha to Bollywood*, New Delhi: Sage.

Times of India (2007) "'Maut ke saudagar' May Have Hurt Congress", 24 December.

Times of India (2015) "India, Pakistan and Bangladesh Will Reunite to Form 'Akhand Bharat': Ram Madhav", 26 December.

Times of India (2018) "Mega Times Group Poll: 71.9% of Indians Say They Will Vote for Narendra Modi as PM again in 2019", 26 May.

Torri, M. (2015) "The 'Modi Wave': Behind the Results of the 2014 General Elections in India", *The International Spectator* 50(2): 56–74.

Tremblay, R. C. and Kapur, A. (2017) *Modi's Foreign Policy*, New Delhi: Sage.

Troy, J. (2008) "Faith-Based Diplomacy under Examination", *The Hague Journal of Diplomacy* 3(3): 209–231.

Twining, D. (2014) "The US Engagement of India after 1991: transformation", in Hall, I. (ed.) *The Engagement of India: Strategies and Responses*, Washington, DC: Georgetown University Press, 19–38.

Uberoi, P (2016) "Problems and Prospects of the BCIM Economic Corridor", *China Report* 52(1): 19–44.

Unnithan, S. (2016a) "India Signs Rs 5000 crore M777 Howitzer Contract with US", *India Today*, 30 November.

Unnithan, S. (2016b) "Man of the world", *India Today*, 17 August.

Upadhaya, D. (1958) *The Two Plans: Promises, Performance and Prospects*, Lucknow: Rashtradharma Prakashan.

Upadhaya, D. (1968) *Political Diary*, Bombay: Jaico Publishing House.

Upadhyaya, D. (1992) *Integral Humanism*, Noida: Jagriti Prakashan.

USCIRF (United States Commission on International Religious Freedom) (2016) *2016 Annual Report*

US Department of State (2016) "Annex of Statistical Information: Country Reports on Terrorism 2015", June.

US Department of State (2017) "Annex of Statistical Information: Country Reports on Terrorism 2016", July.

US Department of State (2018a) "Joint Statement on the Inaugural US- India 2+2 Ministerial Dialogue", 6 September.

US Department of State (2018b) "Annex of Statistical Information: Country Reports on Terrorism 2017", July.

US Embassy, New Delhi (2015) "US-India Joint Working Group for Aircraft Carrier Technology Cooperation Holds First Meeting", 15 August.

Vaishnav, M. (2015) "Modi's Reform Agenda: Change You Can Believe in?", *Asia Policy Brief* 2015/04, Bertelsmann Stiftung.

Vaishnav, M. (2017) *When Crime Pays: Money and Muscle in Indian Politics*, New Haven and Oxford: Yale University Press.

Vaishnav, M. (2018) *From Cakewalk to Contest: India's 2019 General Election*, Carnegie Endowment for International Peace, 16 April.

Varadarajan, L. (2015) "Mother India and Her Children Abroad: The Role of Diaspora in India's Foreign Policy", in D. Malone, C. R. Mohan and S. Raghavan (eds) *The Oxford Handbook of Indian Foreign Policy*, Oxford: Oxford University Press, 285–297.

Varadarajan, S. (ed.) (2002) *Gujarat: The Making of a Tragedy*, New Delhi: Penguin.

Varadarajan, S. (2015) "How PM Has Sidelined Sushma Swaraj again", *NDTV*, 29 January.

Venugopal, *V.* (2016) "Demonetisation: RSS Reaches out to Public, Preaches Modi's Money Mantra", *Economic Times*, 24 November.

Verbeek, B. and Zaslove, A. (2017) "Populism and Foreign Policy", in C. Rovira Kaltwasser, *P.* A. Taggart, *P.* Ochoa Espejo and *P.* Ostiguy (eds) *The Oxford Handbook of Populism*, Oxford: Oxford University Press, 384–405.

Verma, H. (2018) "Diaspora for development: Modi's Global Envoy Vijay Chauthaiwale Spells out the Importance of Outreach", *Connected to India*, 24 May.

Verma, S. (2014) *Narendra Modi: The Game Changer*, New Delhi: Vitasta.

Vivekananda International Foundation (2018) *Global Hindu Buddhist Initiative*.

Vijaykumar, N. (2016) “How Sushma Swaraj Means Hope for Indians Around the World”, *The Week*, 17 October.

Virk, A. (2018) “For the First Time, Modi’s Popularity Rating Slips Below 50%”, *The Quint*, 21 August.

Virk, K. (2013) “India and the Responsibility to Protect: A Tale of Ambiguity”, *Global Responsibility to Protect* 5(1): 56–83.

Vivekananda, S. (1990) *The Nationalistic and Religious Lectures of Swami Vivekananda*, Calcutta: Advaita Ashrama.

Vivekananda, S. (2010) *The East and the West*, Kolkata: Advaita Ashrama.

Vivekananda, S. (2015) *Karma Yoga: The Yoga of Action*, Kolkata: Advaita Ashrama.

Wagner, C. (2005) “From Hard Power to Soft Power? Ideas, Interactions, Institutions, and Images in India’s South Asia Policy”, *Heidelberg Papers in South Asian and Comparative Politics* 26.

Weerakoon, D. and Thennakoon, J. (2006) “SAFTA: Myth of Free Trade”, *Economic and Political Weekly*, 41(37): 3920–3923

Wei Wei (2014) “Reviving the Silk Road: Connecting India, China and Central Asia”, *Economic Times*, 14 April.

Wezeman, *P.* D., Fleurant, A., Kuimova, A., Tian, N. and Wezeman, S. T. (2018) *Trends in International Arms Transfers, 2017*, SIPRI Fact Sheet, March.

White House (2001) “Joint Statement Between US and India”, November.

White House (2014) “US-India Joint Statement”, 30 September.

White House (2017) “United States and India: Prosperity through Partnership”, 26 June.

Wilson, W. T. and Curtis, L. (2014) “India’s Big WTO Mistake”, *The National Interest*, 25 August.

The Wire (2017) “Sri Sri Ravi Shankar’s World Culture Festival Destroyed Yamuna floodplain: NGT panel”, 12 April.

World Bank (2018) GDP Growth (annual%).

World Bank (2019) “Doing Business: Measuring Business Regulations”.

Wyatt, A. (2017) “Paradiplomacy of India’s Chief Ministers”, *India Review* 16(1):

106–124.

Xavier, C. (2016) *India's Expatriate Evacuation Operations: Bringing the Diaspora Back Home*, Carnegie India paper, December 2016.

Xavier, C. (2018) *Bridging the Bay of Bengal: Toward a Stronger BIMSTEC*, Carnegie India paper, February.

Yadav, A. (2014) "Modi Rolls out Labour Reforms", *The Hindu*, 16 October.

Zinkin, T. (1955) "Indian Foreign Policy: An Interpretation of Attitudes", *World Politics* 7(2): 179–208.